松山大学研究叢書　第80巻

# 現代化する社会

今枝 法之 著

晃 洋 書 房

# 目次

# 第一章　「現代化」とは何か



## 序

本書は社会の「現代化」ということをテーマとしている。「現代化」する社会の諸相について考究していくにあたり、第一章では、「現代化」という概念のごく基本的な意味について、改めて確認しておきたい。この章ではまず、「現代化」について簡潔に説明していこうと思う。

「現代化」とは英語でいえば「modernization（モダニゼーション）」ということになるが、英語のmodernizationは「現代化」の他に「近代化」という意味を有している。そもそも日本語では「近代」と「現代」は区別されるが、英語では「modernity（モダニティ）」という単語がこの両者を意味している。modernityという英語の名詞は「近代」と「現代」の両方あるいはいずれかを意味しており、それゆえmodernityは「近現代」とも訳されうる。そして、使用される文脈によっては、「近代」を意味することもあれば、「現代」を意味することもある。ちょうど英語のwaterが日本語の「水」と「湯」の両方を意味しているように、modernityという英語も「近代」と「現代」という二つの日本語に対応している。また、「modern（モダン）」という英語の形容詞も、「現代の」「昨今の」「近頃の」という意味だけでなく、（十四世紀から十六世紀にかけてのヨーロッパ・ルネサンス期以降の）「近代の」「近世の」

という意味を含んでいるのであり、用法によって「現在の（present）」や「同時代の（contemporary）」ということに力点が置かれる場合と「中世以降の」や「近世の」ということに力点が置かれる場合がある。

このように英語の modernity, modern という言葉の意味内容を示す日本語は「近代（の）」と「現代（の）」に区分されうる。つまり、日本語では「歴史的に現在に近い時代」を「近代」と呼び、「同時代あるいは現今の時代」を「現代」と称している。同様に modernization という英語の意味も日本語では「近代化」と「現代化」に区分されうる。日本語の「現代化」という言葉は「近代化」とは区別することができるのであり、現代的な変容あるいは同時代的な変化を指し示している。すなわち、英語では同じ modernization という言葉であるが、日本語の「近代化」は、「中世・前近代から近世・近代への移行過程」を意味しているのに対して、「現代化」は「近代」の中でも、とりわけ「現今の時代に特徴的な変容」を意味しているといえよう。

では、「現今の時代」＝「現代」はいつから始まっているかといえば、通常の歴史学的区分では、アジア太平洋戦争以後である。いわゆる日本でいう「戦後」の時代が「現代」だと考えられており、明治維新からアジア太平洋戦争（第二次世界大戦）までの時期を「近代」と称することが普通である。その意味では、「現代化」はアジア太平洋戦争以後の時代の変容を意味すると考えることもできるが、「戦後」の時代も七〇年ほど経過し、「冷戦時代」と「ポスト冷戦時代」に区別することができるようになっている。今では「現代」は必ずしもアジア太平洋戦争以後というわけではなく、冷戦終焉後を意味することもある、といえよう。

その一九八九年以降の「ポスト冷戦時代」に特徴的な変化としては、グローバリゼーション、脱伝統化、個人化、リスク社会化、再帰化、ＩＴ化（情報化、デジタル化）などが挙げられるが、こうした「現代化」の諸相について言及する前に、まず、「近代化」とは何であったか、ということについて手短に要点だけを押さえておきたい。

## 第一節　「近代」および「近代化」

「近代」は歴史的な時代区分をする概念であり、「前近代」以後の時代を示しており、「近代化」は「前近代」から「近代」への変容過程を意味するのであるが、具体的にどのような変容が生じたのかといえば、それは民主化、工業化（産業化）、都市化、商品化（資本主義化）、合理化、分化などであると考えられる。

### 「民主化（democratization）」

近代世界と近代以前の世界とを明確に分かつことのできる特徴の第一は、近代世界が「民主的」であるということである。今ではよく知られているように、「民主主義（democracy）」とは民衆・人民を意味するデモス（demos）と権力を意味するクラティア（kratia）とが結びついた言葉で、基本的には「人民に権力があること」というのが原義であるといえよう。一七八九年のフランス革命は近代の「民主化（democratization）」を象徴する出来事であったわけだが、それは絶対主義国家から国民国家への変容、封建的身分制社会から市民的平等社会への変化を意味するものであった。フランス革命において、主権あるいは統治権（sovereignty）が国王（君主）から国民へと移行したのであり、国家の主権者は君主ではなく、国民となったのである（主権在民・人民主権）。そして憲法によって国民の自由と平等が保障されることになった。

このように自由で平等な国民が主権者である国家が国民国家（nation-state）なのであり、フランス革命以降、近代世界においては国民国家を形成することによって「民主化」が推進されるようになったのである。ただし、国民国家形成による「民主化」には限界もあった。国民（nation）には国家市民（state citizen）と民族（ethnie）という二つの意味があるのだが、原理的にはある国民国家は一つの民族が一つの国民（市民＝主権者）として国家を形成することになる（民族自決の原則）。しかしながら、現実には国民国家は有力な多数派民族が周辺の少数派民族を巻き込む形で一つの国民を形成することが多い。一民族一国家というのはあくまでも国民国家の理想であり、現実には国民国家は多民族国家にならざるを得ず、少数派民族の言語や文化が抑圧・差別されるのである。あくまでも多数派民族の言語や文化が国民言語や国民文化として採用され、標準とされるのである。たとえば、言語に関していえば、イギリスにおいてはスコットランド語、ウェールズ語、アイルランド語ではなく、イングランドの言語であるイングリッシュ（英語）が国民語となり、フランスではバスク語、ブルトン語、オクシタン語、アルザス語などではなく、フランス語が国民語となり、日本ではアイヌ語や琉球語ではなく、日本語が国民語になっているのである(1)。

このように、国民国家形成による「民主化」には大きな欠陥があり、現代においても多くの国民国家内部に民族対立・紛争の火種を残すことになったわけだが、そうであるにせよ、フランス革命よりはじまった「民主化」の運動は、現在では世界レベルに広がり、グローバルな民主主義へと拡大・発展しつつあることも確かである。たとえば、現在では独裁的な国家であっても、建前上ないし形式上、民主主義的な国家であることを標榜せざるをえない状況になっているだけでなく、一九八九年の東欧市民革命や二〇一一年の中東諸国の民主革命におけるように、独裁政権国家は民主政権国家へと移行している。また、国際的な首脳会合もG7、G8からG20に拡大されつつあり、より多くの国々が国際的な取り決めに参加するようになっている。さらに、カナダやオーストラリアのように少数民族の権利を一定程度尊重し、国内的に多文化主義的政策を採用している国民国家も存在している。

## 「工業化・産業化（industrialization）」

近代を特徴づける第二の特徴は「工業化・産業化（industrialization）」である。すなわち、第一次産業中心の社会から第二次産業・第三次産業中心の社会への変化である。十八世紀後半のイギリスにおいてはじまった産業（工業）革命においては一連の技術革新が行われた。蒸気機関の発明とその工業生産への応用がなされ、エネルギー源として化石燃料が用いられるようになった（動力革命）。それにより紡績機、織機、汽船、機関車などが誕生するだけでなく、社会の産業構造が変化することになった。すなわち、農業社会から工業社会への変容、すなわち工業化が産業革命を契機としてはじまったのである。

現在ではさらに工業（第二次産業）中心の社会から、サービス・情報産業（第三次産業）中心の社会へと推移しており、脱工業化・情報化が進行しているのではあるが、物的財の生産（モノづくり）を担う第二次産業は第三次産業の必要不可欠な基盤となっている。たとえば、工業製品としての情報通信機器が存在しなければ、情報産業そのものが成り立たない。その意味では、第三次産業の発展は脱工業化としてだけでなく高度工業化として把握することもできる。ともあれ、イギリス産業革命以降、近代世界においては工業化が進展している。そして近代世界に生きるわれわれの日常生活における身の回りのモノは工業製品に満ち溢れているのである。

### 「都市化（urbanization）」

農業を主要産業とする社会から工業を主要産業とする社会への変化は、農村から都市への人口移動そして都市への人口集中をもたらした。そもそも「都市」とは都（みやこ）と市（いち）であり、政治と経済の中心地を意味している。すなわち、政治的統合機関と経済的市場が存在し、第二次産業・第三次産業の従事者が居住するところが都市である。それゆえ、産業化すなわち第二次産業・第三次産業の発展によって人口の都市集中および都市人口増加が生じるのであり、それが「都市化（urbanization）」ということであるといえる。もちろん、都市化とはそれのみではなく、人口の過密化（人口密度の高度化）や人口の異質化（住民の非同質化）、そして都市的生活様式の普及ということも意味している。ともあれ、近代においては工業化・産業化によって「都市化」が生じたのである。工業化がもたらす生産力の向上によって人口が急激に増大するだけでなく、都市への人口集中により都市人口比率が高まっていく。たとえば、日本の人口は江戸時代以前には一三〇〇万人以下であり、江戸時代の中期以降はおおよそ三〇〇〇〜三五〇〇万人を維持していたと推定されているが、明治時代以後約六〇年で約六〇〇〇万人になり、さらにその六〇年後には約一億二〇〇〇万人になっている。そして、一九二〇年の日本の都市人口比率は二〇％以下であったが、一九五〇年には約五〇％、一九九八年には約七二％に増加している（世界全体の都市人口比率も一九五〇年は約二九％、一九八〇年には約三九％、二〇一〇年は約五〇％になっている）。また、一九二〇年から二〇〇〇年の期間に、日本全体の人口は約五五九六万人から約一億二七〇〇万人へと、約二倍増加したが、同じ期間に東京都の人口は約三七〇万人から約一二〇〇万人、大阪府は約二六〇万人から約八八〇万人になっており、大都市である両都府ともに人口が三倍以上増加している[(2)]。このように近代化によって都市部への人口集中が生じているのである。

## 「商品化（commodification）」

工業化によってもたらされたのは都市化だけではない。工業化とともに資本主義化も進展した。近代世界において工業は手工業や家内工業から工場制機械工業へと発展したが、その工場制機械工業では工場を経営する産業資本家が労働者を雇用して利潤を得ることを目的に工業製品＝商品を生産するのである。このように工業化によって産業資本主義が興隆するのであるが、そもそも資本主義（capitalism）の「資本（capital）」とは、「もとがね、もとで」を意味している。英語のcapitalは「頭、骨頭、めしべ」を意味するcaputという語に由来するとされるが、めしべが細胞分裂（＝増殖）の盛んな部位（先端部）であるように、capitalも活発に増殖する先端的な部分といった意味合いがある[(3)]。すなわち、資本とは「（投資され、回収されて）増殖する富」、あるいは「さらなる富を獲得するために運用される富」ということである。一定の富を「もとで＝資本」として商品を生産し、それを市場で売って、利潤を得ることによって富は増殖するのである。したがって資本主義とは「市場」で「商品」を交換して富を増大させるシステムであるといえる。すなわち、資本主義は「商品化（commodification）」と「市場化（marketization）」をもたらすともいえる。「市場」とは需要と供給間（買い手と売り手の間）の自由な商品交換の場である。資本主義では富を増殖させるためにさまざまなものが「商品化」され、市場で売買される対象となっていく（「市場化」）。また、市場では経済外的強制のない自由で平等な商品所有者同士の交換が行われるのがゆえに、市場経済は自由競争の世界となる。そこでは弱肉強食・優勝劣敗・適者生存の論理が貫徹しており、勝ち組（有産者）と負け組（無産者）の二極化が生じ、貧富の差は拡大する。すなわち、資本主義によって階級社会ないし格差社会が生み出されるのである。いうまでもなく近代化を「商品化（資本主義化）」として把握した古典的社会理論家が、K・マルクスであるといえる。

## 「合理化（rationalization）」

次に近代を特徴づける変容として「合理化（rationalization）」ということが挙げられる。「合理性」という言葉は英語の rationality の翻訳語であるが、その類縁語である ratio には「比率」、「理性」、「根拠」、「理由」という意味がある。また、「合理的」という意味の形容詞の rational には、ほかに「理性的」「推論の」といった意味がある。ここからわかるように「合理的」であるということは基本的には理由や根拠があるということである。そして納得できる理由や根拠を指し示すことができるということ、すなわち推論能力（論理的思考能力）を有する、ということである。たとえば、「ソクラテスは人間である」「すべての人間は必ず死ぬ」ゆえに「ソクラテスは必ず死ぬ」といった推論（いわゆる三段論法）において、「ソクラテスは必ず死ぬ」という言明は、「ソクラテスは人間であって、すべての人間は必ず死ぬから」という理由や根拠が明確に示されるがゆえに「合理的」であり、「合理性」がある言明だといえる。

「合理化」とは「合理的」になっていくことを意味するのであり、確実な根拠や理由を提示できない事柄を「非合理的」なものとして排除していくということである。周知のように近代化を「合理化」の進展過程として捉えた古典的社会理論家がM・ウェーバーであり、それは「呪術からの解放」過程ということでもある。確証不可能な霊魂や精霊に対する崇拝や信仰からの解放はまさに合理化の進展ということになる。ただし、ウェーバーは合理性について「形式合理性」と「実質合理性」とを区別した。形式合理性とは計算可能性、予測可能性、効率性（無駄がないこと）を意味するのであり、たとえばそれは市場経済における貨幣計算や体系的な行動規則に基づく官僚制組織や科学技術の原理などにみられる。実質合理性とは一定の実質的な価値評価の基準に適合していることを意味するのであるが、実質的な価値評価の基準には倫理的、政治的、功利主義的、平等主義的など多様なものがある。ウェーバーの観点からは「合理化」の過程において、形式合理性の進展が必ずしも実質合理性をもたらすわけではない。たとえば、高度な形式合理性を有する官僚制組織はさまざまな支配の利益のために利用可能であり、官僚制と民主化が平行して進むとは限らず、民主主義という実質的な価値尺度からは非合理的なものになりうる。(4) また、科学技術も形式合理的ではあるが、その応用が環境破壊や核戦争のリスクを生み出して、安全性という実質的な価値基準からは合理的でなくなることもある。このように、形式的な合理化が実質的な非合理性をもたらすという、パラドクシカルな事態が現出することもある。とはいえ、近代化が合理化の進展過程であるということは確かである。すなわち、近代世界においては呪術的思考が衰微しつつあり、つねに明確な理由や根拠の提示が求められるようになっているのである。

**「分化（differentiation）」**

さらに「近代化」は「分化（differentiation）」という要素を含んでいる。「分化」は社会の分業や専門化が進行することを意味している。前近代社会は第一次産業中心の社会であり、人々の生業の多くは農業や漁業である。その場合、社会は自給自足的な傾向が強く、労働の分化や専門化はあまり進展していなかった。しかしながら、近代社会になると工業や商業が発達することによって、工場内部での労働の分割や各工場や各商店の専業などが生じてくることになる。近代社会の分化について言及した古典的社会理論家がE・デュルケムである。分業を最初に理論化したのは経済学者のアダム・スミスであるが、「分業は経済の領域にのみ特有のものではない」とデュルケムはいう[5]。社会のさまざまな領域、たとえば、政治、行政、司法の諸機能や芸術、科学の諸機能も専門分化している。学問においては、かつては哲学が唯一のものであったが、近代化とともに哲学は無数の専門的な諸学問に細分化されている。デュルケムは原始的な社会では同質性や類似性が大きく、より高級な社会類型に近づくほど分業が発達すると考えた。ただし、デュルケムは分業が進展した近代社会が「分散や不統一」状態あるいは「無規制状態（アノミー）」になるのではなく、ちょうど生命有機体の分化した内的諸器官（たとえば、人体内部で分業している胃・小腸・大腸・肝臓・すい臓などの各臓器）が相互に連携しているように、有機体的な連帯によって近代社会が分化しつつも全体として統合的となることを示唆したのである[6]。

## 第二節　「現代化」の諸相

以上に瞥見したように、「近代化」とは民主化、工業化（産業化）、都市化、商品化（資本主義化）、合理化、分化といった過程として把捉することができるのだが、次にそうした過程の延長線上に生起している「現代化」について述べていきたい。すでに記したように、冷戦期以後の特徴的な変化としては、A・ギデンズやU・ベックなどが提示しているように、「グローバリゼーション」、「リスク社会化」、「脱伝統化」、「個人化」、「IT化（情報化、デジタル化）」ということなどが挙げられる[7]。そこで、「現代化」の諸相として、まず、グローバリゼーションということから見ていくことにしよう。

「グローバリゼーション（globalization）」

「グローバリゼーション」とは、「地球」を意味する英語の名詞globe、「地球の」、「地球規模の」「全世界にわたる」という意味の形容詞globalから派生した言葉である。ゆえに、グローバリゼーションの意味は「地球化」、「地球規模化」、「世界規模化」ということであり、「地球の一体化」、「世界的統合」という意味合いを有するといえよう。

この言葉は一九九〇年代以降、急速に世界中に広まったのであるが、その契機の一つとしては情報技術の発達ということが考えられる。衛星通信・放送やインターネット（World Wide Web：世界規模のネットワーク）といった情報技術によって、世界中の人々が一つに結びつくようになった。情報やコミュニケーションのグローバリゼーションがはじまったのである。

もう一つの契機は、一九九〇年前後に生じた「冷戦の終焉」である。一九八九年の東欧市民革命および一九九一年のソビエト連邦崩壊によって、社会主義ブロックは解体した。それまで、世界の経済システムは資本主義＝市場経済システムと社会主義＝計画経済システムの二つに分かれていたが、「冷戦の終焉」以降、計画経済はほぼ消滅し、市場経済の一元化・資本主義の普遍化がもたらされた。これによって、まず、経済のグローバリゼーションが生じたといえる。経済のグローバリゼーション、すなわち、自由市場資本主義の世界標準化は、従来の国民国家内部での資本主義システムと同様に、経済格差を生み出すのであり、世界レベルでの貧富の格差を増大させた(8)。

もちろん、グローバリゼーションは情報や経済だけでなく、政治、言語、文化など、さまざまな分野において生じている現象である。グローバリゼーションは西洋化（Westernization）、とりわけアメリカ化（Americanization）という意味合いが大きいのであるが、たとえば、政治の領域では西欧起源の国民国家や議会制民主主義のシステムが世界全体に普遍化されつつある。文化の領域においては、衣服ではジーンズとTシャツなど、食品ではファストフードのハンバーガーやフライドチキンや炭酸飲料など、音楽ではロックやポップスなど、映画ではハリウッド映画など、アメリカ大衆文化の世界的普及が生じている。言語においては英語の世界共通語化が生じている。このように、経済のみならず、社会の各領域で欧米化ないしアメリカ化が世界的に広がっているのだが、グローバリゼーションは必ずしも一方向的ではない。たとえば、日本の漫画やアニメ、寿司やラーメンなどの日本食が欧米に受容されており、必ずしも欧米化だけが進行しているというわけでもないといえよう。

グローバリゼーションはまた、グローカリゼーション（glocalization）ということでもある。つまり、グローバリゼーションはローカリゼーション（localization：地方化、地域化）をもたらすのである。前述したように、もともと国民国家は多数派民族がその他の少数派民族を巻き込む形で形成されたため、その内部の経済、政治、文化、言語は均質ではなく、多様であり異質であったが、それらは近代化とともに国民国家内部で統合・標準化・均質化が進められていった。しかしながら、グローバリゼーションによって、世界的な統合・標準化・均質化、すなわちトランスナショナル化（通国民化、諸国民の共通化）が進むと、それまでの国民国家の統合力、求心力、均質化の力が相対化されるのである。

また、冷戦終結後の一九九〇年代以降はヨーロッパにおいてＥＵが誕生し、国民国家よりも上位レベルの地域統合、すなわちリージョナリゼーション（regionalization）が進んでいる。ＥＵは超国家的統合体として複数の国家が共通機関を設立し、各国主権の一部を譲渡することによって共同統治する枠組みづくりを進めている。通貨制度においては単一通貨ユーロの流通、司法制度においては欧州司法裁判所の設置、立法・行政制度においては欧州理事会・閣僚理事会・欧州委員会・欧州議会の設立など、ヨーロッパという地域レベルで社会経済的な統合が試みられている。(9)

ＥＵの誕生により、イギリスのスコットランド、ウェールズ、スペインとフランスのバスク、スペインのカタルーニャなどにおいてエスニック・ナショナリズムが台頭した。ＥＵという国民国家上位の地域統合の進展によって、特定国家内部の少数派民族はその国家だけでなく、より高次の地域連合にも帰属意識を持つことになり、リージョナルな枠内で自民族の自決権を主張しやすくなり、ローカリゼーションも同時進行している。

リージョナリゼーションはアメリカ大陸の北米自由貿易協定（ＮＡＦＴＡ）から米州自由貿易地域（ＦＴＡＡ）への動きや、東アジアのＡＳＥＡＮ（東南アジア諸国連合）プラス３（日本・中国・韓国）の東アジア自由貿易地域（ＥＡＦＴＡ）構想やさらにインド、オーストラリア、ニュージーランドをも含めた東アジア包括的経済連携協定（ＣＥＰＥＡ）構想など、経済統合という形でＥＵ以外の地域でも漸次進展しつつある。

かつては世界の政治的統合の次元はナショナル（国民的あるいは国民国家的）なものに一元化されていた。近代世界は国民国家を単位として構成されていたために、これまでは国家よりも規模の大きな事柄はインターナショナル（international：間国家的、相互国家的、国際的）な現象として捉えられていた。つまり、地球規模の事象は国民国家の政治統合だけを基礎とした秩序として捉えられており、国家間の相互関係、としてのみ把握されていたのである。しかしながら、グローバリゼーションによって、世界の政治的統合の次元は、グローバル（世界的）、リージョナル（国民国家上位の地域）、ナショナル（国民的）、ローカル（国民国家下位の地方）という、四つの次元へと多元化しはじめているのである。グローカリゼーションとは、世界規模化と地方化の同時進行ということだけでなく、このように世界の統合のレベルが多次元化したことをも意味している。

以上のようなグローバリゼーションは、地球市民社会（global cosmopolitan society）をもたらすともいえる。[10] 世界規模の統合や関わり合いにより、地球という一つの巨大な都市共同体に住む市民の連帯意識が醸成されてくる。あるいは核戦争や環境破壊などの地球規模のリスクが自覚されることにより、世界の人々の間で運命共同体的意識が生じ、コスモポリタン志向が高まるのである。しかしながら、他方で、世界が多文化共存・多民族共生社会になるにつれて、他民族・異文化排除の動きやナショナリズム・自民族中心主義・国粋主義・宗教原理主義なども反作用として台頭してくる。こうした世界的な統合や均質化に関わる作用と反作用が交錯しているのが、グローバリゼーションの現況である。

## 「リスク社会化（shift to risk society）」

「現代化」を指し示す次の特徴としては、「リスク社会への移行」ないし「リスク社会化」ということが指摘されうる。まず、「リスク（risk）」という概念についてであるが、日本語では一般的に「危険」を意味していると思われている。しかし、英語の risk は、同じく「危険」を意味する danger や hazard とは微妙に意味合いが異なる概念なのである。danger は「差し迫った危険」ないし「危機」「脅威」を意味している。自動車が走行中に突然故障した場合、巨大地震で建物が倒壊した場合、洪水で堤防が決壊した場合、目の前に猛獣が現われた場合などにおいて、dangerous な状態になるのである。hazard は危険箇所を示すハザードマップなどからわかるように「危険要因」や「有害物」を意味している。道路上で故障した自動車、倒壊しやすい建物、決壊しやすい堤防、人間を襲う猛獣のような危険をもたらしうるもの、「危険因子を有するもの」が hazardous なものとされるのである。risk は danger と異なり、「差し迫った危険」というわけではなく、また、hazard と異なり、主として「危険要因」を指し示しているというわけでもない。risk は「将来予想される危険性」「想定される損失や被害の可能性」を意味しているのである。A・ギデンズがいうように、リスクは「確率・見込み（probability）」や「不確定性（uncertainty）」と密接な関係にある。すなわち、リスクとは「将来の可能性に関して積極的に査定される危険因子（hazards）」ということである。それゆえ、risk を敢えて日本語に置き換えるとすると、「想定される危険性、危険確率」といった表現がふさわしいかもしれない。

こうした「将来予想される危険」、「想定される危険確率」、という意味合いを有するリスクの概念は、「未来志向の社会」、すなわち「未来を征服されるべき、あるいは開拓されるべき領域とみなす社会」のみに広く用いられる。[11]このような未来志向の社会とは近代社会である。前近代社会は過去志向の社会であり、そこでは病気・災害・失業・離婚など人生の不確実性に関わる出来事は宿命、運、神の意志、呪術などの見地から、過去においてすでに定められていた出来事として理解された。[12]近代社会においてこうした考え方が完全に消失したわけではないが、リスク概念は未来志向の社会である近代社会において顕著に現われたものであるといえよう。

「リスク社会化」ないし「リスク社会への移行」というのは、近代化が進展して社会がより未来志向になり、未来をコントロールしようとする傾向が高まることを意味するのであり、「将来予想される危険性ないし危険確率」をよりいっそう積極的に計算・査定・評価・想定する社会に変容しつつあることを意味している。それゆえ、「リスク社会化」はより「危機的な、もしくは、脅威にさらされた（dangerous）」社会、あるいはより「危険因子が多い（hazardous）」社会になることを必ずしも意味しているわけではない。むしろ、「リスク社会」では将来の危険性や危険確率の評価を積極的に行うことによって、さらに社会の安全性を高めようとする志向が強くなっており、実際に以前よりも安全になっているともいえるのである。

ところで、A・ギデンズはリスクを二種類に分類している。それは「外部的リスク（external risk）」と「人工的リスク（manufactured risk）」である。[13] 外部的リスクとは、飢饉、洪水、疫病、地震、火山の噴火など、外的自然現象に起因するリスクである。外部的リスクは今日にいたるまでのあらゆる伝統的文明において存在しているがゆえに、「伝統的なリスク」とも呼ばれる。それに対して人工的リスクとは人間が自然を作り変えることから生じるリスクである。つまり、人間が人工的にみずから作り出したリスクである。人工的リスクは工業化社会があるレベル以上に達すると顕在化するリスクであり、「新しいリスク」とも呼ばれる。人工的リスクの例としては、二酸化炭素排出による地球温暖化、ダイオキシンやアスベストなど有害物質による環境汚染、原子力発電所事故による放射能汚染、フロンガス排出によるオゾン層破壊、核兵器製造による核戦争の危機、肉骨粉飼料による狂牛病、飛行機・列車・自動車の交通事故などが挙げられる。こうした人為的に製造された人工的リスクが増大しているのが、現在のリスク社会であるといえよう。「われわれは外部に由来する危険因子（hazard）よりも自分たち自身が生み出した危険因子（hazard）によって脅かされる世界に生きている」のである（なお、A・ギデンズの「外部的リスク」と「人工的リスク」というリスク区分は、主にいわゆる「環境リスク」にかかわるものであるが、「環境リスク」以外に、失業、貧困、離婚、非正規雇用、犯罪といった「社会的リスク」と呼ばれるべきものも存在している[14]。

この人工的リスクの特質は評価・予想・計算が困難である、ということである[15]。というのは、それを評価する科学的知見自体が仮説的・暫定的なものであり、絶対的に正しいとはいえないからである。たとえば、二酸化炭素地球温暖化説はあくまでも仮説であって、将来、地球の気温が上昇し続けるかどうか、確実なことは予測できないのである。近年の気温上昇が地球の自然な変化であって、二酸化炭素排出とはあまり関係がないという説も存在する。そして今後、寒冷化が進む可能性もないわけではないのである[16]。あるいは、農作物の遺伝子組み換えによる環境や人体への将来的な影響や、ウクライナのチェルノブイリ原発事故や福島第一原発事故の放射能汚染による長期的な被害を正確に予測することはきわめて困難である。また、高圧線や携帯電話などによる電磁波被爆や、ダイオキシン摂取やアスベスト吸入などによる、将来の健康被害の危険確率もはっきりと確定することは難しいのである。

それゆえ、現在では人工的リスクの増加に対して、「予防原則（precautionary principle）」、すなわち、科学的知見が不十分であっても、少しでもリスクがあれば予防措置を講じてリスクを軽減すること、が提唱されている。しかしながら、リスク評価は相対的かつ不確実なものなので、リスク情報開示に関して「人騒がせ（scaremongering）」と「隠蔽（cover-ups）」のジレンマが生じることになる。政府やマスメディアが、あるリスクに対して評価を高く見積もって情報公開したにもかかわらず、結果として警告したほどには被害が出なかった場合は、「人騒がせ」として非難される。逆にリスクを低く見積もって情報開示を怠り、結果的に被害を拡大させた場合には、事実を「隠蔽」したとして糾弾されるのである[17]。リスク社会化によって、行政当局、報道機関、専門家などはリスク情報開示についてきわめて困難かつ微妙な状況に置かれることになったのである。

ただ、リスク社会化によって、社会がより「危機的な（dangerous）」状態になったということではなく、「将来の危険可能性（risk）」と「差し迫った危険（danger）」とのバランスが変化したのである[18]。つまり、近代化およびリスク社会化によって、外的な環境から受ける「危険因子（hazard）」の被害の度合いはむしろ軽減されているともいえる。たとえば、感染症という「危険因子（hazard）」は予防医学や公衆衛生の発達によって、また、台風という「危険因子（hazard）」は、建築物等の耐久性が向上したことによってその被害の程度は少なからず低減している。つまり、現在では感染症や台風などはかつてほど「危険要因を有する（hazardous）」ものではなくなっており、それゆえ、それらは以前よりも「危機や脅威をもたらす（dangerous）」ものではなくなっている。しかしながら、その一方で、人工的リスク、すなわち、人間がみずからつくり出した、厳密な評価・計算が困難な潜在的危険性、すなわち将来想定される損失や被害の不確実性はますます増大していると考えられるのである。

### 「脱伝統化（detraditionalization）」

「現代化」のさらなる特徴として「脱伝統化」ないし「脱伝統社会（post-traditional society）への移行」ということを挙げることができる。まず、「伝統（tradition）」という概念についてであるが、「伝統」概念自体は、「リスク」概念と同様に、近代以前には存在しなかった。「伝統」という理念は近代の創造物である。そしてあらゆる伝統は太古の昔から不変的に存在したわけではなく、特定の歴史的時点において創作・考案されたものである。伝統的といわれるものの多くはじつは比較的最近になって作り上げられた伝統なのである[19]。

たとえば、タータン文様の（スカート状の）キルトが特徴的なスコットランドの「伝統的」とされる民族衣装は、十八世紀前半にイングランド人によって考案されたものである[20]。また、ターバン、サッシ（飾り帯）、チュニック（膝のあたりまであるシャツのような上着）などの特徴を持つインド兵の軍服も、もともとは西洋風の軍服であったのだが、一八六〇年代以降はイギリス兵にとってインド兵をインド兵らしく見せる必要から、インド兵用の軍服が新たに創出されたのである。日本の伝統の事例では、たとえば、お花見、雛祭りの内裏雛飾り、こどもの日の鯉のぼりの風習は、だいたい十七世紀後半（江戸時代の元禄期）あたりが起源だとされている。七夕やお月見の習俗は、七～八世紀ころに中国から遣唐使をつうじて日本にもたらされたのだが、その後、日本的な変容を遂げている。七夕の日に短冊に願い事を書いて笹竹に飾る現在の慣習は江戸時代にはじまったとされている。お正月の初詣や七五三や神前結婚式の伝統は明治時代以降に広まったのであり、国民的行事としての成人式がはじまったのは、また、葬儀において火葬が普及したのは戦後である。伝統にも歴史的な創出・変質・再創出などがある、ということである。[21]

次に「脱伝統化」ということであるが、それは伝統や慣習の影響力が衰微していることを意味している。それは「自然」と「伝統」の終焉といいかえることができる。[22]「自然」と「伝統」が消滅したわけではないが、自然なままの自然、伝統のままの伝統はもはやほとんど存在しなくなっているということである。自然と伝統はすでに人工的・人為的につくりかえられつつあるのである。伝統に関していうと、現在、皆婚慣行の崩壊、選択的夫婦別姓制度の合法化に向けての動き（夫婦同姓慣行のゆらぎ）、脱慣習的でオリジナルな結婚式や葬式の出現、さまざまな年中行事の変容・風化などが起きている。自然についていえば、過度な自然破壊や自然利用が進み、それに制約を加えようとする環境倫理や生命倫理の確立が叫ばれている。自然についても伝統についても、久遠の昔から変わらないそのままの姿で存続するもの、というのではなく、何を残し、何を変えるかということについて、社会的な議論を通じて取り決めていくものになっているのである。それが「脱伝統化」ないし「伝統からの脱却」ということの意味である。

Ａ・ギデンズは「伝統」がある種の真理性を明示している、と述べている。[23]伝統は疑う余地のない真理性や正当性を有する行動規範を提供してきたのである。このように「伝統」はある意味で社会生活における思考停止ないし無反省状態をもたらしており、いわば伝統依存症社会を形成してきたわけだが、伝統の拘束力が弱化することにより、自己判断・自己決定・自己選択が要求されることになる。いいかえると、脱伝統化によって、社会共通の行動規範が弛緩することにより、諸個人の自律性と自由が尊重されるようになったということでもある（それゆえ、脱伝統化は「個人化」ということと密接に関連している）。しかしながら、幼少期に受けたトラウマなどにより、自己が卑小化して自己決定能力が十分に備わっていない人々は中毒や依存症（アルコール依存症、薬物中毒、ギャンブル中毒、買い物依存症、摂食障害など）に陥りやすく、自律性の欠如した反復行動を行う傾向がある。それは選択の硬直化・「凍結した自律性」・個人化された伝統であり、脱伝統社会の病理である。[24]

科学技術が発達し、グローバル化した現代世界においては、科学的知見とのつき合わせや、異文化との接触や交流の機会が増加することによって、（自文化の）伝統が合理的に正当化される必要性が生じてくる。[25] つまり、伝統の問題視が生起してくるのである。伝統であるがゆえに無条件に真理であるという仕方で、つまり伝統主義的な仕方で、伝統を正当化することがますます困難になっている。たとえば、アフリカで行われている女子割礼（女子性器切除）の風習、日本における修験道の行場である大峰山や大相撲土俵やトンネル工事における女人禁制、世界各地での捕鯨や鯨食、スペインの闘牛などが疑問視される事態が生じている。[26] グローバルな脱伝統化により、新しいルールを構築していかなければならない。その際に民主的で開かれた討論や話し合いによる取り決めが重要になってくるのである。

多文化・多民族・多宗教が共生するグローバルな脱伝統社会では、「市民権」や「人権」といった人類の普遍的な価値形式を認める「世界市民主義（cosmopolitanism）」が興隆してくる。しかしながら、こうした趨勢に対する反動として「原理主義（fundamentalism）」も生起してくる。原理主義は聖書やコーランやその他の宗教的教義や神話や伝承などの、定式化された真理や原理により伝統を擁護・正当化しようとするものである。それは合理的な正当化を行っておらず、寛容と対話の拒否につながる傾向がある。[27]

「個人化（individualization）」

「個人」の起源についてはさまざまな説がある。たとえば、地理学者のイーフー・トゥアンによれば、個人は古代ギリシアにおける家父長制的家族の解体とポリスの誕生によって出現した、とされる。つまり、古代ギリシアの家族においては若者たちが父親に背く「自然権」があると主張するようになったのであり、そしてポリスにおいては自由市民が、すなわち権利を与えられた個人が、自己主張をするようになったというのである。[28]

十二世紀のヨーロッパにおけるカトリック教会の告解義務化と自治都市の成立が個人誕生の契機となっているという歴史学者の阿部謹也の説もある。カトリックの教会では成人男女は少なくとも一年に一度は自分の犯した罪について告白をすることが、一二一五年のラテラノ公会議で定められた。これにより、成人男女の一人一人が自分の内面について自分で観察し、それを司祭の前で語る義務を負ったのである。阿部はM・フーコーの議論に依拠しつつ、自分の罪について語らなければならないというキリスト教の告解は、強制された形ではあるが、自己の内面に目覚めるということであり、自発的な自己批判ということである、とする。この自己の内面に目覚めること、そして自己の自己批判（およびそれによる自己管理）ということが、個人を生み出したというわけである。[29]また、西欧中世都市の成立によって、人々は農村から都市に行って都市でどのように生きるかという、自分の人生の選択可能性が生じることになった。自分の職業、一生の生き方を自分で選択できるということと個人の成立とは関係がある、という。[30]

また、文字言語、とりわけ十五世紀の活版印刷術の発明による活字の普及が個人主義を生み出したという説もある。M・マクルーハンは近代の印刷メディアが視覚の飛躍的拡張および視覚中心の認識をもたらし、それが固定的視点と遠近法的視座を生み出したとしている。印刷メディアが生成したこの固定的視点が国民的視点と個人的視点を提供し、国民主義と個人主義の基礎になった、という。[31]同じくW・J・オングも印刷が個人のプライバシー感覚の発達における重要な因子であることを指摘している。活字印刷は「ことばの私有という新しい感覚」を作り出した。つまり、個人の著作権という考え方が生まれてきたのであり、印刷は「個人主義に向かう人間の意識の傾向に」奉仕した、という。[32]また、声の文化が強い集団意識を生み出したのに対し、文字の文化をもたらした印刷メディアは個々人それぞれの内面に向かわせる、あるいは心を「内面的で個人的な思考に引きこむ」というのである。[33]

さらに、近代の個人主義の起源の一つがキリスト教プロテスタンティズム（カルヴィニズム）にあるとする社会経済学者佐伯啓思の説もある。カルヴィニズムの予定説においては、神は救済する者をすでに決めてしまっているが、人間には神の意思を知ることができない[34]。そこで人々は「神の道具」として神に仕え、神の栄光を増す行為のうちに救いの確証を得ようとする。そのために、あたかも神の立場に立ったかのように自己を対象化し、自己の業績を自己審査しようとするのである。このように、プロテスタントの信仰においては、神が内面化されるのである。それにより、神と一体化した超越的自己が形成され、自己制御・自己陶治する一個の人格的な個人が生み出されるというわけである[35]。

以上のように、歴史的には個人意識の誕生ということに関しては諸説が存在するわけだが、その起源に関しては古くは古代ギリシアの時代にまで遡ることができるといえよう。また、個人が誕生する契機としては、市民自治的な都市、キリスト教、印刷テクノロジーなどが指摘されている。こうしたことは「個人化」が現代以前に進展していたことを示すものである。その意味では、必ずしも「個人化」を現代独特の現象であるということはできないのかもしれない。

さらに、「個人主義（individualism）」という概念自体は、十九世紀初期のフランスにおいて初めて用いられるようになったという説がある（ちなみに、当時、「個人主義」はアナーキズムや社会的原子化を意味するもの、社会的解体の源泉を指示するもので、現在とは異なり、否定的な意味合いを持っていたとされる[36]）。この説に従えば、「個人主義」という言葉は近代になって新たに誕生したということになる。それゆえ、「個人化」は、近代の始まりとともに立ち現れてきた現象であって、とりわけ現代のみに特徴なものではない、と考えることも可能である。

とはいえ、先に述べたように、今日の「個人化（individualization）」は「脱伝統化」と密接に連関しているのであり、伝統的な規範に全面的に依拠できなくなった現代特有の状況の中で進展しているものなのである。伝統の規制力が弱まることによって、諸個人は自己判断・自己決定・自己選択をしなければならなくなっている。A・ギデンズがいうように、「新しい個人主義は、日常生活において伝統や慣習が衰退したことと関連している[37]」というわけである。また、U・ベックも「個人化は脱伝統化を意味しており、その逆もまた真である」と述べており、個人化と脱伝統化が連動していることを指摘している[38]。

そして伝統的な拘束力が衰微するということは、伝統的な共同体の拘束力が衰退することでもある。伝統的な共同体とは地縁・血縁・社縁的な共同体であり、具体的には、地域社会、家族、会社などであるといえる。伝統的な共同体の規制から解放されることにより、地縁・血縁・社縁的な共同体から自立して、人々は自分自身で自分の人生を構築していかなければならなくなっているのである。現在、日本ではそれら伝統的な共同体の規制が急速に解体しはじめており、「個人化」は後の章でみるように、結婚や葬儀などの儀式の変容において顕在化してきている。すなわち、共同体的な伝統や慣習に囚われずに、「自分らしい結婚式」「自分らしい葬儀やお墓」を自分自身でプロデュースする傾向が高まっているのである。それゆえ、「個人化」はおそらく古代ギリシアのポリスに起源を有し、近代以降に進展してきたといえるのではあるが、伝統的共同体の解体が急速に進行している現代において、きわめて顕著になっている現象だということができる。このように、「個人化」も現代化を特徴づける要素の一つとみなすことができる。

こうした今日の「個人化」の問題点として、それが徹底化されると社会の解体につながるという見方がある。つまり、「個人化」によって、人々の原子化・無縁化・孤立化がますます徹底化されて、社会の共同性が崩壊してしまうという懸念が生じうるというのである。しかしながら、現代の「個人化」は「利己主義（egoism）」と同一のものではないので、社会的連帯に対する脅威になることは少ないと考えられるのであり、むしろ、それは社会的連帯を生み出すための新しい方策の発見がもたらされることを暗示している[39]。もはや社会的なつながりはもはや伝統への訴求によっては保証されえないがゆえに、人々は能動的に他者と連携しつつ、自分自身の生活史を構築していかなければならないのである。したがって、個人化が進展していくにつれて積極的かつ選択的に連帯や結びつきが

形成されていくと考えられるのである。(40)

## 「ＩＴ化、情報化（informationalization）、デジタル化（digitization）」

いわゆる「ＩＴ化」とは、「情報通信技術（information and communication technology）の発達および高度化した情報通信技術の社会への浸透」を意味するのであるが、周知のように、現代において新たに進展した情報通信技術の中核は、一九九〇年代以降、急速に普及したインターネットである。インターネットが新たな情報通信の社会的基盤になることによって、従来の情報通信の社会的基盤であった旧来のメディア＝マスメディアが相対的に衰退している。

インターネットが登場する以前は、メディアはマスメディアとパーソナルメディアとに区分されていた。新聞、テレビ、ラジオ、雑誌などのマスメディアは「一極中心的」で「一方向的」な「一対多」の情報伝達媒体である。電話や手紙などのパーソナルメディアは「脱中心的」で「双方向的」な「一対一」の情報伝達媒体である。マスメディアが「放送（出版）」、パーソナルメディアが「通信」として位置づけられていたわけだが、インターネットの普及により「放送と通信の融合」が生じることになったのである。

とりわけインターネット第二期を意味するWeb 2.0以降には、ブログやＳＮＳや動画投稿サイトなどによって、一般市民が不特定多数の人々に向けて情報を発信することが容易になった。かつては不特定多数の人々に向けての一方的な情報伝達としての「放送（出版）」がマスメディアに独占されており、一般のメディア・ユーザーはマスメディア情報を受信するだけの受動的存在であり、情報発信としてはパーソナルメディアの「通信」だけが可能だった。しかし、インターネットによって一般のメディア・ユーザーも「放送（出版）」的な情報伝達を行うことが可能になったのである。

すなわち、インターネットは「多極分散型」で「双方向的」な「多対多」の情報伝達メディアなのであり、「放送（出版）」機能と「通信」機能の両者を併せ持つのである。それにより、マスメディア関係者や専門家以外の一般市民も情報発信能力や自己表現能力を獲得することになった。また、見知らぬ一般市民同士がインターネットによって出会い、社会的なつながりを形成するという新たな現象も生じている。そして、マスメディア自体も、新聞のオンライン化やニュースや映画の動画ネット配信などに見られるように、インターネットに徐々に組み込まれつつある。このようにＩＴ化は社会やその構成基盤としてのメディア環境に大きな変容をもたらすことが予想される。

「情報化（informationalization）」とは、基本的には「媒体の脱物質化（ヴァーチャル化）」および「情報の爆発的増大と情報の収集・活用の高度化」を意味すると考えられる。たとえば、ＩＴ化により新聞や音楽や動画などのコンテンツがネット配信されることにより、新聞の紙、音楽ＣＤのプラスチック円盤といった物質的媒体が不要となり、物体を伴わない文字情報や音楽情報や映像情報のみが流通することになった。あるいはネット通販においては、物体としての店舗という販売媒体は必要がなくなり、情報としてのネット上の仮想店舗だけがあればいいということになった。また、電子マネーや電子チケットにおいてもその価値を表示する物質的実体は消失し、それらは単なる情報と化している。もっとも、インターネットの端末機器は必要とされるので、完全に「媒体の脱物質化」が生じているというわけではないのだが、ＩＴ化、すなわち情報通信技術の発展によって、こうした「媒体の脱物質化ないしヴァーチャル化」としての「情報化」が進行しているといえる。

また、インターネットはメディアの一般ユーザーも情報発信することを可能にしたがゆえに、世界の情報量を爆発的に増加させている。そうした無数に増大した情報は検索テクノロジーによって容易に取捨選択し活用することが可能になっている。そしてＩＴ化によってユビキタス・コンピューティング（コンピュータの遍在化）も進められているが、たとえば、ＩＣタグの利用により食品・薬品・ペット・子ども・高齢者などのトレーサビリティに関する各種情報データが集められ、安全管理のために利用することが期待されている。[41] このようにＩＴ化は「情報の爆発的増加および情報の流通・活用の高度化」をもたらしている。「情報化」とは「ＩＴ化」（情報技術の進展と社会への浸透）に伴う「脱物質化・ヴァーチャル化」と「情報の爆発的増加および情報の流通・活用の高度化」ということなのである。

「デジタル化（digitization）」とは、より正確には「メディアのデジタル化」ないし「デジタル・メディア化」を意味している。デジタル（digital）という言葉は、もともと指や数字を意味するdigitに由来するのであるが、その意味としては、①指の、指による、指を使って数を数える、②数字を使う、計数型の、数字式の、ということである。したがって、デジタル・メディアとは基本的には計数型のメディア、計算するメディアを意味するのである。そしてその計数型のメディアの代表はコンピュータである。computeという英語は「計算する」という意味であり、コンピュータ（computer）は日本では電子計算機と訳される。中国では「電脳」と訳されており、電気で作動する脳（情報処理装置）ということである。なぜ、計算機が脳になったのかといえば、それは情報がデジタルな記号（数字・計数）に変換されるからである。あらゆる情報がいったん数字に変換され、符号化されれば、後は計算を行うだけで、さまざまな情報処理を行うことが可能になる。情報のデジタル化（数学的記号化）によって、電子計算機は電気で作動する脳のような情報処理機械＝「電脳」になるのである。

それゆえ、コンピュータに代表されるデジタル・メディアとは情報を数字に変換して計算・処理するメディアということであり、音声・映像・文字などの情報を二進法の数字（0と1）に符号化して計算し、情報の伝達・圧縮・貯蔵・加工などの処理を容易にするメディアだということになる。このようにデジタル・メディア化とはコンピュータリゼーション（さまざまなメディアのコンピュータ化）を意味するのであり、多様なメディアがコンピュータを組み込んで情報処理機能を高度化させていることを示しているのである。情報処理能力を発達させたデジタル・メディアが増えてくることは、「情報通信技術の発展および高度化した情報通信技術の社会への浸透」ということに直結しており、デジタル化とＩＴ化は密接に連関している。また、デジタル化したメディアがネットワーク化されて相互に通信可能になることにより、「情報化」すなわち「脱物質化および情報の爆発的増加と情報の流通・活用の高度化」が促進されることになる。以上のように、「ＩＴ化」「情報化」「デジタル化」はそれぞれ強調点が異なるものの、情報通信技術の発達によるメディア環境や社会の現代的変容にまつわる事象を指し示しているといえる。

## 第三節　高度近代・脱近代・再帰的近代化

「高度近代（high modernity）あるいは徹底化された近代（radicalized modernity）」

ここまで、「近代化」および「現代化」の諸相について述べてきたわけだが、先に記したように、「現代化」は「近代化」の延長線上にあると考えることができる。たとえば、商品化や市場化が徹底化されて、それらが世界規模に拡大したことによって（市場）経済のグローバリゼーションがもたらされている。また、民主化が進んで、世界レベルに拡張されることによって、地球市民意識が醸成され、政治や市民社会のグローバリゼーションが生じている。そして、都市化が高度化し、世界的に進展することにより、都市化のグローバリゼーションが生み出されている。グローバリゼーションは、商品化や民主化や都市化などの近代化が高度化したがゆえに生起している現代的現象である。

リスク社会化は、合理化や工業化や商品化が進展したがゆえにもたらされたとみなすことができる。実質的な合理化が高度化することにより、安全性や確実性がより重視されることになり、将来の危険確率（リスク）が積極的に評価されるような社会になったのである。また、形式的な合理化や工業化の副作用として核戦争や環境破壊などの人工的リスクが増大したのであり、商品化や市場化が進行し、市場原理主義的な政策が施されたがゆえに、非正規雇用や失業や貧困などの社会的リスクが増幅されたのである。こうした近代化の副次的結果と直面することによって再帰的に社会がリスク対応を行うようになり、リスク社会化が生じているのである。

脱伝統化は合理化や民主化が徹底化された帰結の一つである。合理化が社会に浸透し、伝統的慣習に対して合理的な理由や根拠の提出が要求されるようになったのである。また、民主化によって人権や動物の権利の尊重が社会的に要請されるようにもなっており、そうした権利を侵害する伝統は撤廃されるべきであるという運動が生じている。すでに触れたように、女人禁制や女子割礼といった伝統に対しては、女性差別ということで問題視されるのであり、なんらかの合理的な理由がなければ、こうした伝統は存続することが困難になっている。捕鯨という伝統に対しては、動物の権利尊重という観点からの批判が高まっており、近年では環境テロリストによる攻撃も生じている。

脱伝統化と連動している個人化も合理化や民主化や都市化が徹底化されることによって顕在化した現象である。合理化がより高度になることによって、伝統的な制度や規範に合理的な根拠が認められず、それらに依拠することが困難になると、人々は自己選択によって、人生を自ら構築し、作り出していかなければならなくなるのである。あるいは、民主化が進行して家父長制的な伝統的家族（「家」制度）が解体し、家族成員一人一人の平等な権利や主体性や自由が認められるようになり、家族の個人化が生じているということもできる。また、市場化や商品化が徹底化されて、会社組織は純粋に諸個人の労働契約（労働力の市場的売買契約）に基づく関係性から成立しているものとみなされることにより、家族主義的経営あるいは「家」としての企業組織（擬制家族的人間関係）が弱体化し、会社の個人化がもたらされている。さらに、都市化によって村落共同体における地縁的な相互依存性や拘束性が消失し、個人の居住地選択や職業選択の自由が生み出され、個人化が進展したともいえる。

ＩＴ化（情報化・デジタル化）は、工業化や合理化や分化の帰結の一つであり、とりわけ形式合理性・計算合理性の高度化すなわち科学技術の専門分化をともなう進歩によって生起した現代的現象である。科学の専門分化によって、コンピュータ・サイエンス（電子計算機の科学）が科学の一分野として確立され、それが発展することによって、メディアのデジタル化（コンピュータ化）がもたらされている。高度かつ効率的な情報処理（伝達・圧縮・加工など）

の能力を備えた工業製品としてのデジタル・メディアは、新しい情報通信テクノロジー（ＩＴ）として社会に浸透し、社会の情報化を促進しているのである。

以上のように、「現代化」は「近代化」が高度化ないし徹底化したがゆえに生じている現象であるといえる。このことから、「現代」をＡ・ギデンズにならって「高度近代（high modernity）」ないし「徹底化された近代（radicalized modernity）」として特徴づけることが可能である。すなわち、「現代」は近代が高度化した時代、あるいは徹底化された時代なのだと考えることができる。高度民主化、高度工業化、高度都市化、高度商品化、高度合理化、高度分化が進行中なのであり、そのプロセスの現在的局面として、グローバリゼーション、リスク社会化、脱伝統化、個人化、ＩＴ化（情報化・デジタル化）などが顕現しているということである。このように「現代（化）」とはさしあたり「高度近代（化）」として捉えることができる。

## 「脱近代」

しかしながら、現代化は単に近代の高度化としてのみ捉えられているわけではない。すでに近代自体が終焉を迎えており、現代はその次の時代に入っているとする議論も存在する。すなわち、現代を「脱近代（postmodernity）」として把握する見方である。ポストモダニティとして現代を分析した代表的な論者は哲学者Ｊ・リオタールである。

リオタールは科学知を中心とした近代知の背後に「大きな物語」あるいは「メタ物語」があって、それが近代を正当化してきたという。物語とは伝統的な「知」の形態であるが、神話や民話や伝説などのように、社会の諸制度に正当性を付与し、それ自身もその根拠を問われることのない「知」である。それに対して、近代知としての科学知はそれ自体、反証にさらされており、つねに仮説的な知として存在するほかはなく、それ自身を絶対視したり、正当化したりすることはできない。それゆえ、科学知が優勢となった近代においても、根源的な部分で（メタ）物語的知に依拠して近代知や近代的諸制度自体を正当化しなければならなかったのである。

近代を支えてきた「メタ物語」ないし「大きな物語」とは、「無知と隷属からの解放という『啓蒙主義的』物語」や「労働の社会化による搾取・疎外からの解放というマルクス主義的物語」や「貧困からの解放という資本主義的物語」などである。しかしながら、そうした普遍主義的で進歩主義的かつ目的論的な「大きな解放の物語」は信じられないものとなってしまった、とリオタールはいう[42]。近代を正当化してきた物語的知自体の正当性や根拠が問われる事態になってしまったのである。たとえば、二十世紀に見られたファシズムやスターリニズムといった全体主義の出現や、南北問題に見られたような経済的格差の拡大などは、近代のプロジェクトの虚無化をもたらした。「専制・無知・野蛮・貧困から人類を解放する」という近代の「約束は守られなかった」のであり、「世界史〔普遍的物語〕はカントが言っていたように〈よりよいほうへ〉とむかうのではまったくなく、むしろ、歴史はかならずしもひとつの普遍的な目的性をもつものではないのではないか」という疑念が生じており、近代の発展をもはや「進歩と呼ぶわけにはいかない」というわけである[43]。このように近代の「大きな解放の物語」における普遍主義や進歩主義や目的論的歴史観が失効・解体したとして、リオタールは脱根拠化された共約不可能で異他的な「小さな物語」が無数に浮遊する「ポストモダン状況（La condition postmoderne）」について語ったのである。すなわち、現代をポストモダニティ（脱近代）として捉え、その文化や知の状況について考察したのである。

社会学者のJ・ボードリヤールと社会理論家のM・ポスターもリオタールほど明示的にではないが、同じくポストモダニティとして現代を把握したといえる。ボードリヤールは、実在との結びつきを失ったシミュレーションすなわち「あらゆる照合の逆転と死を宣告するものとしての記号」の時代の到来について説いた。「《真》と《偽》、《実在》と《空想》の差異をなしくずしにしてしまう」シミュレーションと「いかなる現実とも無関係」なシミュラークルに満ちた現代世界においては、「メディアの中で意味は内破」し、実在の消失したハイパーリアリティに支配される。こうした「意味破壊の巨大なプロセス」こそが「脱《ポスト》＝近代性《モデルニテ》の革命」であるとされ、ボードリヤールも「近代の終焉」について言及したのである[44]。

M・ポスターは、マルクスの「生産様式」に関する理論から着想を得た「情報様式」の概念によって、現代社会を分析した。情報様式とは「シンボル交換の形態」を意味しているが、その諸類型によって歴史は段階的に区分される。情報様式の諸段階は「対面し、声に媒介された交換」、「印刷物によって媒介される書き言葉による交換」、「電子メディアによる交換」に分類され、現代は三番目の電子的段階として位置づけられる。(45) 電子メディアないしコンピュータのエクリチュール（書字）は「ポストモダンの言語的行為の真髄」であり、「主体の多様化と散乱」をもたらす。工業社会の鉄道、自動車、飛行機といった輸送システムは身体が空間を移動する速度を増大させ、自己を世界の中に散乱させたが、コンピュータのエクリチュールはこうしたかつての形態を強化し、急進化させる。(46) 今日の情報様式の電子的段階では「自己は脱中心化され、散乱し、連続的な不確実性の中で多数化されている」とされるのである。また、電子メディア時代のデータベースは「超パノプティコン」である。壁や窓や塔や看守のいない監視システムとしてのそれは「情報のポストモダン、ポスト産業社会様式における大衆制御の方法である」。(47) 現在の社会は情報メディアが高度化した電子的段階にあるとするポスターも、現代を脱近代的な時代として把捉しているといえよう。

以上のようなポストモダニティの到来を宣言する言説と並んで、ポストモダニズム（脱近代主義）と呼ばれる思潮もポストモダニティの到来および近代の終焉を表明しているものとして受け止められた。哲学・思想領域においては、M・フーコー、J・デリダ、J・ドゥルーズらが、ポストモダニズムの主唱者とみなされた。彼らの思想はモダニズム（近代主義）に内在する本質主義・客観主義・基礎づけ主義などを、すなわち、言語による事物の本質化、固定化、一元化、物象化などを批判した。いいかえれば、言語と実在との一致を、あるいは記号とその指示対象との直接的で自然なつながりを自明視する「現前の形而上学」、「表象の透明性」などを疑うことにより、一元的理性の専制ないし絶対化に対して異議を唱えたのである。(48) ポストモダニズムと呼ばれた思想は、近代を支えている思考の根源的な自己反省を促し、モダニズムの限界や閉域性を指摘したのであり、それゆえ、それは近代以降（ポストモダン）の時代の到来を告知するものとされたのである。

## 「脱近代化と再帰的近代化」

ポストモダニティの社会理論は、現代における近代の即時的な終結と脱近代への唐突な転換を示唆していた。それゆえ、ポストモダニティは新しい時代への完全な移行やモダニティとの時代的切断を含意するものとして把捉された。確かに、現在、普遍主義や進歩主義や目的論的歴史観、さらには西洋中心主義、男性中心主義、生産中心主義といった近代的な価値観やそれに基づく諸制度が大きく揺らいでいる。しかしながら、現在、こうした近代的な価値観が全面的に、かつ瞬時に失効してしまっているわけではない。たとえば、民主化、都市化、合理化、市場化などの諸局面において近代化は継続し、高度化し、徹底化されている。そして、普遍的で進歩的な「大きな解放の物語」に対して少なからぬ疑念が生じているとはいえ、それらが完全に解体してしまっているというわけでもない。その意味では、モダニティが終わっているとはいい難いのである。

それゆえ、今日の状況を記述するためには、時代的断絶という意味合いを有するポストモダニティ（脱近代）という概念よりも、時代的移行のプロセスを指し示すポストモダニゼーション（脱近代化）という概念を使用するほうがより適切である。このポストモダニゼーションという概念を提起したのが、オーストラリアの社会学者S・クルック、L・パクルスキ、M・ウォーターズたちである。クルックらがポストモダニゼーションという用語を用いる理由は、出現しつつある社会形態がいまだ非決定的で不明確だということである。つまり、ポストモダニティがモダニティではないということ以外のことについて、われわれは確かな知識を持っていない。それゆえに、新しい社会の未来像よりもむしろ、ポストモダンの社会形態を生み出す変動過程、すなわち、ポストモダニゼーションの過程に焦点を合わせるのである。(49)

クルックらはポストモダニゼーションを近代化の高度化とその反転として捉えている。ポストモダニゼーションはモダニゼーション（近代化）過程の延長として理解されるが、ポストモダニゼーションはモダニゼーションの単なる深化・徹底化・拡張ではない。ポストモダニゼーションの過程はその規模と強度が増大するにつれて、近代の安定した諸領域と思われていたものを溶解するように作用するのである。

近代化の過程は「分化（differentiation）」、「合理化（rationalization）」、「商品化（commodification）」という三つの要素に区分されるのだが、近代化が進展するとともに、商品化と合理化とならんで、分化のプロセスが強化されて、高度分化（hyperdifferentiation）が生み出され、それがさらに脱分化（dedifferentiation）を現出させる（分化の弁証法）。つまり、一定の発展ポイントを超えると、分化は皮肉なことに脱分化的反転を生み出すというのである。また、商品化と合理化は、貨幣と官僚制的権力によって媒介された中央集権的管理を導き、組織化（organization）をもたらすのであるが、組織化が進行して高度組織化（hyperorganization）あるいは一極集中的組織化（monocentric organization）が生じ、そのうえで脱組織化（deorganization）が発現する（組織化の弁証法）。こうした高度分化―脱分化、高度組織化―脱組織化、高度合理化、高度商品化というポストモダニゼーションの過程が社会構造的領域のさまざまな境界を溶解するとされるのである[50]。

高度分化―脱分化の一例としては、文化のポストモダニゼーションが挙げられる。文化のポストモダニゼーションは、高度商品化、高度合理化、高度分化によってもたらされている。高度商品化が進むことによって、生活のあらゆる領域が商品化され、非商品化された領域（「芸術」）と商品化された領域（「文化産業」）との境界が曖昧化する。高度合理化によって機械的・電子的な再生テクノロジーが発達するが、それによって文化のメディア的消費（テレビ、ラジオ、レコードなど）が主流となり、現実（ライブ）と表象（メディア）の階層秩序や区分が転倒・溶解する。高度分化によって、文化が細分化・断片化して（たとえば、クラシック音楽が脱文脈化・断片化され、映画・テレビドラマ・広告におけるBGMとして利用されることなど）、高級文化と大衆文化との境界が不明瞭になる（脱分化）[51]。

高度組織化―脱組織化の現象としては、国家や企業における権力の高度集中化と脱集中化ということが挙げられる。政治的機能の高度分化（行政の分権化や市民的イニシアティヴの増大）、高度合理化（情報メディアの発達によるグローバリゼーションないし超国家的な統合）、高度商品化（民営化、市場化、脱規制化）が国家を断片化・脱組織化しているけれども、新自由主義ないしリベラル保守主義の政府においては、政治権力の政府への高度集中化がみられるのである。また、高度分化および高度合理化（高度メディア化）によって、産業においては仕事場が脱中心化され、時間空間的に統合された場であることをやめ、ネットワークになりつつあるが、それは企業における経済権力の高度集中化を伴っているのである(52)。

以上のように、ポストモダニゼーションは（合理化と商品化を含めたものとしての）分化および組織化、という二つの機軸に基づいて作動しているのであり、それぞれの原理が高度拡張と反転の弁証法という過程を開始しているとされる(53)。そして、そうした過程が近代的な諸領域の境界を解体するというわけである。近代の徹底化や高度化が近代の溶解をもたらしているということ、さらに、その帰結は予測不可能で非決定的であるということ、これがポストモダニゼーションの基本的視角である。

さて、このポストモダニゼーション（脱近代化）以外にも現代化を適切に把捉する概念が存在する。それはA・ギデンズやU・ベックが主唱したリフレクシブルモダニゼーション（再帰的近代化）である。ギデンズやベックは近代化を「単純な近代化（simple modernization）」と「再帰的近代化（reflexive modernization）」に区分しており、現代を再帰的近代化の時代として位置づけている。両者ともに、近代はまだ終わってはいないとみなし、近代の第二段階の時代として現代を捉えるのである。すでに見たように、ギデンズは現代を「高度近代」ないし「徹底化された近代」とも呼び、また、ベックは「単純な近代化」の時代を「第一の近代（first modernity）」、「再帰的近代化」の時代を「第二の近代（second modernity）」と称している(54)。

「再帰性（reflexivity）」とは、ギデンズによれば「活動を絶えず再整理し、再定義する手段として、その活動の諸条件に関する情報を利用すること」あるいは「社会的活動や自然に対する物質的関係のほとんどの局面が、新たな情報や知識と照合されて絶えず修正される傾向があること」と規定される[55]。再帰性は前近代文明においても存在していたが、それは主に伝統の再解釈と説明ということに限定されていた。近代の到来によって、再帰性はシステム再生産の基礎に導入され、絶えず思考と行為が相互に反照し合うようになった。近代の社会生活の再帰性とは、社会的慣行が、当のその慣行に関して新たに入ってくる情報（専門的知識など）に照らしてみて、常に吟味され、改変される、ということである（ギデンズにとって、再帰性とは社会的知識の「循環性（circularity）」ということも含意している[56]）。

もともと単純な近代化の時代にも内在していた再帰性は、高度近代としての再帰的近代化の時代においてさらに増強されることになる。そうした再帰性の強化は脱伝統化やリスク社会化などと結びつくことになる。再帰性が高度化した社会においては、専門的知識の絶え間ない適用が伝統の指針に取って代わる傾向がある。そして伝統が弱体化すると人々は自分の行為の条件に関する絶えざる反省に基づいて決定を行わなければならなくなる。それゆえ、近代の社会的再帰性は脱伝統社会の条件でもあり所産でもあることになる[57]。また、脱伝統社会は伝統的なやり方に別れを告げて不確かな未来へ自己を開いていく社会であるが、そこにおいてリスク概念は中心的なものになる。すなわち、高度近代の世界は自然の支配と歴史の再帰的な形成を目的とするシステムであり、そこで生きることはチャンスとリスクの環境に生きるということなのである[58]。

さて、ポストモダニティ（脱近代）の理論は、近代主義的な基礎づけ主義、進化主義的あるいは摂理主義的な歴史的目的論、西洋中心主義などの解体を指摘することによって、近代の終焉と近代以後の新しい時代の到来を宣言したといえる。しかし、再帰的近代化の理論によれば、基礎づけ主義や摂理主義な歴史観や西欧中心主義などが溶解しているのは再帰性が高度化したからである。基礎づけ主義や歴史的目的論や西洋中心主義との決別は、「近代が超克されたということ（overcoming of modernity）」ではなく、「近代が自分自身を理解するようになったこと（modernity coming to understand itself）」、すなわち近代が再帰的に自己反省するようにまで高度化したこと、を意味しているとみなすことができる。

基礎づけ主義の瓦解や摂理主義的な歴史観との決別という事態は、啓蒙主義の中心的な見解とは大きく乖離しているが、この乖離は近代的思考が自己を解明すること、つまり近代的思考の再帰的な自己反省に由来している。近代の啓蒙思想家たちは社会や自然に関して確実に基礎づけられた知識を獲得する方法を準備したと信じており、理性的主張は伝統のドグマを打破するはずであった。にもかかわらず、近代の再帰性が近代それ自身の基礎づけ主義や歴史的目的論といった知識の確実性を掘り崩しているのである。それゆえに、われわれは近代を乗り越えてしまったのではなく、まさに近代が徹底化している局面の只中を生きている、ということになる。[59]

ただし、こうしたギデンズによる「再帰的近代化」の概念化に対して、ベックは別の解釈を提示している。ベックによれば、「再帰的近代化」とは「reflexive（反射的）」という形容詞が示唆しているように、「反省（reflection）」ではなく、「自己対峙（self-confrontation）」を意味している。「自己対峙」とは自分自身と向き合うことであるが、近代がそれ自身の成功の副作用（リスク）と向き合うということである。第一の近代（近代の工業段階）から第二の近代（近代のリスク段階）への移行は近代化の自動的なダイナミズムの結果として、意図されることも、知覚されることもなく、いやおうなしに生じているというのである。[60]

ベックに従えば、ギデンズの「再帰的近代化」は、実際には、近代の基礎と帰結に関する自己反省を意味する「反省的近代化（reflective modernization）」である。[61] それに対して、ベックの考える「再帰的近代化」は「無反省（non-reflection）」や「非知識（non-knowledge）」を含むものであり、近代化がそれ自身の意図せざる諸帰結と自動的・反射的・無反省的（reflection-free）に向き合うということである。ベックの場合、「再帰的」近代化の媒介は「知識」というよりもむしろ「非知識」なのであって、近代の「再帰性」は、近代に関する反省、近代の自己言及性、自己関係性、そして自己正当化、自己批判を意味してはいない、とされるのである。[62]

このようにベックは再帰的近代化に関してギデンズとは異なった概念化を行っている。しかしながら、ベックは

「反省的近代化」は自分自身のアプローチとかなりの部分で重複しており、自己反省が近代化の一つの重要な原動力であるということに完全に同意する、とも述べている[63]。つまり、ベックは必ずしも「反省的近代化」や「自己反省」を否定しているわけではない。その意味では、ギデンズとベックの概念化は強調点が異なっているだけであり、相補的なものであると考えることができる。近代の徹底化による近代自身の根源的な自己反省、あるいは、近代の高度化によるそれ自身の基礎の反射的・無反省的な掘り崩しのいずれにせよ、再帰的近代化は近代それ自体を脱根拠化しているといえるのである[64]。

以上をまとめてみると、「現代化」とはまず、「高度近代」化として捉えることができる。近代は高度化し、徹底化しているのである。そしてそれは「再帰的近代化（リフレクシブルモダニゼーション）」として把握することができる。近代の高度化が近代の自己反省や自己対峙をもたらしており、「知識」および「非知識」の再帰性が強化されているのである。それゆえ、近代の脱根拠化が進展しているのではあるが、近代が終焉し、近代的理念や制度が失効して脱近代（ポストモダニティ）に完全に移行してしまったというわけではない。ただし、こうした再帰的近代化の趨勢は、より長期的なプロセスとしては、予測不可能で非決定的な脱近代に向かう「脱近代化（ポストモダニゼーション）」という観点から把握することも可能なのである。

## 注

（1）山内昌之編『世界の民族・宗教地図』日本経済新聞社、一九九六年、二一頁、H・ジオルダン編（原聖訳）『虐げられた言語の復権』批評社、一九八七年、などを参照。

（2）http://www.ipss.go.jp/syoushika/tohkei/Popular/Popular2010.asp?chap=1&title1=%87T%81D%90l%8C%FB%82%A8%82%E6%82%D1%90l%8C%FB%91%9D%89%C1%97%A6（「人口統計資料集二〇一〇年版」国立社会保障・人口問題研究所）、鬼頭宏『人口から読む日本の歴史』講談社、二〇〇〇年、八六頁、総理府統計局編『日本人口の地域分布とその変化』一九八三年、六〇頁、人口問題審議会編『日本の人口・日本の社会』東洋経済新報社、一九八四年、一二三頁、国立社会保障・人口問題研究所編『人口の動向　日本と世界　人口統計資料集　二〇一〇』厚生統計協会、二〇一〇年、一六二頁、などを参照。

（3）中沢新一『緑の資本論』集英社、二〇〇二年、一九五頁。

（4）M・ウェーバー（富永健一訳）「経済行為の社会学的基礎範疇」『世界の名著　ウェーバー』中央公論社、一九七九年、三三〇〜三三一頁、M・ウェーバー（世良晃志郎訳）『支配の社会学Ⅰ』創文社、一九六〇年、一一七頁、一二〇頁。

（5）E・デュルケム（田原音和訳）『社会分業論』青木書店、二〇〇五年、三九五頁。

（6）前掲書、四〜五頁、一三二頁、一三五頁。

（7）A. Giddens, *Runaway World*, Profile Books, 1999.（A・ギデンズ（佐和隆光訳）『暴走する世界』ダイヤモンド社、二〇〇一年）、U. Beck, A. Giddens, S. Lash, *Reflexive Modernization*, Polity Press, 1994.（U・ベック、A・ギデンズ、S・ラッシュ（松尾精文・小幡正敏・叶堂隆三訳）『再帰的近代化』而立書房、一九九七年）、などを参照。

（8）J・E・スティグリッツ（鈴木主税訳）『世界を不幸にしたグローバリズムの正体』徳間書店、二〇〇二年、J・マンダー、E・ゴールドスミス編（小南祐一郎・塚本しづ香訳）『グローバル経済が世界を破壊する』朝日新聞社、二〇〇〇年、D・ヘルド、M・K・アーキアージ編（中谷義和監訳）『グローバル化をどうとらえるか』法律文化社、二〇〇四年、などを参照。ただし、開発途上国の貧困問題に対する先進国政府による経済援助は以前から行われており、近年ではNGOのフェアトレードやマイクロクレジットなどによる自助援助・自立支援の運動も広がっている。また、グローバル化する市場原理主義に対抗する世界社会フォーラムも二〇〇一年から開催されている。経済的公正・公平をめざす動きもグローバル化しているといえるのである。

（9）庄司克宏『欧州連合』岩波書店、二〇〇七年、四頁、一一〜一六頁、藤井良広『EUの知識』日本経済新聞社、二〇〇五年、一四四〜一五二頁。

（10）A. Giddens, *Runaway World*, p. 19.（A・ギデンズ『暴走する世界』四四〜四六頁）、D・ヘルド「執行型からコスモポリタン型多国間主義へ」D・ヘルド、M・K・アーキアージ編『グローバル化をどうとらえるか』第六章、一六四〜一七九頁。

（11）A. Giddens, *Runaway World*, p. 22.（A・ギデンズ『暴走する世界』五一〜五二頁）

（12）Ibid., p. 23.（A・ギデンズ『暴走する世界』五三頁）

（13）Ibid., p. 26.（A・ギデンズ『暴走する世界』五八頁）

（14）Ibid., p. 34.（A・ギデンズ『暴走する世界』七四頁）、橋木俊詔編『リスク社会を生きる』岩波書店、二〇〇四年、一二六頁。

（15）A. Giddens, *Runaway World*, pp. 28-29.（A・ギデンズ『暴走する世界』六三〜六四頁）

（16）広瀬隆『二酸化炭素温暖化説の崩壊』集英社、二〇一〇年。近年の気温上昇が地球の自然な変化であって、二酸化炭素排出とはあまり関係がないかもしれないのである。それゆえ、二酸化炭素の排出が温暖化の原因であるかどうか、ということについて確実なことはわかっていないのである。また、将来、地球の自然な気候変動によって寒冷化する可能性も否定できないのである。

（17）実際に起きた「人騒がせ」の事例としては、大阪の腸管出血性大腸菌O157食中毒事件や埼玉のダイオキシン汚染報道などがある。大阪のO157食中毒事件では、一九九六年に大阪府堺市で学校給食によるO157集団感染が発生した際に、原因食材として貝割れ大根が疑わしい、と当時の厚生省が発表したことによって、貝割れ大根の生産者に大きな風評被害が生じた。埼玉のダイオキシン汚染報道では、一九九九年に産業廃棄物焼却施設が密集していた埼玉県所沢市の葉物野菜のダイオキシン濃度が高いとテレビ朝日の報道番組が報道したために、所沢の農家に風評被害がもたらされた（実際にはダイオキシン濃度が高かったのは葉物野菜ではなく、お茶であった）。この二つの事例においては、行政当局やマスメディアがリスク低減のために予防原則的な観点から、少しでも疑いがあれば、積極的に情報を開示しようとしたことによって、結果的に「人騒がせ」になってしまった。

それに対して「隠蔽」の事例としては、イギリスの狂牛病の事件がある。狂牛病の人への感染リスクを低く見積もったイギリス政府は消費者に牛肉の安全性を訴えていたが、一九九六年に狂牛病の人への感染症と考えられる「変異型クロイツフェルト・ヤコブ病」の患者の発病が確認され、その後感染者が増大したのである。イギリス政府は感染リスクがゼロではないにもかかわらず、国民に注意情報を発しなかったことにより、結果的に被害を拡大させ、「隠蔽」として非難されたのである。

（18）A. Giddens, *Runaway World*, p. 34.（A・ギデンズ『暴走する世界』七四頁）

（19）Ibid., p. 39.（A・ギデンズ『暴走する世界』八四頁）

（20）E・ホブズボウム、T・レンジャー編（前川啓治・梶原景昭他訳）『創られた伝統』紀伊国屋書店、一九九二年、二九〜六八頁。

（21）A. Giddens, *Runaway World*, p. 37, p. 40.（A・ギデンズ『暴走する世界』八〇頁、八六頁）、産経新聞取材班『祝祭

日の研究』角川書店、二〇〇一年、米山俊直『日本人ことはじめ物語』ＰＨＰ研究所、一九九〇年。その他、日本の伝統的スポーツないし国技と称される「大相撲」であるが、相撲興行組織が運営し、土俵の上で取り組みが行われる現在の様式の「相撲」になったのは江戸時代（十七世紀頃）からだとされている。

(22) A. Giddens, *Runaway World*, p. 43.（A・ギデンズ『暴走する世界』九〇～九一頁）

(23) Ibid., p. 41.（A・ギデンズ『暴走する世界』八八頁、九八頁）

(24) Ibid., pp. 46-47.（A・ギデンズ『暴走する世界』九七～九八頁）

(25) Ibid., p. 45.（A・ギデンズ『暴走する世界』九五～九六頁）

(26) 女子割礼（女子性器切除）の風習は、現在もアフリカや中近東などで続いているという。女子性器切除は四つのタイプに分類されており、タイプⅠは陰核切断（陰核の一部または全部の切除）、タイプⅡは陰核切断＋小陰唇切断（陰核切除と小陰唇の一部あるいは全部の切除）、タイプⅢは陰部封鎖（外性器の一部または全部の切除および膣の入り口の縫合による膣口の狭小化または封鎖）、タイプⅣはタイプⅠ～Ⅲ以外の、治療を目的とせず、文化的理由のもとに、女性外性器の一部あるいは全部を削除する、あるいは女性の生殖器官を意図的に傷つける行為の全て、である。

　女子割礼には、共同体の一員にするという通過儀礼的な意味合いと、「処女性維持と性欲抑制のために性器を切除し、女性を性的にコントロールする」という意味合いがある。「女子割礼は貧困が蔓延し、女性の地位や教育レベルが男性よりも著しく低く、生きるためには（経済的にも社会的にも）結婚して男性に養ってもらわねばならないような社会で多く続いている」という。現在では、アフリカにおいて女子割礼廃絶運動が女性の権利の問題として捉えられ、女性の能力開発・自立支援、社会改革の一環としての取り組みがなされている。

　日本における女人禁制の習俗は、現在、修験道の行場である大峰山、大相撲の土俵、遠洋漁業の船などで存続しているが、かつては酒造所の蔵やトンネルの工事現場でも見られた。女人禁制の理由としては、女性の血の穢れに対する不浄観、仏教の戒律にある不邪淫戒（性交渉の禁止）、仏典における女性蔑視思想、日本民族の本質に根ざすもの、などがある。

　血の穢れに対する不浄観とは女性の月経や出産の際の血を穢れとする考え方である。主として西日本の海岸地方では、かつては産屋や月経小屋といった忌小屋が存在しており、女性はこうした特殊舎屋に一時的に隔離されていた（ちなみに月経小屋や産小屋は日本以外の地域にも存在した）のであり、出産や月事の時期の女性は穢れているとされていた。仏教の戒律としては五戒があり、不殺生戒（生き物を殺してはならない）、不偸盗《ふちゅうとう》戒（盗みをしてはいけない）、不飲酒《ふおんじゅ》戒（酒を飲んではならない）、不妄語戒（嘘をついてはならない）、不邪淫戒（性交渉をもってはならない）のうち、不邪淫戒を守るために禁欲主義に基づき比叡山や吉野の金峯山《きんぷせん》では女人結界が設けられた。仏典の『法華経』では「女人五障」説と（儒教に由来する）「三従《さんしょう》」説が説かれており、女性には五つの障《さわ》りがあって罪深い存在であるがゆえに仏にはなれないとされ、さらに女性は子どもの時は親に、嫁いだ時には夫に、老いた時には息子に従うとされた。仏教の教義における、こうした女性蔑視思想（女性罪業《ざいごう》観）も女人禁制に影響を与えた。日本民族の本質に根ざすものとしては、さまざまな禁忌を有する他界ないし聖域としての山中や船などに女性原理を認める（つまり山の神や船魂が女性であるとする）民俗的基盤が存在したということが考えられる。女性の神が嫉妬して同性が立ち入るのを嫌うというわけである。以上のような複数の理由により、女人禁制が行われてきたと考えられている。

捕鯨に関しては、周知のように主要捕鯨国である日本に対して、オーストラリア、ニュージーランド、アメリカ、イギリスなどの反捕鯨国からの捕鯨禁止の圧力が高まっている。現在、国際捕鯨委員会（ＩＷＣ）では、反捕鯨国が多数派になっており、捕鯨は日本の文化的「伝統」の一つだと主張しても反捕鯨国からは容易に承認が得られない状況となっている。捕鯨という「伝統」の存続のためにはグローバルな合理的正当化と協議・交渉が必要とされるのである。ところが、反捕鯨国は鯨を海洋資源として国際的に適正な科学的管理をするというのではなく、鯨を他の哺乳類とは区別して特別視あるいは神聖視している。それゆえに、たとえば、オーストラリアやオランダなどはシーシェパードのような日本の南極海調査捕鯨のみならず沿岸小型捕鯨を妨害する環境テロリストを支援している。科学的合理性に基づかない反捕鯨国の捕鯨禁止の動きはグローバルな民主主義の大きな障害になると考えられる。

スペインの闘牛については、二〇一〇年にカタルーニャ州で闘牛の禁止法が議会で可決された。スペイン領内ではすでに一九九一年にカナリア諸島で闘牛が禁止されており、それに続く動きである。ただし、カタルーニャでのこうした動向は、単に動物愛護意識の高まりだけがその要因というのではなく、カタルーニャ州の独立や自治拡大をめざす運動とも密接に連関している。ちなみに、闘技場の中で闘牛士が牛と戦う現在の形態の闘牛は十八世紀後半にはじまったとされている。

内海夏子『ドキュメント　女子割礼』集英社、二〇〇三年、三五〜三六頁、七二頁、七五頁、一八六頁、鈴木正崇『女人禁制』吉川弘文館、二〇〇二年、二六頁、一二四〜一二六頁、一四〇頁、一四八頁、一五八〜一六〇頁、源淳子『女人禁制Ｑ＆Ａ』解放出版社、二〇〇五年、四頁、七頁、一六〜一七頁、牧田茂『神と女の民俗学』講談社、一九八一年、四六〜四七頁、一〇二頁、一五九頁、瀬川清子『女の民族誌』東京書籍、一九八〇年、四四〜六三頁、石川創『クジラは海の資源か神獣か』ＮＨＫ出版、二〇一一年、一五二〜一五八頁、一七八〜一八六頁、関口雄祐『イルカを食べちゃダメですか？』光文社、二〇一〇年、一七二～一七四頁、「闘牛離れ　政治がとどめ　スペイン・カタルーニャ州に禁止法」『朝日新聞』二〇一〇年一一月五日、などを参照。
(27) A. Giddens, *Runaway World*, pp. 48-50.（A・ギデンズ『暴走する世界』一〇〇～一〇四頁）
(28) イーフー・トゥアン（阿部一訳）『個人空間の誕生』せりか書房、一九九三年、二一八～二一九頁。
(28) 阿部謹也『日本社会に生きるということ』朝日新聞社、二〇〇三年、一七六～一七九頁。
(29) 阿部謹也『世間論序説』朝日新聞社、一九九九年、八七～一一〇頁。
(30) 阿部謹也『日本社会に生きるということ』一八〇～一八一頁。
(31) M・マクルーハン（森常治訳）『グーテンベルクの銀河系』みすず書房、一九八六年、一七三頁、二一二～二一三頁、二四二頁、三三六～三三七頁。
(32) W・J・オング（桜井直文・林正寛・糟谷啓介訳）『声の文化と文字の文化』藤原書店、一九九一年、二六八～二六九頁。
(33) 前掲書、二七九～二八〇頁、三一二頁。ちなみにイーフー・トゥアンも「文字による文化は個人主義を促進する」と述べている。視覚以外の他の感覚（聴覚、嗅覚、触覚）が、世界が自己を包み込む感覚をもたらし、自己と世界を一体化させるのに対し、視覚は自己と世界との分離をもたらし、人々を孤立化させるという。cf. イーフー・トゥアン『個人空間の誕生』一六一～一九二頁。
(34) 佐伯啓思『人間は進歩してきたのか』ＰＨＰ研究所、二〇〇三年、一七七頁。
(35) 前掲書、一八五～一八六頁、一九〇頁、二〇八頁。
(36) S・ルークス、J・プラムナッツ（田中治男訳）『個人主義と自由主義』平凡社、一九八七年、九～一二頁。
(37) A. Giddens, *The Third Way*, Polity Press, 1998, p. 36.（A・ギデンズ（佐和隆光訳）『第三の道』日本経済新聞社、一九九九年、七一頁）
(38) U. Beck, Elizabath Beck-Gernsheim, *Individualization*, Sage, 2001, p. 26.
(38) A. Giddens, *The Third Way*, p. 37（A・ギデンズ『第三の道』七二頁）
(39) たとえば、近年の賃貸住宅の中には、シェアハウス、コレクティヴハウス、ソーシャルアパートメントといった、居間やキッチンなどの共有スペースを備えた、居住者同士の交流を可能にする同居的別居タイプのものが出現している。こうした種類の賃貸住宅は、新たな住縁ないし選択的な地縁による連帯を積極的・能動的に作り出しており、無縁化や孤立化に陥らない「個人化」時代の新しい居住スタイルであると考えられる。

(40) ちなみに「情報社会化」とは通常、「脱工業社会化」、つまり工業社会以後の社会変容を指し示すのであり、第一次産業（農林水産業）や第二次産業（工業）よりも第三次産業（サービス・情報産業）のほうがより大きな経済的価値を生産する社会への移行ということである。あるいはサービス・情報産業中心の社会への変化を意味している。このことはもちろん、ＩＴ化すなわち高度化した情報通信技術の社会全般への浸透が大きな要因になっているといえる。それゆえ、「情報社会化」は情報産業の発達のみならず、第一次産業や第二次産業のＩＴ化や情報化をも意味している。つまり、農業や工業の生産管理にＩＴ（情報通信技術）が取り入れているのである。たとえば、農業においては伝統的農法からデータ活用型農法への転換が生じており、工業においては納期・生産工程のスケジュール管理や機械のプログラミング調整などにＩＴが利用されている。

(41) 坂村健『ユビキタスとは何か』岩波書店、二〇〇七年、一〇四～一三一頁。

(42) Ｊ・リオタール（管啓次郎訳）『ポストモダン通信』朝日出版社、一九八六年、四〇頁、四七頁、五三～五四頁。

(43) 前掲書、八七頁、一五三頁。

(44) Ｊ・ボードリヤール（竹原あき子訳）『シミュラークルとシミュレーション』法政大学出版局、一九八四年、四頁、八～九頁、一〇〇頁、一〇三頁、一五九頁、一九九頁。

(45) Ｍ・ポスター（室井尚・吉岡洋訳）『情報様式論』岩波書店、一九九一年、一〇～一一頁。

(46) 前掲書、二四一頁、二四三頁。

(47) 前掲書、一七五頁、一八三頁。

(48) 今枝法之『溶解する近代』世界思想社、二〇〇〇年、一二六～一二七頁。

(49) S. Crook, J. Pakuruski, M. Wters, *Postmodenization*, Sage, 1992, p. 2.

(50) Ibid., p. 47, p. 220, pp. 226–229.

(51) Ibid., pp. 36–37, pp. 47–75, p. 221.

(52) Ibid., pp. 37–38, pp. 79–104, p. 221, pp. 228–229.

(53) Ibid., p. 229.

(54) A. Giddens, *The Consequences of Modernity*, Stanford University Press, 1990, p. 51.（Ａ・ギデンズ（松尾精文・小幡正敏訳）『近代とはいかなる時代か？』而立書房、一九九三年、七〇頁）、A. Giddens, *Beyond Left and Right*, Polity

Press, 1994, p. 80.（A・ギデンズ（松尾精文・立松隆介訳）『左派右派を超えて』而立書房、二〇〇二年、一〇七～一〇八頁）、U. Beck, J. Willms, *Cnversation with Ulrich Beck*, Polity Press, 2004, pp. 29-30.

（55）A. Giddens, *Beyond Left and Right*, p. 86.（A・ギデンズ『左派右派を超えて』一一四頁）、A. Giddens, *Modernity & Self-Identity*, Polity Press, 1991, p. 20.（A・ギデンズ（秋吉美都・安藤太郎・筒井淳也訳）『モダニティと自己アイデンティティ』ハーベスト社、二〇〇五年、二二頁）

（56）A. Giddens, *The Consequences of Modernity*, pp. 37-39, p. 153.（A・ギデンズ『近代とはいかなる時代か？』五四～五六頁、一九〇～一九一頁）

（57）A. Giddens, *Beyond Left and Right*, pp. 86-87.（A・ギデンズ『左派右派を超えて』一一四～一一五頁）

（58）A. Giddens, *Modernity & Self-Identity*, p. 109, p. 111.（A・ギデンズ『モダニティと自己アイデンティティ』一二三頁、一二六頁）

（59）A. Giddens, *The Consequences of Modernity*, p. 48, p. 51.（A・ギデンズ『近代とはいかなる時代か？』六六～六七頁、七〇頁）

（60）U. Beck, A. Giddens, S. Lash, *Reflexive Modernization*, p. 5.（U・ベック、A・ギデンズ、S・ラッシュ『再帰的近代化』一七頁）、U. Beck, J. Willms, *Conversation with Ulrich Beck*, p. 33.

（61）U. Beck, J. Willms, *Conversation with Ulrich Beck*, p. 32.

（62）U. Beck, A. Giddens, S. Lash, *Reflexive Modernization*, pp. 175-176.（U・ベック、A・ギデンズ、S・ラッシュ『再帰的近代化』三二〇～三二二頁）

（63）U. Beck, J. Willms, *Conversation with Ulrich Beck*, p. 32.

（64）こうした再帰的近代化という概念に依拠すれば、いわゆるかつてのポストモダン現象を新たな視点から見直すことができる。たとえば、ポストモダニズムと呼ばれた思想の流行が生じたが、ポストモダニストと称されたフーコーやデリダのような哲学者たちの思考がじつは脱近代（ポストモダニティ）ではなく、再帰的近代化（リフレクシブルモダニゼーション）を表徴していたと考えられるのである。事実、フーコーは「私の分析は制度がもっている恣意性を明らかにし、われわれが今なおいかなる自由の空間を享受することができるか、どのくらいの変化を今なお生み出すことができるか、を明らかにするのです」と述べている。この文章から窺い知れるようにフーコーはあらゆる事柄を相対化し尽そうとする、いわゆるポストモダニストではなく、むしろ啓蒙の啓蒙を遂行し、さらなる自由や解放を志向した思想家である。

デリダも言語ないし言説に真理や本質は現前しないが、真理や本質を断念してはならず、それらは言説的に編成された制度の彼方にあって希求されるものと考えている。また、正義はテクスト層をもとにして構築された法の彼方にあるがゆえに、法は正義と完全に一致することはありえない。しかしながら、法が脱構築可能すなわち再解釈・変革可能であるがゆえに正義を要求しうるのであって、そこに政治の歴史的進歩のチャンスがあるとみることもできる、としている。

デリダもフーコーもニヒリスティックな相対主義者ではなかったのである。既存の近代的理性の限界を指摘したからといって、理性そのものを全否定する、もしくは反理性主義、蒙昧主義、反科学主義、神秘主義などに陥っていたわけではない。むしろ、見かけとは逆に理性的反省の高度化・徹底化による近代的思考の再帰化が生じていたのである。それゆえ、デリダやフーコーはじつは再帰的なモダニストだったとみなすことができるのであり、「ポスト形而上学」の時代という認識の下に批判理論を再構築しようとしたハバーマスと近接した思想的位置にいた、というべきである。

また、いわゆるポストモダン現象としては、先に触れたように、「大きな物語」の消失といったことも挙げられる。しかし、再帰的近代化の観点からは、近代の普遍主義的で進歩主義的な「大きな解放の物語」は消滅したのではなく、再帰化し、相対化されたとみなすことができる。たとえば、一九八九年以降、確かに社会主義という近代の一つの「大きな解放の物語」が解体したとみられているわけだが、だからといってあらゆる「大きな物語」が消滅したと考えるのは早計である。むしろ、「大きな物語」は再帰化され、より合理的な反省作用の下に置かれることになった、ともいえるのである。

単純な近代化の時代から再帰的近代化の時代に移行することによって、自由主義・進歩主義・民主主義などの近代的理念は素朴に追求されるものではなくなり、絶えず自省的な反問にさらされながらその実現が希求されるものになっている。たとえば、エスニックナショナリズムの台頭などに見られるように、グローバリゼーションとともに、国民国家を単位とした民主主義（ナショナル・デモクラシー）の限界が露呈しつつあり、グローバルな民主主義（コスモポリタン・デモクラシー）を確立しなければならなくなっている。すなわち、現在、グローバルなコスモポリタン社会をめざすという、再帰的な「大きな物語」が構築されつつあるのである。

ＥＵに見られるような国民国家を超えたリージョナルな統合は、ナショナルな民主制からコスモポリタンな民主制に移行する一つの里程標であると考えられる。国民国家による民主化は一定程度成功を収めたわけだが、さらにナショナルな枠組みを超えたその先に、よりいっそう自由で民主的な新しい秩序を構築していくことが模索されているのである。つまり、現代は近代的な「自由」や「平等」や「安全」などについて再帰的に考察し続けている時代であり、「大きな解放の物語」は再帰化しているのである。

44

M・フーコー（田村俶・雲和子訳）『自己のテクノロジー』岩波書店、一九九〇年、五～六頁、J・デリダ（高橋允昭編訳）『他者の言語』法政大学出版局、一九八九年、三〇一頁、J・デリダ（堅田研一訳）『法の力』法政大学出版局、一九九九年、三三～三四頁、四五～四八頁、七四頁、を参照。

# 第二章　日本の再帰的近代化

## ――一九九〇年代における切断――

### 序

一九九〇年代および二〇〇〇年代は日本では「失われた二〇年」とも呼ばれている。八〇年代後半のバブル経済が崩壊した後、日本では「平成不況」とも称される経済停滞期が続いている。経済の平均成長率で見ると、一九五五年頃から一九七〇年頃の高度成長期は約一〇%、オイルショックの時期をはさんで一九七〇年代半ばから一九九〇年頃までは約四%、一九九一年から二〇一〇年の間は、約一%とされている。確かに日本の一九九〇年代と二〇〇〇年代は経済成長が「失われた二〇年」だった、といえよう(1)。

日本の一九九〇年代と二〇〇〇年代は、経済に関するかぎりでは、喪失の二〇年だったわけだが、社会全般で見てみると、必ずしも喪失だけの二〇年ではなかった。一九九〇年代以降は日本社会全体の大きな構造転換の時期であったと考えられ、新しい時代がはじまった二〇年でもあった。それは単純な近代から再帰的近代への転換であったといいかえることもできる。本章ではこうした一九九〇年代以後の変容を改めて確認し、これからの日本社会を構築していくための戦略的指針の輪郭を提示するための予備作業を行いたいと思う。

## 第一節　転換期としての一九九〇年代

一九九〇年代は、エポック・メイキングな時代として語られている。しかも、さまざまな「終焉」の時期として表象されている。時代区分の基準は恣意的かつ相対的であるわけだが、一九九〇年代に関して、多様な「終わり」や新しい時代の「はじまり」を宣言する言説群が生じていることは、興味深い。ここでは、一九九〇年代を転換期として語る諸言説を紹介し、それらが示唆している歴史的な切断性と連続性について考察してみたい。

はじめに、「明治の終わり」という議論を見てみよう。もちろん、これは文字通りの明治時代の終わり、大正時代直前の一九一〇年前後の状況を意味しているのではない。フランス人ジャーナリストのギ・ソルマンが、一九九三年の時点での日本の状況について語った言葉である(2)。日本は西洋を脱し、アジア化する「脱欧入亜」の過程にある。この現象を「明治時代の終わり」と呼びたい、とソルマンはいう。

ソルマンが明治の終わり、あるいはアジアへの回帰ということを述べるのは、「明治のシステムがその成功によって生み出した成果を使い果たした」からである。日本は西洋と同じ近代化を達成したのだが、「日本人は明治から受け継いだ官僚制度の傲慢さや政治支配階層の腐敗、入試のための詰め込み勉強や、社会生活での働き過ぎなどにうんざりしている」。ただし、明治の終わり現象やアジア回帰は退却や衰退を意味するのではなく、経済成長におけるリズムの変化と成長の利益のより公平な分配を意味するだけである、とされる。

ソルマンのこの論考は、日本が西洋化に成功したがゆえに、欧米諸国が日本を西洋社会とまったく同じであると誤解している点を指摘し、日本と欧米諸国との文化的な相互理解が不可欠であることも主張しているのだが、ここでは、「明治の終わり」、「脱欧入亜」という論点に焦点を合わせたい。確かに、ソルマンのいうとおり、日本は明治以降、近代国民国家を形成して、「富国強兵」、「殖産興業」のスローガンのもとに欧米諸国に追いつくことを目標としていた。近代日本は「世界の一等国の仲間入り」、あるいは先進欧米諸国の仲間入り（「脱亜入欧」）を目指していたのである。その途上でアジア太平洋戦争の敗戦によって軍事大国化の道は阻まれたのだが、戦後、高度経済成長期の一九六八年には資本主義国の中で世界第二位の経済大国となり、そして一九八七年には一人あたりGNPでアメリカを抜いたことにより物質主義的な国家的目標は達成された。すなわち、明治時代に開始された日本の近代化プログラムは、軍事的な側面（「強兵」）を除けば、一九八〇年代に成就したとみなすことができるのである[3]。ソルマンが示唆しているように、一九九〇年代は明治のプロジェクトが一応の終焉を迎えた時期だといえよう（それゆえ、一九九〇年代の日本は大きな国家目標を喪失した状態にあった、といえる。バブル経済の崩壊とあいまって、このことは一九九〇年代における日本人の心の空洞化現象をもたらした、と考えられる）。

次に、一九九〇年代を特徴づける言説は、「冷戦の終わり」である。一九八九年の東欧市民革命と一九九一年のソ連解体により、米ソ冷戦が終焉した。日本国内においては、資本家の利益を代表する自民党と、労働者の利益を代表する社会党が対抗的な相補関係を維持していた「五五年体制」（＝階級政治）が、一九九三年の細川内閣成立によって崩壊した（実質的には「五五年体制」はソフトな開発独裁政党としての自由民主党一党支配体制だったといえる）。

世界を二分した東西対立が解消し、「社会主義」対「資本主義」の時代から、「資本主義」対「資本主義」の時代に移行した。すなわち、社会主義が消滅したことにより、アングロ・サクソン的な「自由市場型資本主義」と、（日本を含む）東アジアに見られる「国家主導型資本主義」との対立が顕在化したのである[4]。そして、日本のバブル崩壊後の経済停滞や東アジア経済危機を経て、東アジアの「国家主導型資本主義」は、英米型の「自由市場型資本主義」に敗北し、アメリカン・スタンダードに基づく経済のグローバリゼーションが進行している。冷戦の終焉は「国家社会主義」のみならず、「国家主導型資本主義」をも解体に導いたのである（また、こうした事態と関連して、日本では「第二の敗戦」という言葉も用いられた。市場原理主義的なアメリカ型資本主義に共同体主義的な日本型資本主義が屈服し、市場開放の名の下に多くの外資系企業が日本市場に参入するようになったということである）。

第三に、一九九〇年代には「歴史の終わり」ということが語られた。周知のように、社会主義の崩壊後、アメリカの政治学者フランシス・フクヤマは、自由民主主義的な資本主義における「歴史」の終焉（政治的なイデオロギー闘争の終焉）について語った。フクヤマのいう「歴史」とは、ヘーゲルやマルクスに見られるような「人間社会の進化過程」としての歴史であり、それは目的論的歴史観といいかえることができる。

フクヤマはヘーゲルに倣って、人間は動物的な欲求、すなわち、食べ物や棲み処、自己の肉体の保存といった自然のニーズをもっているだけでなく、人間的な欲望、すなわち、他の人間の欲しがるものへの欲望、あるいは他人から認められたいという認知や威信への欲望をもっている、とする。この人間的な欲望は「認知への欲望」、「優越願望」、またはプラトンのいう「気概」ということであるが、これらが「歴史」の原動力であるとされる。人々は自分自身の価値を認めてほしいという「認知への欲望」とそれにともなう怒りや恥辱、誇りといった感情をもっているのだが、ヘーゲルはこうした感情が歴史のプロセス全体を動かすと考えていた(5)。

人間は自分自身の価値への「気概」に満ちた誇りをもっているがゆえに、自分を子供ではなく、大人扱いしてくれる政府、自由な個人としての自主性を認めてくれる民主的な政府を求めるようになる。共産主義がリベラルな民主主義に取って代わられつつあるのは、共産主義が認知についての重大な欠陥をはらんだ統治形態だからだ、とされる(6)。リベラルな民主主義は、人民主権の原理、諸権利の確立、法の支配、権力の分散などをつうじて「優越願望」を抑制・昇華し、この問題を解決してきた。「少数者の『優越願望』は多数者の『平等願望』に道を」譲ったのである(7)。ヘーゲル学者のアレクサンドル・コジェーブは、リベラルな民主主義国家が支配と服従の関係を普遍的かつ平等な認知に置き換えることによって、認知にまつわる問題を完全に解決したと考えたがゆえに、「歴史の終わり」を宣言したのだが、フクヤマはこのコジェーブの説にしたがっているのである(8)。

とはいえ、フクヤマは「歴史の終わり」を仮説として考えている、という(9)。その主な理由は、自由民主主義が本当に満足すべき最終解決なのかどうかがわからないからである、とされる。自由民主主義において「平等願望」が達成されたとしても、人間はそれだけでは満足できず、つねに「優越願望」への動機が存在するのである。「平等願望」を実現するだけの社会ではなく、「優越願望」が制御可能な活動へと誘導されるような社会でなければ、「歴史」が再出発してしまう可能性が残されているのである[10]。それゆえ、自由民主主義が最終解決であるかどうかは、結論ではなく、仮説なのである。

先に記したように、フクヤマの「歴史」とは目的論的歴史観に他ならないのあり、目的論的歴史観とは進歩史観ということである。それは明白に近代主義的な歴史観であるということができる。仮説に過ぎないものとはいえ、近代主義のパラダイム内部で語られる「歴史の終わり」とは、近代の終焉を意味している。近代主義的な社会発展の歴史あるいは近代のプロジェクトは終わったのではないか、ということが、フクヤマの主張に含まれていると考えることができる。「歴史の終わり」とは「近代（というプロジェクト）の終わり」と読み替えることが可能なのである（その意味では、近代を正当化していた、人類やプロレタリアートといった普遍的主体の解放の物語、すなわち、啓蒙思想やマルクス主義のような近代の「大きな物語」の終焉を説いたジャン-フランソワ・リオタールとフクヤマは共通点があるといえる）[11]。

第四に、「第三の開国」という議論がある。たとえば、政治学者の田中浩は、「失われた一〇年」という閉塞状況を打開するために「第三の開国」を行う必要がある、と論じている。日本の「第一の開国」は明治維新期であり、「第二の開国」は太平洋戦争後の民主改革期である。この時期に日本は「民主主義の思想や制度を精力的に吸収しようとして奮闘努力し、それによってあらゆる価値が一八〇度転換した」のである。つまり、日本が開国した時期には、「封建的・絶対主義的な圧力をはね返し旧体制を転覆させようとして国全体が光り輝いていた」という[12]。

田中は自由・平等・平和の実現を世界史の「正の方向」と呼び、国家主義や軍国主義を「負の方向」とする。明治維新期と戦後改革期という二つの時期に、日本は世界に向けて大きく開き、世界史の「正の方向」から学ぶ必要があった。「第三の開国」は新しい国家再生のために、「第一」、「第二」の開国同様に、まずは広く世界から学び、そこから内部改革の方向を模索していくということになる。[13] それだけではなく、「第三の開国」はとくにヨーロッパに学ぶべきだ、という。太平洋戦争後、日本は圧倒的にアメリカの影響下にあったわけだが、冷戦の終焉後、ヨーロッパはアメリカの勇み足的行為をチェックする対抗勢力として登場し、一つのまとまりとして世界平和実現のための重要なファクターとして機能している。さらに、EUは世界政府形成の前段階の役割の前提としている最も現実的なものあるがゆえに、EUのような存在が地球上に二、三個でき、それらが平等な立場で平和的に連携・合意・協力し合うならば、世界平和は一段と現実化しうるのである。それゆえ、日本は、自国や自己の特殊利益ばかりを追求する「理念なき政治・経済」を改革し、近隣諸国である中国・韓国・ASEAN諸国と連携して「アジア版EU」を作ることをめざすべきだとされる。[14]

ところで、田中はいわば日本のポスト一九九〇年代の戦略として「第三の開国」の展望を述べているがゆえに、田中の言説は一九九〇年代に関わるものではないと考えられるかもしれない。しかし、田中の主張に含まれている「アジア版EU」を作るという点に関しては、一九九〇年代にすでにそれを論じていた先行的な論者がいる。それは経済学者の森嶋通夫である。

森嶋は一九九四年頃から、予想される日本没落の救済策として「東北アジア共同体」、「東アジア共同体（EAC）」「東アジア連合（EAU）」の構築を提唱していた。[15] 森嶋の提案する「東アジア共同体」は、はじめは建設共同体であり、鉄道、港湾、道路など、産業インフラ整備の共同体から出発し、そこから市場共同体へ、さらにはより包括的な共同体に移行すると予想されている。つまり、EUが当初はヨーロッパ石炭鉄鋼共同体（ECSC）からはじまり、ヨーロッパ経済共同体（EEC）を経て、ヨーロッパ連合（EU）へと発展したように、経済共同体（利益社会）である「東アジア共同体（EAC）」も将来的には共同社会的利益社会としての「東アジア連合（EAU）」への進展が見込まれるのである。

森嶋の「アジア版EU」構想は、日本、中国、南北朝鮮、台湾、琉球など東北アジア諸国をそのメンバーと考えている。ベトナム以南の東南アジア諸国は含まれていない。その理由は、東北アジア諸国が歴史的文化的に近く、人種的にも近いので共同作業ができるからである。これらの国々は最近まで漢字圏を形成しており、漢字を主軸にした文化圏に短期間に復帰することが可能である。また、これらの国々は儒教文化圏でもある。ベトナム以外の東南アジア諸国は儒教圏ではなく、仏教も北アジアの大乗仏教ではなく、小乗仏教であり、インド文化の影響が著しいのである。それゆえ、インドネシアやフィリッピンを含む東南アジア、インド、バングラディシュ、パキスタンを合体した広域文化圏を南アジア圏とする可能性を残しておいたほうが賢明であるという。(16)

「第三の開国」論が、アジアに対して日本が国を開くという「アジア版EU」構想を意味しているとすれば、実質的にそれは一九九〇年代中頃より森嶋によって議論されていた、といえよう。つまり、「東アジア共同体」構想としての「第三の開国」論は、一九九〇年代の時代状況から派生した言説とみなすことができるのである。(17)

日本の一九九〇年代を特徴づける五番目の言説として、「第三の戦後」という見方がある。歴史社会学者の小熊英二によれば、敗戦後から一九五五年前後までが「第一の戦後」（戦後混乱期）であり、一九五五年前後から一九九〇年前後までが「第二の戦後」（冷戦時代）、一九九〇年前後以降からは「第三の戦後」だとされる。(18)

「第一の戦後」は一九四五年から約一〇年の間であり、第二次大戦終結後から朝鮮戦争が休戦にいたるまでの時期である。この時期の国際秩序は流動的であり、日本の国内秩序も大きく変動していた。この時期の進歩的・左派的な言説においては、丸山眞男、中野重治、井上清などに代表されるように、「民主」と「愛国」が結びついていた。(19)丸山たちは「世界と未来の不安定さを前提に、国家の『建設』に参加する国民主義を唱えた」のである。丸山たちは天皇から独立したナショナリズム、すなわち「デモクラシーとナショナリズムの総合」ということを主張していた。それは「天皇に抗するナショナリズム」、（「忠君」と切り離された）「正しい愛国心」「ほんとうの愛国心」としても語られ、君主制ナショナリズムではなく、共和制ナショナリズムや民主制ナショナリズムが提起されていたのである。(20)

「第二の戦後」期は、アメリカとソ連が冷戦状態のまま国際秩序が安定した時期であり、国内も「五五年体制」が成立し、「保守」と「革新」が対立しつつ安定していた時期である。また、アメリカに従属した国際的地位に安住しつつ、経済成長が進展した時期でもある。この「第二の戦後」期に、吉本隆明らの軍国少年世代の論客が、公への不信、社会的利害よりも私的利害の優先による公的権威からの自立を主張した（「公の論理の解体」）[21]。「戦後民主主義」は（私民主義やプチブル主義とほぼ同義の）「市民主義」や（憲法第九条に関わる）「護憲」と同一視されるようになったのである[22]。一九六〇年の日米安保反対闘争以後、「民主」と「愛国」は切断されていった。

一九九〇年前後以降の「第三の戦後」期においては、冷戦体制の崩壊およびアジアの経済成長と民主化により、従軍慰安婦問題などアジアへの戦争責任論が生じた。また、「新しい歴史教科書をつくる会」のような右派の台頭が起こった。こうした現象は日本のナショナル・アイデンティティを定めるために「戦後」の問い直しが行われていることを意味している。そして、佐伯啓思や加藤典洋に見られるように、戦後民主主義に批判的な言説が現れたが、それらは「第二の戦後」に作られた一面的な「戦後」観に基づいており、「第一の戦後」思想に対して系統的な理解をしていない。「第三の戦後」において日本のナショナリズムはいかにあるべきか、ということが問題となっている、とされる[23]。おそらく、一九九〇年前後以降は、アメリカのいわば外交的・軍事的パラサイト国家である日本が、主権国家として世界やアジアでいかなる位置を占めるべきか、いかなる役割を果たすべきか、ということが冷戦の終焉によって流動化した国際環境の中で新たに問われていると考えることができるだろう。

以上、一九九〇年代を「終わり」や「はじまり」として捉える言説を紹介してきた。「明治の終わり」、「冷戦の終わり」、「歴史の終わり」、「第三の開国」（＝「第二の開国」の時代の終わり）、「第三の戦後」（＝「第二の戦後」の終わり）のそれぞれにある程度共通していることは、日本の「近代」が大きな変革の時を迎えていることを指摘している点である。一九九〇年代以降、日本が先進欧米諸国に追いつくこと、あるいはそれら国々の仲間入りをすることだけをめざした単純な近代から脱して、再帰的＝反省的に新しいシステムを構築していかなければならない時代に入ったことをこれらの言説が示唆しているといえよう。

## 第二節　一九九〇年代以降における社会変容

一九九〇年代以降、日本社会は再帰的＝反省的に新たに設計しなおさなければならない時期に移行したわけだが、その際に、どのようなアジェンダ（基本計画）を設定するか、ということが問われることになる。新しい社会のためのプロジェクトが求められているのである。その点について考察するための予備作業として、この節では一九九〇年代に新たに生成した社会現象を同定しておきたい。すでに第一章で見たように、一九九〇年以後に生じた変化としては「グローバリゼーション」、「リスク社会化」、「脱伝統化」、「個人化」、「ＩＴ化（情報化、デジタル化）」が挙げられるが、ここではそれら以外の動向にも言及しておきたい。

### ①市民社会組織の台頭

まず、一九九〇年代以降に顕著に立ち現れた動きの一つとして、ＮＰＯやＮＧＯの台頭を挙げることができる。ＮＰＯ（Non-Profit Organization）やＮＧＯ（Non-Governmental Organization）は、通常、それぞれ「民間非営利組織」、「非政府組織」と訳されているが、営利を第一目的とせず、公共の利益のために活動する民間（非政府）の組織を意味している。それまでは、非営利的で公共的な仕事は政府の独占的な役割だとされ、民間では営利組織以外は存在しないかのように考えられていた。ところが、一九九〇年代以降、とりわけ一九九五年の阪神淡路大震災以降、ボランティアやＮＰＯ・ＮＧＯの活動が注目を浴びるようになった。一九九八年には特定非営利活動促進法（通称ＮＰＯ法）が施行され、日本でも民間の非営利組織が特定非営利活動法人（ＮＰＯ法人）として法人格を得ることが可能になった。

もちろん、それ以前に財団法人、社団法人、学校法人、医療法人、社会福祉法人といった法人格を有する民間非営利組織（公益法人）は日本に存在していたわけだが、それらの位置づけは社会的に十分に認知されてはいなかった。NPO・NGOの概念が導入されることにより、それらも旧来型の民間非営利組織として改めて明確に認識されるようになったのである。二〇一四年三月時点での日本のNPO法人は約四万九〇〇〇団体であり、今後もその数は増加すると予想されている。一九九〇年代と二〇〇〇年代はNPO・NGOなどの非営利の市民社会組織が台頭した時期だったといえよう。現在では、非営利的な市民社会活動は、コミュニティ・ビジネス、社会起業家、市民事業、社会的企業といった形でも展開されている。[24]

## ②グローバリゼーション

次に、第一章でも述べたように、一九九〇年代以降に生じた新たな社会現象として、グローバリゼーション（地球規模化）を挙げることができる。一九八〇年代まではほとんど使用されることのなかった「グローバリゼーション（globalization）」という言葉は、九〇年代に入って急速に世界中に広まったのである。[25]「グローバリゼーション」という言葉が、九〇年代以後の世界を記述する用語としてリアリティを獲得した主な理由としては、冷戦の終焉と情報テクノロジーの高度化ということが考えられる。冷戦の終焉は世界レベルでの自由市場型資本主義の一元化を創出し、経済のグローバリゼーションを推し進めた。インターネットなどの情報テクノロジーは世界規模のネットワーク（World Wide Web）を構築し、地球の一体化をもたらした。

経済のグローバリゼーションは市場原理主義的な資本主義の世界化をもたらしたがゆえに、世界規模の経済格差を増大させている。たとえば、二〇〇二年の世界人口白書は、世界の最富裕層二〇％と最貧困層二〇％との一人当たり所得の格差が、六〇年代の三〇対一から七〇対一以上に拡大していることを指摘している。しかし、最近ではNGOなどによるフェア・トレード（公正貿易）や途上国への自助援助・自立支援の動きがあり、地球的公正をめざす運動もグローバル化しつつある。

グローバリゼーションは経済の分野だけではなく、政治、文化、技術などの領域においても生じている現象である。また、グローバリゼーションは西洋化（Westernization）、とりわけアメリカ化（Americanization）という意味合いが大きいのではあるが、それがすべてだというわけではない（たとえば、日本のアニメやゲームや漫画などのサブカルチャーが欧米で受け入れられているように、現代では文化の日本化《Japanization》も存在するのである）。

グローバリゼーションはグローカリゼーション（glocalization）でもある。グローバルな統合、標準化、画一化および国民国家を超えた人々の交流が推進されると、国民国家の統合力、求心力が低下し、国民国家よりも下位レベルの地方の自立化や国境を越えた連携が生じる。また、ヨーロッパのEUをはじめ、アメリカ大陸の米州自由貿易地域（FTAA）、東アジアのASEAN（東南アジア諸国連合）＋3（日中韓）など、国民国家よりも上位レベルでの地域統合（regionalization）の傾向も見られる（前節において、「第三の開国」論や「東アジア共同体（EAC）」について紹介したが、グローバリゼーションの潮流の中で、アジアにおける国民国家上位レベルの民主的な地域統合を主導的に推進していくことが日本にとって重要になるだろう）。

グローバリゼーションの帰結の一つとして、地球市民社会がもたらされる。世界規模の統合により地球という一つの共同体に住む市民の結びつきが生成されるのである。しかし、世界が多文化・多民族共存社会になるにつれて、他民族・異文化・他宗教排斥運動や自民族中心主義・国粋主義・宗教原理主義などもその反作用として生まれてくる[26]。

### ③高度メディア化

第一章で触れたように、一九九〇年代以降に新たに立ち現れた社会現象として、次に、情報化・ヴァーチャル化ということを挙げることができるだろう。世界規模でのインターネットや携帯電話の普及が見られただけでなく、バイオテクノロジー、ナノテクノロジー、ヴァーチャルテクノロジーの発達、電化製品のデジタル化、動物型・人間型ロボットの開発など、メディア環境の高度化が急速に進行した。インターネットの普及は、一極集中型で一方向的な情報通信から成り立っていたマス・メディア社会から、多元的な多極分散型の双方向的な情報通信に基づくマルチ・メディア社会への変容をもたらした。

インターネットや携帯電話の普及に見られるようなIT化には、肯定的な側面と否定的な側面がある。肯定的な側面として、社会領域全体の効率化・利便化、電子民主主義の到来、市民社会の活性化、公共教育の自由化、ヴォランタリー経済の促進、仕事場のフレクシブル化などがある。

ネットを利用することによって経済・政治・教育・文化等は効率化や利便化が増大する。政治に関しては、コンピュータ・ネットワークがヴァーチャルな政治的言論空間を創出し、それが電子的なアゴラやフォーラムとして機能し、グローカルな世論形成に貢献しうる。インターネットは市民の自発的な公共的討議だけでなく、市民社会組織（NPO・NGO）の活動や連携を促進する。教育についてはネット教育やヴァーチャル・スクールによって、自由で選択的な在宅学習が可能となる。経済の領域では、地域通貨の電子マネー化やコンピュータのフリーウェアの普及に見られるように、非営利的な経済が発現しつつある。また、テレワークやモバイルワークが可能となり、仕事をする場所に柔軟性がでてくる。

否定的な側面としては、IT化に伴う監視社会化、早期メディア接触による心身の成長阻害の危険性、メディアとの融合によるナルシシズムの肥大化、IT犯罪の増加、などが挙げられる。繁華街や道路における監視カメラの増加、住民基本台帳ネットワークの稼動、アメリカ・イギリスを中心とした通信衛星傍受ネットワークのエシュロンやFBI（米国連邦捜査局）の電子メール傍受システムであるカーニーボー、企業における社内メールの検閲など、監視社会化は急速に進行している[27]。幼児期におけるメディアとの過剰な接触は社会性の発達を阻害するという説があり、三歳以前にテレビ・ビデオづけにすると自閉症類似の言葉遅れが生じ、思春期以降の不登校や引きこもりにもつながる可能性がある、とされる。また、幼少期からのゲームづけは前頭連合野の成長を阻害し、痴呆者と同様な「ゲーム脳」になる、あるいは衝動を抑制できないキレやすい脳となる、という見解もある。身体と脳の共同関係が発達する前の七歳未満の子供へのコンピュータ教育は早すぎるという指摘もある[28]。また、メディアは人間の要求に素直に従うという意味で母親機能を持ち、人々に全能感やコントロール感を与え、メディアと一体化した自己の誇大幻想を生み出しやすい。さらにインターネット普及に伴い、ネット・ストーカー、なりすまし、ハッカーによるサイバーテロやウイルス・メール送信、電子ねずみ講などのネット犯罪も生じている。

### ④民主主義の高度化

一九九〇年代以降の新たな動きとして、グローカルな民主主義の高度化ということを挙げることもできる。そもそも冷戦の終焉をもたらした東欧市民革命自体が、共産党一党独裁体制を打倒しようとした市民主導の民主化運動であった[29]。また、先に触れた世界各地の民族紛争も民族自決主義に基づく民主主義的な運動であるとみなすことができる。さらに、前述したＮＰＯやＮＧＯなどの市民社会組織の世界的な台頭も、グローカルな公共的問題に市民組織が自発的に取り組むという意味で、参加民主主義の進展を示すものである。そして、先進諸国では、永住外国人に地方参政権を付与する動きも見られる。これら以外に、とりわけ日本では私的領域の民主化が生じている。それは具体的には、男／女、年長者／年少者、医者／患者、教師／生徒、専門家／素人、上司／部下といった、生活世界における階層秩序が溶解し、市民的平等感覚が一般化しつつある、ということである。現在では、セクシュアル・ハラスメント、ドクター・ハラスメント、アカデミック・ハラスメントなど、九〇年代以前では問題視されることのなかった日常的な権力作用が理不尽なものとして告発の対象になっている。日常生活世界における人権意識の高まりが見られるのである。

### ⑤脱伝統化

前章でも確認したように、一九九〇年代以後、伝統や慣習の拘束力が急速に弱化している。また、個人化や私化も進行している。脱伝統化現象の例としては、たとえば、皆婚慣行の崩壊ないし、非婚化の進行ということが挙げられる。日本はほとんどの人が成人になると結婚する皆婚社会であるとされてきたが、近年、非婚者が大幅に増加しつつある。未婚化の傾向は男性に顕著に見られ、一九七〇年では、四〇代男性の未婚率は約二%だったのだが、二〇〇〇年になると約一六%になっている。二〇二〇年には、約二五%、すなわち四〇代男性の四人に一人は未婚者になるという推計も出ている（女性の場合は約一三%になると推計されている）[30]。社会のシングル化が急激に進行しているのである。

脱伝統化の別の事例として、ジェンダーフリー化が挙げられる。選択的夫婦別姓化、家庭内性的分業の溶解、女人禁制の廃止、などである。明治の民法により、夫婦は同姓であることが法制化され、伝統となったわけだが、今では夫婦同姓の基礎となった家制度が解体し、核家族で夫婦共働きの人々が増えてきた。働く女性にとって結婚改姓は、男女不平等、氏名保持権の侵害、個人としての実績や信頼の断絶、改正に伴う手続きの煩雑さ、プライバシーの侵害などの問題があることが明らかになり、選択的夫婦別姓法の制定が進められている。また、従来は男性と女性の家庭内性的役割分担が伝統的規範として存在していたが、九〇年代以降は、女性が外に働きに出ることや、男性が家事や育児を行うことに対する偏見はかなり少なくなっている。最近では、大相撲の土俵や奈良県の大峰山のように、女人禁制のタブーをかたくなに守り続けてきた聖なる禁忌空間に対してもジェンダーフリーの波は押し寄せている。

もう一つ脱伝統化の例として、葬送儀礼の私化・個人化・多様化・合理化ということがある。日本人の宗教観・霊魂観に大きな変化が生じているのである。たとえば、葬送ジャーナリストの碑文谷創によれば、一九九二年のバブル崩壊から葬儀は大きく変化した[31]。その一つは、「社会的儀礼を排除して、本人をよく知るものだけで葬儀をしようという動き」である。一九九五年以降、社会的に告知せず、近親者だけで営む密葬が「家族葬」という名称を与えられ、急速に拡大している。また、個性化・多様化・脱宗教化も進み、「葬儀は黒白という慣習が薄れ、死者本人の好みやイメージに合わせた色彩豊かな花が使用されるようになり、畏まっていた遺影も笑顔、横顔など個性尊重になり、盛大な弔いの象徴である宮型白木祭壇の人気が低下し」ており、虚礼や形式を廃して非宗教的な「お別れ会」や「偲ぶ会」などが営まれるようになっている。仏教葬儀への疑問や地味葬志向の高まりとともに葬儀の脱慣習化は進行している。墓（葬地）に関しても、明治末期以降に家制度を前提として普及した家墓に代わり、八〇年代の末以降、両家墓、無家名墓、永代供養墓、散骨、樹木葬といった新しい形態が登場している。(32)以上のように、今日では脱伝統化、脱慣習化、脱儀礼化、個人化、私化、多様化が進んでおり、伝統に依拠せずに自己決定・共同決定しなければならない事柄が大幅に増大しているのである。

### ⑥自己愛と多重人格化

日本ではバブル経済が崩壊した頃から、癒しブーム、自分探し、不登校、ひきこもり、「おたく」化、茶髪とピアスの流行、カルト宗教、自殺の増加、さまざまな嗜癖や依存症（アルコール依存症、薬物依存症、過食症などの物質依存症、買い物依存症、ギャンブル依存症、仕事依存症、セックス依存症、ネット依存症、テレビゲーム依存症などの行為過程依存症、ストーカーやドメスティック・バイオレンスなどに見られるような対人関係依存症・共依存）、といった社会的な精神病理現象が生じている。

こうした現象の背後には、さまざまな原因が存在していると考えられる。たとえば、一九九五年以降に急増しているといわれている、ひきこもりについていえば、母親の過保護と父親の逃避（母子一体化）、偏差値教育、少子化、いじめ、経済的な豊かさ、経済成長期以後の日本社会全体の目的喪失、男性に対する過剰な社会的期待、など多くの要因が指摘されている。しかしながら、ひきこもりの心理的なメカニズムとしては、「幻想的な万能的自己愛」、

「誇大な理想的自己」、「去勢否認（自分が万能でないことを受け入れられない）」が想定される[33]。

地域社会における家族のカプセル化（家庭の密室化）、少子化、父親の不在などが過保護・母子密着（共依存）をもたらし、それによって子供たちは「幼児のときのような全能感が壊されることなく、成長していくようになった」のである。そして未熟なまま「幻想的で誇大な自己愛を抱いているために自尊心の傷つきに弱い」のである[34]。それゆえ、いじめ、学業不振、失恋、対人関係のトラブルなど、比較的些細な出来事がきっかけとなって不登校やひきこもりが生じることが多いのである。

問題は、去勢を否認した状態の肥大化した自己愛だけではなく、幻想的な誇大自己（本当の自分）と実際の卑小な自己（現実の自己）との分裂であり、理想的な「本当の自分」がダメな「現実の自分」を卑下し、責め続けているということである。事実、ひきこもりの人は、焦燥感、絶望感、罪悪感、自己嫌悪などを抱きやすい。また、ひきこもりの人の半数は、自殺衝動・自殺念慮を訴える、という[35]。ひきこもりにおいては、幻想的な誇大自己と現実の卑小な自己とに自己が引き裂かれていること、いいかえれば、二重人格化（多重人格化）が生じているのである[36]。

ひきこもりに見られる、未熟で肥大化した自己愛と多重人格化という心理的メカニズムは、上に述べた現代の精神病理的社会現象の背後にも共通して存在している。自己愛が肥大化しており、成熟していないからこそ、人々は簡単に傷つきやすくなり、癒しを求める。そして自分探しをするのは、現実の等身大の自分をそのまま肯定したり、愛したりすることができず、ヒーローのような夢想的自己を求めようとしているのである。おたくや茶髪・ピアスについては、メディアや装飾のテクノロジーないし道具と一体化する、あるいはそれらに依存することにより、卑小な現実の自分から遊離した魅力的な自己に陶酔しているのである。カルト宗教への入信もカリスマ性を持った教祖との心理的な一体化により、虚弱な自己を強化しようとしているのである。教祖は理想化対象であり、教祖と一体化した信徒の自我は万能感に満たされ、誇大化し、ナルシスティックな快感に酔いしれるのである。それは宗教依存症ということでもある。自殺の増加についても、傷つきに弱いナルシシズムの心性の一般化がいくらか関連していると考えられる。薬物依存症、買い物依存症、ストーカーといった多種多様な嗜癖や依存症においても、物質や行為過程や他者に粘着し、それらと一体化することによって、自己が卑小であることを忘却し、自己陶酔状態に浸るのである。

以上のように、九〇年代以降の日本の種々の社会的な精神病理現象の背景には、空想的な誇大自己と現実の卑小な自己とに人格が多重化する、ナルシシズム的心理的機制の蔓延があると考えられるのである。この幼児的なナルシシズムの増加は脱伝統化・個人化・共同体の解体と連動しているといえる。ナルシシズム的心性が一般化した理由としては、前述したようにメディア環境の高度化ということも考えられるが、それ以外に、地縁・血縁・社縁的共同体の解体が、家庭の密室化・父親の不在・母子密着を導き、それがナルシシストに特有の未熟な自我形成を促進していたと推論することができる。つまり、理想化対象としての父親の不在、地縁・血縁・社縁に基づく多様な他者たちとの交流の欠如、虐待や過保護を誘発しやすい環境などが幼児的な自己愛を生み出しているのである。

さらに、このナルシシズム的心性に見られるような自己の多重人格化も、脱伝統化や個人化と関連しているといえる。個人化が徹底化されて、分割不可能なもの（individual）であるはずの個人自体がさらに分割されはじめているのである。脱伝統化社会・個人化された社会においては自己決定が強いられるのだが、自己が監督役の自己（本当の自分）と選手役の自己（現実の自分）とに分化・多重化することによって、多種多様な選択をたったひとりの自分ではなく、ふたりの自分でこなしていくことになる。選択や決定をひとりよりもふたりでするほうが心強い。また、自分がふたりになることによって孤独に耐えやすくなる。おそらく「ふたりの自分」あるいは多重化した自己は、脱伝統化・個人化の進展した時代に適合的な自己のあり方だといえるだろう。(37) 脱伝統的化や個人化が高度化した社会では「自分で自分を責める人々」や「自分で自分にご褒美をあげる人々」が増殖していくのである。

また、幼児的な自己愛と多重人格化と密接に連関している依存症・嗜癖という今日的な精神病理も、先に記した脱伝統化・再帰化・個人化というマクロな社会変容と相関している。A・ギデンズは脱伝統化と嗜癖（依存症）との関連性について言及している。ギデンズによると、嗜癖（行為の強迫的反復）は伝統の消滅が広範囲に及んでいることを示している。もはや行為が伝統によって拘束されなくなると、人々は自主的な選択をしなければならなくなる（「選択が責務になってきた」）が、そうした選択に不安を感じる人々や自分で自分を支えることができない人々は、選択を硬直化させてしまうのである。そして自立性を欠いた行為を反復してしまうのである。伝統や慣習が何の思慮もいらない行動指針であり、行為の反復をもたらすものであるとすれば、嗜癖や強迫的行為は「伝統主義を伴わない伝統」、「凍結した自主性」だといえる（あるいは、「個人化された伝統」と表現することができるかもしれない）[38]。このように脱伝統化・再帰化・個人化が、じつは依存症（そこは自己愛人格障害・多重人格化も潜在しているのだが）のような現代の精神病理現象の背景となっていると考えられる。ともあれ、現代の自己愛・多重人格化・依存症といった社会病理現象は脱伝統化・個人化ということと密接に関連していると推論することができるのである。

注

（1）http://www2.ttcn.ne.jp/honkawa/4400.html（「社会実情データ図録　経済成長率の推移」）。

（2）ギ・ソルマン「『明治の終わり』現象」『朝日新聞』一九九三年五月三〇日。

（3）経済的には日本は欧米並みか、それ以上になったが、政治的・軍事的には欧米並みの「普通の国」にはなっていないと考える人々もいる。こうした人々は相変わらず明治のプロジェクトを信仰し続けているといえる。「人並み」や「世間並み」を無邪気にめざす「世間的発想」で、国際社会における国家の威信や名誉ある地位を獲得しようとする人々は、国家としての理念や戦略を構想することを回避しているといえる。日本的な「世間的発想」における思考停止状態から、自衛隊の合法化や国連常任理事国入りがめざされているのである。こうした人々は「国際社会」を「国際世間」として捉えているのである。こうした「世間」をナイーブに普遍化するような種類の発想は自民族中心主義的である。

（4）「国家主導型資本主義」は、成長する分野を官僚が定め、そこに政官財が資金、人材、技術開発などを集中させる「一国株式会社」方式といいかえることもできる。具体的に日本の場合には、政官財からなる鉄のトライアングルで形成される通産省主導の産業政策と大蔵省主導の護送船団行政を意味している。植田信『ワシントンの陰謀』洋泉社、二〇〇二年、を参照。

(5) フランシス・フクヤマ（渡部昇一訳）『歴史の終わり（上）』三笠書房、一九九二年、二一～二二頁。
(6) 前掲書、二五頁。
(7) フランシス・フクヤマ（渡部昇一訳）『歴史の終わり（下）』三笠書房、一九九二年、二五四～二五五頁。
(8) フランシス・フクヤマ『歴史の終わり（上）』二九頁。
(9) 浅田彰『「歴史の終わり」と世紀末の世界』小学館、一九九四年、三五頁。
(10) フランシス・フクヤマ『歴史の終わり（下）』二五六頁。
(11) 佐伯啓思もリオタールとフクヤマの主張の類似性を指摘している。佐伯啓思『人間は進歩してきたのか「西欧近代」再考』ＰＨＰ研究所、二〇〇三年、六一頁、を参照。
(12) 田中浩『「第三の開国」は可能か』日本放送出版協会、二〇〇三年、二三六頁。
(13) 前掲書、一二～一四頁。
(14) 前掲書、二四二～二五〇頁。
(15) 森嶋通夫『なぜ日本は没落するか』岩波書店、一九九九年、一四九頁、森嶋通夫『日本にできることは何か』岩波書店、二〇〇一年、一二三頁。
(16) 森嶋通夫『なぜ日本は没落するか』一五五頁、一五九頁、森嶋通夫『日本にできることは何か』一七二～一七四頁。
(17)「アジア版ＥＵ」ないし「東アジア共同体」構想は、単なる「開国」や経済開放にとどまらず、脱国民国家やポストナショナルなアイデンティティ形成の動きを伴っている。したがって、「第三の開国」は「東アジア共同体」構築のための端緒にすぎないとみなすこともできる。
(18) 小熊英二『〈民主〉と〈愛国〉』新曜社、二〇〇二年、八一一～八一二頁。
(19) 前掲書、八〇〇頁。
(20) 前掲書、一〇三頁、一二六～一二七頁、一三三頁。「第一の戦後」期においては、日本共産党が「真の愛国の党」を自称し、「愛国」や「民族」を強調していたのである。同書、一八六～一八七頁、を参照。
(21) 前掲書、五九八～六五五頁。
(22) 前掲書、八〇四頁。
(23) 前掲書、八一三～八二五頁。

（24）コミュニティ・ビジネスとは、コミュニティに貢献するという使命を持ち、利潤追求を第一目的とせず、継続的に経済的および非経済的な具体的成果を上げている組織的活動である。コミュニティ・ビジネスの担い手は主に事業型NPOであるが、株式会社の形態をとる場合もある。

社会起業家（social entrepreneur）とは「医療、福祉、教育、環境、文化などの社会サービスを事業として行う人たち」である。あるいは、新しい営利的事業を立ち上げる「起業家」に対して、社会起業家は新しい社会的事業を立ち上げる人々である、といえる。

社会的企業（social enterprise）とは、社会的使命を達成することを第一目的とした企業を意味している。社会に貢献する企業、あるいは、社会的責任を誠実に果たす企業というゆるい意味もあると考えられる。社会起業家が立ち上げる企業が、社会的企業だということもできるだろう。

市民事業とは自治体と住民が中心となって行う「公益」事業である。市民全体の共通の利益に貢献する公共事業を意味し、個人、零細企業、NPO、協同組合などが参加する。コミュニティ・ビジネスとやや異なるのは、民間だけで行うのではなく、政府系機関を巻き込み、市民のための公共事業を作り上げていく点である。「ポスト公共事業」ないし「市民がつくる公共事業」とも呼ばれる。大型土木・建設業が中心となっていた政・官・業の利権がらみの従来の環境破壊型公共事業とは異なる、環境共存型・市民全体のための公益事業が市民事業である。https://www.npo-homepage.go.jp/data/pref.htm（内閣府NPOホームページ「特定非営利活動促進法に基づく申請受理数および認証数、不認証数等」）、本間正明・金子郁容・山内直人・大沢真知子・玄田有史『コミュニティビジネスの時代』岩波書店、二〇〇三年、細内信孝『コミュニティ・ビジネス』中央大学出版部、一九九九年、町田洋次『社会起業家』PHP研究所、二〇〇〇年、五十嵐敬喜・天野礼子『市民事業』中央公論社、二〇〇三年、田中康夫・小野有五・佐和隆光・宮脇淳・山口二郎・渡部綱男・吉田文和『市民がつくる公共事業』岩波書店、二〇〇三年、を参照。

（25）A. Giddens, *Runaway World*, Profile Books, 1999, p. 7.（A・ギデンズ（佐和隆光訳）『暴走する世界』ダイヤモンド社、二〇〇一年、二一〜二二頁）

（26）グローバリゼーションとともに一九九〇年代に顕著になった社会現象は、世界各地での民族紛争である。冷戦の終焉後、イデオロギー的対立のもとに隠蔽されていた国民国家内部での民族支配に対して、さまざまな抵抗運動が発現することになった。国民国家内部の少数民族が自治や独立を要求するエスノナショナリズムが台頭したのである。それらは内戦やテロという形で現出した。旧ユーゴスラビアにおけるボスニア・ヘルツェゴヴィナやコソボの紛争、東チモールの独立闘争、イギリスの北アイルランド問題、スペインのバスク分離運動、ロシアのチェチェン紛争などに見られるように、一九九〇年代以降は国家間の戦争よりも、国家内部での民族間の戦争が急激に増加している。M・カルドーは旧ユーゴスラビアやアフリカなどに見られるような、内戦状態にまで発展した民族紛争を「新しい戦争」と呼んでいる。

「新しい戦争」の特徴として、（ｉ）アイデンティティ・ポリティクス、（ii）戦略的目標としての住民の強制退去ないし民族浄化、（iii）グローバル化された戦争経済、の三つが挙げられている。アイデンティティ・ポリティクスとは、「国家権力を掌握するために、民族的、人種的あるいは民族的アイデンティティを中心として人々を動員する動き」である。あるいは、「民族、氏族、宗教や言語であれ、ある特定のアイデンティティに基づく権力の追及を意味」している。それはアイデンティティに基づく住民の同質化を追及する排除の政治である。異なるアイデンティティや意見を持つ人々を排除する戦争であるがゆえに、「新しい戦争」の戦略的目標は住民の大量虐殺や強制移住ということになる。その結果、一般市民を狙った暴力行為が増加し、戦争の犠牲者に占める一般市民の比率が劇的に上昇したのである。「新しい戦争」においてはまた、生産システムが多かれ少なかれ崩壊しているので、経済のインフォーマル化が生じる。戦闘集団は略奪や闇市場からだけでなく、人道援助への「課税」、周辺諸国政府からの支援、国外離散民からの送金、武器、麻薬、ダイヤモンドなどの不法取引など、グローバルなネットワークから資金を調達するのである。

カルドーによれば、こうした「新しい戦争」においては、アイデンティティ・ポリティクス（排除の政治）に対して、コスモポリタン・ポリティクス（包摂の政治）が必要とされており、コスモポリタン的規範の執行、すなわち国際人権法と国際人道法の執行が求められている。人道主義・普遍主義に由来するコスモポリタン・ガヴァナンスが要請されているのである。一九九〇年代に顕在化した世界各地の民族紛争は、グローバリゼーションに伴って、コスモポリタンな政治と自集団中心主義的な政治が並んで現れつつあることを示している、といえよう。M・カルドー（山本武彦・渡部正樹訳）『新戦争論』岩波書店、二〇〇三年、二頁、九頁、一一頁、一二七頁、一六八〜一六九頁、二〇六頁、二三〇頁、二四四頁、を参照。

（27）　江下雅之『監視カメラ社会』講談社、二〇〇四年、斉藤貴男『安心のファシズム』岩波書店、二〇〇四年、五十嵐太郎『過防備都市』中央公論社、二〇〇四年。近年のセキュリティ要求の高まりにより、野菜や肉などにICタグ（電子荷札）をつけ、トレーサビリティ（追跡可能性）を確保して食品の安全性を高めようとする動きがあるが、虹彩、声紋、顔、指紋、血管などから個人を認証するバイオメトリクス（生体認証）テクノロジーなどを利用した、人間のトレーサビリティーも確立されようとしている。人間もコンピュータウイルスのように、コンピュータでスキャン（走査）可能な存在になりつつあるといえる。日本ではすでに自動車が警察庁のNシステムによって、そうした存在と化している。

(28) カルチュラル・エコロジー研究委員会編『情報革命の光と影』NTT出版、二〇〇一年、森昭雄『ゲーム脳の恐怖』日本放送出版協会、二〇〇二年、森昭雄『ITに殺される子どもたち』講談社、二〇〇四年、片岡直樹・山崎雅保『しゃべらない子どもたち　笑わない子どもたち　遊べない子どもたち』メタモル出版、二〇〇三年。

(29) 一九八九年の東欧市民革命と同じ年に生じた中国の天安門事件も、共産党一党独裁に対する反対運動であった。

(30)「結婚しないオトコ急増」『朝日新聞』二〇〇二年一一月八日。

(31) 碑文谷創『死に方を忘れた日本人』大東出版、二〇〇三年、二〇頁。

(32) 前掲書、二一二頁、二三一〜二四二頁、二四九〜二七六頁。「両家墓」とは結婚した娘が墓を継承し、婚前の家名と婚姻後の家名を並列表記した墓。「無家名墓」とは「愛」や「夢」など家名以外を墓石に刻印したものである。「永代供養墓」とは従来の家墓とは異なり、家族による継承や祭祀を前提としない墓である。どのような境遇の人（子供がいない人、生涯単身を貫いた人、家庭内の不和を抱えた人など）でもその死後の弔いが保証される墓である。「散骨」とは焼骨を粉末状にして、墓地または墓地以外の場所（海、山、川など）に散布することである（一九九一年に葬送の自由をすすめる会が散骨を提起して以来、散骨は社会的に認められるようになった）。「樹木葬」とは、都道府県知事の許可を得た墓地で行われるものであるが、地面を掘って焼骨を土中に埋めて自然に戻す葬送方法である。そして埋骨場所には山ツツジなどの花木が植えられて、それを墓石の代用にするのである。

ところで、今日、冠婚葬祭に関して脱伝統化や個人化が進んでいるのは葬送儀礼だけではない。婚姻儀礼においても同様である。リクルート社の行った「ゼクシィ結婚トレンド調査二〇〇四」によると、二〇〇三年四月から二〇〇四年三月までの間、結婚式で仲人を立てた人は四・六％であり、首都圏だけに限ると一％であった（一九九四年の調査では、仲人をたてた人は首都圏で六三・九％であった）。二〇〇〇年以降、仲人の慣習は急激に消滅しようとしている。また、結納の慣習も衰退傾向にある。結婚に際して結納を行わない人々は増加傾向にあり、リクルート社のこの調査では全国平均で五五・五％であった。結婚に際して結納を行わない人々が過半数を超えるようになっているのである。

(33) 町沢静夫『ひきこもる若者たち』大和書房、二〇〇三年、二二二頁、磯部潮『「ひきこもり」がなおるとき』講談社、二〇〇四年、八八〜九二頁、九八頁、一〇〇〜一〇五頁、一一一頁、斉藤環『社会的ひきこもり』PHP研究所、一九九八年、二〇六〜二〇九頁。

(34) 町沢静夫『ひきこもる若者たち』一四六頁、一八一頁。

いてもいじめによるトラウマの影響が推測されている。ただし、ひきこもりの場合は幼児虐待によるＰＴＳＤのケースはみられないとされている。

（35）磯部潮『「ひきこもり」がなおるとき』八一頁、八四頁。

（36）前掲書、一〇二頁。多重人格の原因として幼少期におけるトラウマ（心的外傷）が指摘されているが、ひきこもりにお

ところで、精神医学者の大平健は九〇年代に「本当の自分」（監督役の自分）と「身体の自分」（選手役の自分）という「ふたりの自分」の存在が明確化してきたことを指摘した。たとえば、それは近年よく耳にする「自分で自分をほめてあげたい」とか「自分にご褒美」などの表現から窺い知ることのできる事柄である。また、摂食障害においても、食べたがる「身体の自分」を監督役の「本当の自分」が許さない、といった心理的メカニズムがあるといえる。茶髪やピアスやプチ整形などの人体改造の流行においても、あるいはブランド志向においても、「本当の自分」が「身体の自分」を理想どおりにつくりかえようとしている、ということができる。ただし、大平によれば、いまさら「ひとり」には戻れないのである。「ふたりの自分」をよい関係にすることが重要なのである。

その際に、自己愛人格障害にみられるような空想的で誇大的な自己イメージを放棄して、「等身大の自己イメージ」をつくること、「自分で自分に合格点をだす」こと、「過度に人に依存しない自己評価の基盤を作ること」が必要になってくるのである。さらに利己的な関心（自己へのおもいやりの心）だけでなく、社会的な関心（他者へのおもいやりの心）を持つことが求められるのである。

九〇年代以降、癒し、心のケア、サイコセラピーなどが注目されており、社会の心理学化が進行しているともいわれているが、その理由の一つは伝統的宗教や自然宗教の衰退ということがあるといえる。人の死や不幸など人生における理不尽な事柄に対する宗教的・呪術的説明（たとえば、「神が与えた試練」、「霊の祟り」など）が、説得力をもたなくなったのである。そして心の傷は「心の科学」である臨床心理学や精神医学の治療対象になったのである。脱宗教化・脱呪術化ということのほかに、心のケアが必要になった理由としては、共同体の解体・個人化ということが考えられる。社会生活を営む上で共感する仲間の不在は、心の傷の回復を遅らせるといわれている。心の傷の癒しは生活世界から離れて、市場（システム）に委ねられるのである。第三の理由として、上述したように、ナルシシズム的な心性が一般化して、心が傷つきやすくなっていると推論することができる。ナルシシズム的な心性が一般化した背景は本文で触れたように、過保護・母子密着ということやメディア環境の高度化が関与している。第四の理由としては、日本では子供の教育においてあまりほめないことが挙げられる。ほめられないことによって、子供は自分自身に自信を持つことが難しくなり、些細なこ

とで自分はダメだと思ってしまいがちになる。心が簡単に傷つきやすくなるのである。癒しやサイコセラピーが流行した第五の理由は、資本主義の純化・徹底化により、民営化・市場化が進行し、市場的競争が激化したことである。市場的競争の激化は厳しい心理的緊張状態をもたらすのであり、それが心の健康を損なう大きな要因となる。第六は、近代日本の国民的目標の喪失およびバブル経済崩壊後の後遺症である。戦後日本は一九八〇年代にＧＤＰ世界二位の経済大国になることによって、物質主義的な国民的目標を達成したわけだが、その後の国民的目標の不在が人々の心に空虚感をもたらした。さらにバブル崩壊後に訪れた長期不況が意気喪失や虚脱感を導いたと考えることができる。そうした国民的な空虚感や虚脱感が蔓延した時期だったからこそ、癒しや心のケアの流行がみられたといえよう。大平健『拒食の喜び、媚態の憂うつ』岩波書店、一九九六年、大平健『食の精神病理』光文社、二〇〇三年、香山リカ『〈じぶん〉を愛するということ』講談社、一九九九年、大渕憲一『満たされない自己愛』筑摩書房、二〇〇三年、を参照。

(37) 大平健『食の精神病理』一五三～一五四頁、一六三～一六四頁。

(38) A. Giddens, *Runaway World*, pp. 46-47.（A・ギデンズ『暴走する世界』九六～九八頁）、U. Beck, A. Giddens, S. Lash, *Reflexive Modernization*, Polity Press, 1994, pp. 61-76.（U・ベック、A・ギデンズ、S・ラッシュ（松尾精文・小幡正敏・叶堂隆三訳）『再帰的近代化』而立書房、一九九七年、一一五～一四四頁）、を参照。

# 第三章　「失われた二〇年」からの出発
## ――再帰的近代日本の針路――

### 序

第一章と第二章では、一九九〇年代を画期とする社会の新しい動きについて見てきたわけだが、それらは、おおまかにはグローバリゼーション、リスク社会化、高度メディア化、脱伝統化（個人化）、高度民主化といった構造的変動にまとめることができる。日本社会の新しいアジェンダを構想するためにはまずはこれらの変容を踏まえる必要がある。また、「失われた二〇年」を経過した現在、あるいは欧米に追いつこうとした近代国家日本のプロジェクトが終焉した現在（「明治の終わり」）、もはや単に経済的に復活すればいいというだけではいけない。とくに従来のような経済成長至上主義に基づいて、新自由主義的な改革を推し進め、日本を社会的不平等や経済的格差の大きな社会にすることは回避すべきである。また、経済的・物質主義的な目標のみならず、社会的・脱物質主義的な目標を設定し、一定の哲学や理念に基づいた戦略を構築する必要がある。その際に参考になると思われる枠組みの一つが、イギリスの社会学者A・ギデンズが提唱した「第三の道」および「新漸進改革主義（neoprogressivism）」であるといえよう。(1)「新漸進改革主義」は「第三の道」の考え方を継承し、さらに改良・発展させたものである。それゆえ、まず、「第三の道」という政治的アジェンダから確認していくことにしたい。

## 第一節 「第三の道」

### ①「第三の道」の基本的スタンス

「第三の道」とは、旧来の社会民主主義と新自由主義という二つの道を超克する道、という意味である。しかしながら、それは両者の「中間の道（middle way）」、または、それらの中間点を見出そうとする試み、というわけではない。(2) 旧来の社会民主主義と新自由主義はともに現在われわれが直面している社会的・経済的な問題にうまく対応することができないのである。それゆえ、あくまでも両者の「中間」ではなく、「超克」を目指すものなのである。また、「第三の道」はリベラルでありつつも、あくまでも社会的な平等や公正を重視する、新しい「中道左派のプロジェクト（left-of-centre project）」である。それゆえ、「第三の道」は「社会民主主義のリニューアル」、「現代化する社会民主主義」、「現代化する左派」といいかえることもできるのである。

### ②「第三の道」の歴史的文脈

「第三の道」の思想が生成された歴史的文脈を簡単に振り返っておきたい。周知のように、第二次世界大戦後の冷戦体制においては、世界は資本主義国家陣営と社会主義国家陣営とに分割されていた。資本主義国家が市場経済体制を採用したのに対し、社会主義国家は市場が経済的不平等や階級支配を生み出すがゆえに、計画経済体制を採用した。経済の面に関して、資本主義国家では自由競争が存在し、市場における勝者と敗者が生み出される。それゆえ資本主義国家は貧富の差が拡大するシステムを内在させているが、社会主義国家は革命を経て労働者が資本家を打倒した無階級社会、すなわち原理的には経済的に平等な社会であった。資本主義国家が議会制民主主義の政治体制（選挙で選ばれた複数の政党が政権を目指して競合する仕組み）を作り上げたのに対し、社会主義国家では共産党一党独裁体制を構築した。社会主義国家においては、歴史的真理の担い手であるとされた労働階級を指導する前衛政党である共産党が権力を独占したのである。資本主義国家は経済的には不平等な社会であるが、政治的には自由で平等な社会を志向した。こうした二つの異なる体制の対立が大戦後、四〇年以上続いたのである。

しかし、一九八九年、東欧諸国において社会主義政権が崩壊した。その主な原因は国家による統制経済（計画経済）の行き詰まりと、共産党一党独裁という権威主義的政治体制に対する市民の抵抗運動である。一九九一年にはソビエト連邦が解体し、冷戦体制は終焉した。他方、資本主義国家は戦後、社会主義的な要素を取り入れ、福祉国家として発展した。それは資本主義の枠内でより平等な社会を作ることと諸個人の一生涯にわたる生活を保障することをめざした。累進所得課税や相続税などにより所得を再配分し、不平等の是正を行った。また、年金や介護などの社会保障制度を設けてきた。つまり、政府による市場経済への介入がなされ、市場を自由放任状態にしなかったのである。こうした福祉国家は、資本主義国家の枠内で漸進的に社会主義的な改革を進めようとする、社会民主主義の理念に基づいていた。しかしながら、一九八〇年代にイギリスのサッチャー政権、アメリカのレーガン政権は、福祉国家を批判し、新自由主義的改革を進めた。

福祉国家の問題点としては、まず、「大きな政府」という点が指摘された。福祉政策実施のために財政が肥大化し、国民の税負担が過重になるということである。次に、肥大化した政府機構の官僚的非効率性という点が挙げられた。市場的競争のないお役所仕事においては、非実効性、サービスの質やモラールの低下、放漫財政などが見られた。さらに、福祉国家は政府の福祉サービスに依存する人々の増加をもたらした。手厚い福祉サービスは市民の自立性、自発性、自己革新を妨げるとされたのである。これにより、社会や経済が停滞すると見なされたのである。

新自由主義はこのような福祉国家批判に基づき、「小さな政府」への改革、競争原理の導入などを推し進めた。新自由主義は市場原理主義（国家は最低限の仕事だけすればよく、後はすべて市場原理に任せる）、経済至上主義（経済的な豊かさだけを至上目的とする）を唱え、市場の自由放任・民営化・規制緩和・市場化を行い、自己責任・福祉削減・不平等容認を主張したのである。新自由主義は経済に関しては自由を重視したのだが、政治・社会に関しては保守主義的な立場をとり、伝統的な家族・宗教・性的役割などを守ろうとした。新自由主義政権は伝統や慣習を重視し、権威主義的な政治に傾きがちであった（もっとも、市場自体も一つの伝統的構築物であるがゆえに、市場原理主義も伝統主義や保守主義の一種にすぎないともいえる。その意味では新自由主義における経済的自由主義（自由）と政治的保守主義（権威）という表面的な齟齬の背後には一貫した社会的保守主義がある。ただし、伝統的経済制度としての市場の高度化は、それ以外の多くの伝統的制度の基礎を掘り崩してしまうがゆえに、新自由主義は根本的な矛盾を抱えている）。

以上のように、第二次世界大戦後の資本主義国家は、当初は、社会民主主義的な福祉国家をめざしたが、一九八〇年代以降、新自由主義による批判が生じたのである。旧来の社会民主主義が高福祉・高負担の「大きな政府」を構想したのに対し、新自由主義は低福祉・低負担の「小さな政府」（最小限国家）を主張したのである。しかしながら、この両者はともに政府／市場という二元論の枠内で思考していた。それゆえ、両者は政府か、市場か、という二者択一以外の選択肢を提供できなかった。福祉国家は深刻なディレンマに陥ってしまった。こうした福祉国家のアポリアを打破すべく、一九九〇年代に「第三の道」の思想が登場したのである。

「第三の道」は、上述のような歴史＝社会的文脈をふまえて「社会民主主義のリニューアル」、あるいは「社会民主主義の現代化」を志したのである。それは先に触れたように、旧来の社会民主主義と新自由主義を超克するだけではない。グローバリゼーション、知識経済、社会の脱伝統化（個人化・再帰化）という、現代の三つの大きな変化に対応するために社会民主主義の教義を再構築することを企図している。[3] そして、自由・公正・連帯を中心的価値とするグローカルな未来社会を構想しているのである。

### ③「第三の道」の主要な論点

「第三の道」における具体的な論点をまとめておきたい。[4] 第一に、第三の道は政府・市場・市民社会のバランスを取ることをめざしている。政府／市場という二元論から脱却し、政府・市場・市民社会という三領域を想定し、市民社会の育成・活性化が政治の課題だとされる。「健全な社会とは、政府、市場、市民的秩序の間のバランスがとれた社会である。市民的領域を保護し、育成することは第三の道政治のきわめて重要な関心事である。単に国家と市場を対置させるだけでは誤りである。信頼と社会的な礼節の規範を組み入れた、安定した市民社会がなければ、市場は繁栄せず、民主主義の基礎は掘り崩される」からである。(5)

第二に、「積極的福祉社会（positive welfare society）」と「社会的投資国家（social investment state）」の構築である。「積極的福祉（positive welfare）」は、従来の福祉が欠乏、病気、無知、不衛生、怠惰への対応といった消極的・否定的（negative）なものであったのに対し、福祉を積極的・肯定的（positive）なものに置き換えるのである。すなわち、福祉サービスが必要な人々にお金やサービスを手当てするという、消極的・受動的な福祉だけではなく、欠乏を自立性に、病気を健康に、無知を（一生涯続く）教育に、惨めさを幸福に、怠惰を創業力に置換する。すなわち、福祉サービス自体が必要ではなくなるように、人々が自立することを積極的に支援するのである。

たとえば、高齢者は、これまでは年金や介護などのケアの対象と考えられていた。しかし、現在では加齢により一律に人々が衰えて、高齢者すべての庇護が必要だ、というわけではない。加齢による影響は生活習慣などをつうじてある程度、コントロール可能なものになっている。積極的福祉においては、高齢者を厄介者ではなく、人的資源とみなし、その労働権を認めるのである。それによって、依存の文化をなくし、高齢者の自立と自己実現を可能にし、高齢者を排除することのない、より包摂的な社会を築くことができる。そればかりでなく、健康で自立した労働可能な高齢者を増加させることにより、福祉のコストを削減できるのである。

また、失業者に関しては、失業保険のような経済的給付を行うだけでなく、失業者に労働能力を身につけてもらい、彼らが仕事につくことを支援するのである（「働くための福祉」）。この場合も、失業者の自立と自己実現を促進し、彼らが社会的排除の対象とならないようにすることや、福祉コストの削減が期待される。このように、第三の道政治がめざすことは、人々が自立して自らの人生を切り開いていく営みを支援することなのである。すなわち、福祉国家を「社会的投資国家」へと再構築することである。したがって、「指針とすべきなのは生活費を直接支給するのではなく、可能なかぎり人的資本に投資すること」なのである。

その社会的投資国家は、「積極的福祉社会」の枠組みの中で作動する。福祉サービスは政府のみが行うのではなく、社会セクターの組織にも委ねることが望ましいのである。福祉給付の再構築は市民社会の積極的な発展のためのプログラムと統合されなければならないのである。また、積極的福祉において、「福祉費用は、政府単独ではなく、企業を含むその他の諸機関と連携して活動する政府によって負担され、配分される」のであり、その場合の福祉は「国家のみならず、国家の上下方向へ拡張されている」。それゆえ、国家や中央政府のみが福祉の担い手であるというわけではなく、市場セクターや市民社会セクターを含めた社会全体のエージェントが協働して福祉を担うのである。福祉国家を福祉社会に置き換え、さらにそうした積極的福祉社会の文脈の中で機能する社会的投資国家を構想すべきなのである。(6)

第三に、「大きな国家（big state）」ではなく、「有能な国家（strong state）」をつくるということである。公共的な制度とその実効性に対する信頼を再構築することは現代社会における最重要課題である。問題は政府が肥大化しているということよりもむしろ、非効率的で不経済なものになっているということである。そして、その結果として正統性を喪失してしまうことが問題なのである。第三の道政治は政府と国家を変革することをめざしている。すなわち、政府と国家を効率的で迅速なものにすることをめざしている。また、情報化が進んだ社会において政府への信頼を回復するためには、よりいっそうの透明性と説明責任が求められるのである。すなわち、民主主義のさらなる高度化（「民主主義の民主化」、「民主主義の第二の波」）を推進する必要があるのである。(7)

民主主義を民主化するためには、公共部門の透明性と開放性を確保することや行政の効率化以外にも、中央から地方への権限委譲（脱中央集権化）、直接民主制の導入、政府がさまざまな種類のリスク管理能力を保有すること、などが重要である。また、民主主義の民主化は国民的ないし地方的なレベルに限定されるのではなく、国家はコスモポリタン的な視野を持つべきであり、国家や地方の上位レベルへ向かう民主化は（グローバルなレベルと国民国家レベルの中間にある）リージョナルなレベルにとどまるべきではない。また、国家の下位レベルに向かう民主化は市民社会のリニューアルを前提しているのである。(8)

第四は、犯罪や家族の解体という社会問題に真摯に対応するということである。欧米諸国では離婚率の上昇などにより、独身の母親（シングル・マザー）を持つ子供の割合は増加している。両親が結婚しており、両親と血のつながった子供が同居しており、父親が稼ぎ手であり、母親が専業主婦であるような、「伝統的な」家庭で育つ子供はほとんどの欧米諸国では少数派になっている。今日では多くの人々が家族の崩壊を指摘している。(9) 旧来の左派はこうした家族の問題に関してリベラルな見方をしており、諸個人の自由や多様な選択に任せておけばよい、としていた。他方、新自由主義的な右派は、（一九五〇年代の理想的家族である）「伝統的な家族」への回帰をめざした。第三の道の思想は、家族の多様性を賞賛する旧来の左派の立場も、伝統的な家族を擁護する新自由主義的な右派の立場も支持しない。家族をあるがままの百花繚乱状態にしておいてはいけない。しかしながら、伝統回帰も非現実的なのである。

実証的な社会調査によれば、「子供たちは概して両親がそろっている家族において、よりよい状態で育っている」のであり、「『単親（一人親）によって育てられた子どもと、両親によって育てられた子どもとの間に有意差はない』との仮説は斥けられる」のである。政府はこうした所見に対して反応すべきなのである。第三の道は家族政策に関しては、家族の民主化を重要視する。家庭内における性的平等を促進し、子供の利益を守り、家族生活を安定させるための手助けをすることを目標とする。女性が労働に参加するようになった現代社会においては、夫婦で労働と家庭内の責任をバランスよく分担しなければならない。それは伝統的な家族構造では不可能なのである。苦境に陥っている子どもたちに対しては、「一人一人が他者と安定した絆を築き上げることができる条件を、そして一人一人が現代の自由に伴う責任を受け入れることができる条件を整備していくべき」なのである。[10] そして、家族にやさしい労働環境を創造し、子どもの質の高いケアを生み出すプログラムを、営利企業や非営利組織が関与している地域のコミュニティにおいて設定する必要がある。

犯罪に関しては、旧来の左派はその原因を不平等や貧困に求め、個人的責任の影響力を軽視してきた。これまで左派の人々は犯罪行為を他の社会問題のせいにしようとし、犯罪に対する短期的な対応策を講じてこなかった。しかし、人々が犯罪について懐いている心配の多くが切実なものであり、現実的なものである以上、今ここでの犯罪に対する積極的な対応が必要なのである。とはいえ、犯罪への厳格な対応だけでなく、犯罪を未然に防ぐための政策も重要である。犯罪を減少させることをねらった政策はコミュニティ再生プログラムやコミュニティの治安維持活動に結びつける必要がある。[11]「犯罪の摘発よりも、犯罪の防止に重点を置こうという新しい考え方は、コミュニティ単位の警備という考え方と表裏一体の関係にある」のであり、包括的な警察と市民の協力体制を確立し、コミュニティ単位の犯罪防止の取り組みが重要なのである。公共的サービスや公共的建造物とともに市民的秩序が崩壊すれば、その他のさまざまな機会も奪われるがゆえに、こうした犯罪防止の取り組みは社会的公正の実現に寄与するのである。[12]

第五に、第三の道は貧困と社会的排除を減らし、包摂的な社会、あるいは連帯性のある社会の構築をめざす。第三の道は機会の平等をできるかぎり拡大することを企図している。ただし、機会の平等は富と所得の不平等を生み出す可能性があり、次の世代の機会を制限してしまう。徹底した能力主義社会は深刻な結果の不平等をもたらし、社会的な連帯を脅かすことになる。能力主義社会は多くの下降移動を伴っている。ある人々が上昇移動するためには多くの人々が蹴落とされなければならないのである。広範な下降移動は社会的混乱を招き、蹴落とされた人々の疎外感を生み出す。そして、大規模な下降移動は排除された人々によって構成された不満分子を作り出すとともに社会的な連帯を脅かす。徹底的な能力主義は極度に排除された階級、すなわち社会から見捨てられた人々を創出するのである。それゆえ、結果の不平等を縮小することにも継続的に関わる必要がある。第三の道は平等主義原理に基づいた多様性のある社会を育成しようとしているのである[13]。

第三の道の政治は平等を包摂（inclusion）、不平等を排除（exclusion）として定義する。包摂とは、社会の全構成員が保有する市民的および政治的な権利と義務を尊重することである。それはまた、機会の付与や公共空間への参加を意味している。機会付与の主要な文脈としては、就労と教育がある。他方、排除とはいくつかの集団を社会の主流から切り離すメカニズムに関わるものである。排除には二つの形態があり、一つは社会の最底辺にいる人々の排除（非自発的な排除）である。そうした人々は社会が提供すべき一般的な諸機会が与えられていない。二つめは社会の最上層部における自発的な排除である。富裕な集団に属する人々が一般社会から隔絶した生活を選択するのである。特権的な集団は要塞化したコミュニティで生活し、公的教育や公的保険の制度から身を引きはじめているのである[14]。第三の道は、こうした二つの排除、すなわち社会の底辺と頂点における社会的排除に対処し、包摂的な社会を志向するのである。

第六は、グローバリゼーションの有害な作用を抑制しつつ、肯定的な成果を最大化することを目標とするということである。経済の次元だけにとどまらないグローバリゼーションの進展から最大限の利益を引き出すことが第三の道政治の目標なのである。それゆえ、第三の道はさらなるグローバルな発展をめざすのであるが、グローバルなレベルにおいても、地域レベルや国家レベルと同様に、政府、経済、市民社会の間のバランスをとることが重要なのである。しかしながら、現在、こうしたバランスはとれておらず、グローバルな経済がグローバルな統治や市民社会を圧倒している。したがって、さまざまな活動領域において国際的なコラボレーションを推進し、グローバルな制度を強化しなければならない。すなわち、グローバルな経済の統治、グローバルな生態環境の管理、グローバルな企業権力の規制、戦争の抑止、国家横断的な民主主義の促進が必要なのである。

グローバル経済の統治については、世界金融局の設置によるグローバルな金融取引の管理・規制、グローバルな中央銀行の設立による国際的な資金および債務返済の公式的な方法の準備、貧しい国々の国内改革を刺激する援助（自立支援）などが必要である。グローバルな生態環境の管理については、環境保護の現代化が重要であり、経済発展と環境保護が両立するような革新が求められている。また、遺伝子組み換え技術のように、科学技術の発展は予測困難なリスクをもたらしているので、リスク評価に市民が関与する公共的討議を行うなど、科学とテクノロジーの民主化が重要である。グローバルな企業権力の規制に関しては、政府は企業の利益と対立することを避けてはいけないが、可能な場合には企業と連携する努力もすべきである。グローバリゼーションと戦争については、さまざまな国内的紛争（「新しい戦争」）に対する適切な対処が必要である。国際法において確立されたコスモポリタン的な原理に基づき、市民的秩序や社会的基盤の再構築をめざすべきである。グローバルな民主化は現実に進展しており、今日、国家レベルにおいて権威主義的な政治権力の維持は困難になっている。さらに国家の上位レベルでの民主主義的な制度を構築する展開がＥＵの形成において見られる。アジアやアメリカにおいても、ＥＵと同様な動きがあり、それはグローバルなコスモポリタン的民主主義のための基礎となり、世界立法議会の土台となりうるのである。以上のように、グローバリゼーションが進展した現代世界においては、より実効的に、安定したグローバル秩序を構築する努力をしなければならないのである(15)。

## 第二節　新漸進改革主義（neoprogressivism）

以上に見てきたような、「第三の道」の基本的なアイデアの多くは現在でも妥当であり、維持されるべきだと、ギデンズはいう。しかしながら、今日、われわれは重要な転換期を迎えている。一九九三年と現在の社会的文脈は異なっており、さらに、一定の自己批判も必要である。第三の道は新自由主義的右派への批判として発展してきたのであり、それは対抗的言説として規定されてきた。しかし、社会民主主義者はこうした状況からの大きなイデオロギー的新展開を必要としている。このイデオロギー的新展開は新しい概念と新しい政策的視角を要請しているのだが、そうした新しい視角を第四の道と呼ぶのではなく、「新漸進改革主義（neoprogressivism）」および「新漸進改革主義者（neoprogresives, neoprogs）」、として語りたい、とギデンズは述べる。

新漸進改革主義者が支持するのは、活力ある市場経済と結びついた強力な公共領域、多元主義的で包摂的な社会、国際法の原理に基づくコスモポリタン的でより開かれた世界、である。公共生活を強化することは、公共的利益という概念との関連において、国家とは何かということを再考することを意味している。その過程は「公共化（publicisation）」と称される。戦後しばらくの間は官僚制国家の時代だったが、その後われわれは民営化と規制緩和の時代を経験した。現在、われわれは再び別の時代に突入しつつある。それは官僚制国家への回帰ではなく、公共的目的に関する、より包括的な定義によって特徴づけられる時代である。民営化の後には公共化が到来する。公共化とは適正な社会に対する公共的領域の中心的な重要性を擁護することを意味している、とされる。(16)

新漸進改革主義においてはさらにいくつかの重要な概念がある。以下、それらを簡単に要約しておきたい。(17)

①「埋め込まれた市場（embedded market）」と「市民経済（civil economy）」

「埋め込まれた市場」とは、市場が文化、法、そして信頼のメカニズムに埋め込まれている、ということである。あるいは、市場経済は社会、政治、文化的文脈に埋め込まれている、ということである。埋め込まれた市場の観点からは、最小限国家の理念に追従し続ける必要はない。市場と国家はともに公益という観点から点検されるべきである。国家は市場がより効率的に機能するように市場に介入し続けなければならないのである。

「市民経済」とは、営利企業がそれを取り囲む一連の行為主体によって、より多くの公共的・社会的に責任ある役割を果たすことを促される、ということを意味している。営利活動の正当性を回復するだけでなく、営利企業により広範な社会的責任をしっかりと認知させるために、市民経済を構築する必要がある。

② 「保証する国家（ensuring state）」

第三の道においてすでに提起された「権能授与する国家（enabling state）」の概念は、国家は市民に権能を授与すべきである、という考え方、すなわち、国家は諸個人が自分自身の人生を展開させるための諸資源を提供すべきである、という考え方であった。しかしながら、その概念は主として新自由主義に対する反動として形成されたものであった。それは最小限国家を超えた国家の役割を見出しているものの、国家は主に便益を提供する機関として理解されている。つまり、人々が自立的な生活を送るための十分な資源を所有した時点で、国家の責任は問われなくなると考えられている。

しかしながら、「保証する国家」という概念は、国家が市民に対するケアと保護の義務を有しているということ、そしてそうした義務のいくつかは保証として提供されるべきであることを認めるものである。また、この概念はかつては国家によって給付されたサービスの多くが、今では非国家的機関によって供給されていることを承認するのである。「権能授与」は確かに大切であるが、国家は権能を授与した後の責任も有しているのである。

保証する国家の概念は、これまで第三の道の思想に含まれていたものとは異なるシチズンシップ（市民権）の概念を前提している。第三の道は「権利には必ず責任が伴う」という原理に要約されるような積極的な市民を強調している。しかし、その責任が主に国家によって設定されると想定されてきたがゆえに、第三の道の政策形成には一定の権威主義的要素があるといえる。われわれはそうではなく、共有された責任ないし、公益の共同生産と呼ばれるものについて語らなければならない。すなわち、社会的に望ましい結果を生み出す場合に市民と国家の間のコラボレーションが存在すべきなのである（「共同生産としてのシチズンシップ」）。

③ 「制御された不平等（controlled inequality）」

われわれは豊かな人々と貧しい人々との間の社会的な「努力の相互取引（effort-bargain）」を生み出すことをめざすべきである。それは制御された不平等と呼ばれる。それが意味するのは、いくらかの不平等は、それがさらに悪化することを防ぐために受容されなければならないということである。豊かな人々は、通常、公共サービスの領域において、より高いレベルの給付と、より広い範囲の消費者の選択肢を期待している。一定の範囲内で彼らにそれらを与えるべきである。なぜならそれは豊かな人々が公共的セクターに継続的に関わりあうための代価になりうるからである。

④「社会的相続の批判（critique of social inheritance）」

社会民主主義者は不平等と戦うための革新的な戦略を探る際に、社会的相続（世代から世代へと伝えられる不平等）に注目しなければならない。社会民主主義者は、社会的相続を廃止せよ、という言葉をスローガンにしてもよいかもしれない。この目標は夢想的なものに思えるかもしれないが、北欧諸国ではすでにそれを達成しつつある。第三の道の思想においては、教育への投資が機会の不平等に対抗する主要な手段とみなされていた。しかし、教育改革は社会的相続をほとんど弱化させなかった。われわれはそれゆえ、就学前の出生家族における子どもの生活において生じる事柄に注意を払うべきである。働く女性、就学前の子ども、包括的なデイケア、労働の柔軟性などに配慮する政策的枠組みは、社会の多様性にとって有意義なものである。

⑤「管理された多様性（managed diversity）」

ヨーロッパの中道左派にとって、移民と同化の問題はきわめて重要になっている。移民に対して市民たちが抱いているいくらかの心配は深刻なものであることを認識すべきである。移民の問題に対して「管理された多様性」という概念は中道左派にとって有用な命題である。今日、われわれはナイーヴな多文化主義を超克しなければならない。よき社会は文化的な「努力の相互取引」として理解されるべきである。移民を受け入れるホスト社会はより多くの多様性を受容し、多様性が社会を活性化する性質を有することを認める。それに対して、移民はホスト社会の中心的な立憲的価値を学習し、その価値に従う義務を持つのである。移民に求められている文化的な順応の度合いは、ホスト国の人々よりもより大きなものであるべきである、と想定することは理不尽なことではない。

⑥「グローバルな社会民主主義（global social democracy）」

グローバルな社会民主主義とは、社会民主主義の原理を国民国家上位レベルにも適用することである。グローバルな社会民主主義は夢想的な目標ではない。短期的な政策的革新としては、国連やＷＴＯのような主要な国際組織の構造や権力の変革ということがある。長期的な改革としては、国家上位レベルでの民主主義の拡大、国際的な課税機構の設立、恒久的な平和維持軍の確立、などがある。

⑦「堅実な多国間主義（hard-nosed multilateralism）」

これまで、中道左派は「安直な多国間主義（easy multilateralism）」を採用してきた。それは国民国家上位レベルで作用するコスモポリタン民主主義の形態として理解されてきたものである。「安直な多国間主義」は「堅実な多国間主義」によって、補足されるべきである。堅実な多国間主義とは、コスモポリタン的理想やリベラルな理想に至る道を前進するためには、時には脅威や軍事力の使用が必要であることを認めるものである。すなわち、グローバルなコラボレーションを促進する際に、軍事力の役割を認知するということである。

⑧「予測不可能な事柄の予測（predicting the unpredictable）」

今日、われわれは何が起こるかわからない、逃走する世界（runaway world）に生きている。狂牛病のリスクや農薬使用のリスクなど、完全な予測が不可能な人工的リスクが存在しているが、そうした予測不可能な事柄を予測する必要がある。絶えずわれわれに不意打ちを食わせる世界に対処するということである。われわれはリスクに対して新しいアプローチを採用すべきであり、それには不確実性の受け入れ、政策決定に対する公共的な関わり、より広い価値の文脈における決定の環境づくりなどが含まれる。テクノロジーの評価については、それを市民と政府の協同ベンチャー事業として理解される場合に、最善の結果をもたらすのである。

新たに提起された新漸進改革主義は、第三の道の思想との連続性を有するだけでなく、新しい時代の動きに合わせて中道左派の思想をさらにリニューアルしたものである。たとえば、「グローバルな社会民主主義（global social democracy）」や「予測不可能な事柄の予測（predicting the unpredictable）」については第三の道をそのまま継承したという側面があるが、「堅実な多国間主義（hard-nosed multilateralism）」、「管理された多様性（managed diversity）」、「制御された不平等（controlled inequality）」などにおいては、より現実的な政策への転換が読み取れるのである。また、「社会的相続の批判（critique of social inheritance）」については、よりいっそうの平等、とりわけ機会の平等を追求しようとする政策的な深化が見られる。「保証する国家（ensuring state）」においては、市民と国家のさらなるコラボレーションを推進するとともに、国家の責任をさらに強化させているといえる。「埋め込まれた市場（embedded market）」と「市民経済（civil economy）」の概念に関しては、これまでは国家、市場、市民社会という三領域のバランスをとることが説かれていたのに対して、そうした領域的区分が流動化していることを指し示している。つまり、国家と市場が公益のためのものでなければならないことを強調するとともに、市場経済と市民社会を融合させて、社会的な経済を構築すべきことを述べているのである。この点は、「民営化（privatization）」から「公共化（publicisation）」への転回という流れの中で理解されるべき事柄である。

以上、「第三の道」および「新漸進改革主義」を概観してきたわけだが、日本の「『失われた二〇年』からの出発」は、経済中心主義や市場原理主義や新自由主義から脱却し、「第三の道」や「新漸進改革主義」におけるような、「公共化」をめざすべきである。経済だけを重視するのではなく、国家や市民社会とのバランスをとり、さらには経済を公益にかなったものとするために、国家の介入や経済の社会化・公共化が求められるのである。日本社会の新たなアジェンダは、「適正な社会に対する公共的領域の中心的な重要性を擁護する」ことを基本に据える必要がある。そして、その場合の公共性の概念は多次元化されたものでなければならないだろう。公共性の構造的な多次元化としては、市民社会組織による市民的公共性の拡充、さらに市民経済の確立による市場の公共化が重要である。さらに公正な社会に向けた国家・市場・市民社会のコラボレーションも大切である。領域的な多次元化としては、国家レベルだけでなく、国家下位のローカルなレベル、国家上位のリージョナルなレベル、そしてグローバルなレベルでの公共性を追求すべきである。

## 第三節　自己責任の時代から社会的責任の時代へ

グローバリゼーション、情報化、脱伝統化、個人化など、現代化が進行している中で、第一セクターである政府は適正な社会を構築するために「第三の道」ないし、「新漸進改革主義」を採用すべきであるといえる。それでは、第二セクターに位置する企業と第三セクターに含まれる市民はより具体的に今後どのように行動すべきなのか。

まず、営利企業ないし株式会社の今後の指針について考察してみたい。岩井克人によれば、脱工業化・知識経済化が進行した「ポスト産業資本主義」においては、物的資産（資金）よりもむしろ利潤の源泉としての人的資産が重要になる。[18] 脱工業化・知識経済化によって、利潤は機械や工場といった物的な資産からではなく、主として差異性から生じるようになった。企業は新製品の開発、新技術の導入、新市場の開拓など、意識的に差異性を生み出すことが必要になっている。また、差異性そのものとしてのブランド、特許権、データベースの重要性も高まっている。そのような差異性を生み出す源泉は人間の知識や能力なのである。それゆえ、ポスト産業資本主義においては、カネよりもヒト、すなわち物的資産よりも人的資産の重要性が増大するのである。物的資産あるいはカネの重要性が低下しているということは、カネの提供者としての株主の重要性が急速に低下していることを意味しており、会社とは株主のものだという「株主主権」論や「株主資本主義」の正当性が崩れはじめているのである。

ポスト産業資本主義の時代においては、利潤の源泉としてのヒトや情報を企業の中に囲い込む必要性が生じてくる。従業員の企画力、開発力、発想力、技術力こそが会社に利益をもたらすからである。企業が企業として成立するためには、従業員が企業に対してコミットメントをもつことが不可欠になったのである[19]。ヒトや情報の外部流出は企業に対して大きな損失を与えかねない。従業員のコミットメントを強化するために、企業は労働のフレクシブル化・組織のフラット化などのソフトな面や金銭的報酬というハード面の整備を行うことが求められている。脱工業化や知識経済化が進展した今日の企業においては、株主（shareholder）の利益よりも、利害関係者（stakeholder）の会社組織に対するコミットメントの確立、労働環境の改善、および人的投資を重視しなければならなくなっているのである。

また、奥村宏によれば、現代は株式会社が危機を迎えている時代である[20]。日本では一九六〇年代あたりから系列の法人が大株主になり、企業グループで株の相互持ち合いをすることによって株主総会は形骸化し、経営者が株式会社を支配している。アメリカでも一九七〇年代以降、年金基金や投資信託などの機関投資家が大株主になったが、多くの機関投資家は会社側に委任状を渡すか、株主総会で会社側の提案に賛成するがゆえに、経営者支配が生じている。アメリカにおいても株主総会が経営陣をチェックするということはなくなっている。

アメリカの経営者は、機関投資家の代理人であるファンド・マネージャーからの圧力を受けるがゆえに、また、ストックオプション（自社株購入権）からの利益を得るために、自社の株価を吊り上げようと粉飾決算を行う傾向がある（会社経営自体が投機化した）。日本では企業グループ内で株式を持ち合うことにより、経営者が相互に信任し合い、責任を追及するものが不在となっており、無責任経営が横行する。こうした理由により、日本やアメリカにおいて株式会社とくに大企業の不祥事が相次いで生じることになった。株式会社の社会的責任が問われているのである。奥村はこうした株式会社の危機に対して、大企業の解体による規模の縮小化・分権化（あるいは独立したベンチャー・ビジネスの台頭）、従業員の経営参加（カンパニー・デモクラシーの確立）、協同組合（とりわけ労働者協同組合）やNPOのような新しい企業形態の展開、などを処方箋として提示している[21]。

岩井や奥村の以上のような議論が示唆していることは、株式会社の社会的企業化（そしてNPOの自立化・事業化）

が今後重要になってくる、ということであると思われる。営利企業が営利追求を第一とするのではなく、社会的使命（ソーシャル・ミッション）を明確に掲げることにより、従業員の会社へのコミットメントは強化され、労働環境は改善される。また、企業内民主主義も確立され、無責任経営や不祥事が生じることも少なくなるだろう。株式会社が経営者に支配され、企業犯罪が頻発する状況においては、営利企業の社会化・公共化による公益性重視や社会的責任の自覚が求められるのである。

実際に、近年、企業の社会的責任（CSR）に関する議論は高まりを見せている。営利企業が社会的・公共的責任を問われるようになっている。企業の社会的責任（Corporate Social Responsibility）がCSRと呼ばれ、注目されるようになったのは、一九九〇年代以降である。その背景としては、グローバル化や情報化・IT化によって、世界レベルでの公正性が問われるようになったことと、地球環境の悪化が科学的に明らかになったことが挙げられている。近年のCSRは企業の持続可能性だけでなく、社会の持続可能性や地球規模の生態系の持続可能性を追求する。ゆえに、従来のフィランソロピー（企業の慈善事業）やメセナ（企業の文化・芸術活動への支援）、あるいはコーポレート・ガバナンス（企業統治）やコンプライアンス（法令順守）にとどまらず、より積極的かつ広範囲に社会や環境への貢献を行うことを意味しているのである（また、こうした流れと連動して、企業倫理学・ビジネス倫理学・経営倫理学という新しい学問分野も誕生している[22]）。

こうした営利企業の社会的企業化は企業にとって実際に利益をもたらすという調査研究がある[23]。新原浩朗は日本の優良企業をリサーチした結果、そうした企業の特質を六つ析出している。その中の一つは「世のため、人のためという自発性の企業文化を埋め込んでいること」である。優秀企業は、企業とは利益を上げることを通じて長期にわたり社会に貢献することを目的とする組織、という企業観を有している。優秀企業においては、経営者や従業員に使命感や倫理観といったお金以外の規律が作用している。企業活動の目的が社会貢献であり、利益は手段だという共有の価値観をもつことにより、自発性、使命感による企業統治が可能になる。従業員は社会貢献活動をしているという意識によって、仕事にやりがいを感じるようになり、監視による企業統治は補完的なものになるとされるのである。新原のこの調査研究は、営利企業もＮＰＯ・ＮＧＯと同様に、社会的な使命感をもつことがきわめて肝要であることを示している。営利企業の社会的企業化は社会のためであるだけでなく、当の企業自身にとっても利益になることなのである。あるいは、これからは営利企業は社会的企業化しなければ生き残れないともいえるのである。

以上のように、企業は、自己利益の追求ではなく、社会的責任を果たすことが今後の最重要課題になっていくわけだが、社会的責任を問われるのは企業やその社員だけではない。社会の構成員であるすべての人々が、市民として、あるいは消費者として、社会的責任を問われることになるだろう。社会や生態系の持続可能性を追求しなければならないのは、企業やその社員だけではない。市民や消費者も同様である。自己責任ではなく、社会的責任の自覚が市民や消費者に対して求められているのである。「企業の社会的責任（Corporate Social Responsibility）」はＣＳＲと略記されるが、ＣＳＲは「市民の社会的責任（Civic Social Responsibility）」や「消費者の社会的責任（Consumer's Social Responsibility）」をも意味すると考えるべきなのである(24)。具体的には、環境に配慮した消費生活を営む努力をする、ボランティアなどの市民奉仕活動をする、投票など市民としての政治的義務を遂行する、といった基本的な事柄が考えられるが、諸個人は企業の社員としてのみならず、市民や消費者としても、よりよい社会を作るために社会的責任を果たすことが要請されている。

# 補　論　近代的三元論システムの溶解

本章では、日本社会が「失われた二〇年」から再出発するための新たな戦略的指針として、「第三の道」あるいは「新漸進改革主義」を参照すべきであることを示してきたが、補足としてこうした新たなアジェンダが構想される背景となっている現代的変容について再確認しておきたい。グローバリゼーション、高度メディア化、脱伝統化（個人化）、高度民主化といった現代的変容についてはすでに言及した。ここではさらにもう一つの構造的変容について指摘しておきたい。それは近代社会の三元論的システムの溶解という事態である。

近代社会の見取り図として政府・市場・市民社会という三元論的システムが認知されるようになったのは、比較的最近のことである。それ以前はヘーゲルやマルクスに見られるように、国家と市民社会という二元論において近代社会は把握されていた。一九八〇〜九〇年代にJ・ハバーマスやJ・コーエンとA・アレイトといった論者が、システムとしての国家と市場経済、生活世界としての市民社会という捉え方を提起したのだが、それ以降、政府・市場・市民社会という三元論は急速に普及しはじめた。もともと、従来の国家と市民社会という二元論においては、非政府・民間分野である市民社会に経済的領域（営利領域）と非経済領域（非営利領域）が混在しており、截然と区別されていなかったのである。それが近年では、営利領域と非営利領域が明確に区分されることにより、民間分野の営利領域が市場、非営利領域が市民社会として識別されるようになり、三元論的把握に移行したのである（こうした変化については一九九〇年代からのNPOやNGOの台頭ということが大きく影響している）。

そうした推移の中で、「第三の道」では、政府・市場・市民社会という区分を前提として、それらの間のバランスを取ることが提唱されていた。しかし、「新漸進改革主義」においては、それに加えて、「埋め込まれた市場」、「市民経済」、「公共化」などの概念に見られるように、こうした三つの領域的区分をボーダレス化する必要があることが示唆されている。たとえば、「市民経済」の概念は、営利企業が社会的責任を果たすことを促進しようとするものである。本章ですでに議論したように、営利企業が国家や市民社会と隔離された市場領域で、私利の追求のみを行っていればよいというわけにはいかなくなったのである。

ところで、経済人類学者K・ポランニーは、十九世紀の市場経済が出現する以前は、経済は社会に埋め込まれていた、と論じた。市場経済の出現によって、経済は社会から「離床」した。社会に埋め込まれていたそれ以前の経済とは異なり、市場経済は親族組織、政治、宗教、など社会の非経済的要素から切り離された、とされたのである(25)。市場経済が普及することによって、経済は純粋領域として社会の領域から分離した、と考えられていた（さらに市場経済は社会から独立するだけでなく、社会を従属させて、市場社会を形成した、とポランニーは述べている(26)）。しかし、現実には経済の離床という事態は一種のフィクションだったのかもしれない。新漸進改革主義における「埋め込まれた市場」の概念が示しているように、実際には市場経済といえども、多かれ少なかれ、社会、政治、文化の文脈に組み込まれているのである。とはいえ、市場経済は需要と供給というそれ自身の法則に支配された自動調整的なシステムであり、社会から離床・分離した閉域であると思わせるに足るだけの自律性を有していることも確かである。それゆえ、現在でも国家・市場・市民社会という領域的区分はある程度、説得力を持ち続けている。

新漸進改革主義は政府主導でこうした三領域の境界を融解させようとする政策的指針を示したのであるが、そうした政府のイニシアティヴとは別に、経済と社会の境界はすでに溶解しはじめている。つまり、経済は社会に埋め戻されつつあるといえる(27)。また、政治も社会に埋め戻されつつあるのである。

たとえば、すでに触れたCSR、コミュニティ・ビジネス、市民事業、社会的企業の他に事業系NPO、地域通貨、フェア・トレード、市民バンク、社会的責任投資（SRI）、など、営利と社会貢献の両方を追求する事業活動が叢生しつつある(28)。今日では、環境、福祉、教育、医療、文化、まちづくりなどの社会的サービス分野に営利企業も参入するようになった。規制緩和とも連動し、株式会社が環境ビジネス、介護事業、学校経営、病院経営、文化事業、まちづくりビジネスに手を広げるようになっている。[29] 他方、ＮＰＯの側でも、事業やビジネスに力を入れて、資金面での自立化をはかるところが出てきている。こうした営利企業の社会化とＮＰＯの事業化により、市場経済と市民社会の境界は曖昧化しつつあるといえよう。また、国家と市民社会の境界線に関しては、環境保護・国際援助・平和運動・人権擁護などに関連したＮＰＯ・ＮＧＯが、市民社会領域において非制度的な政治・サブポリティクス（準政治）を展開している。民間組織が公益のために活動することにより、政府と市民社会の境界も厳密に区分できなくなっている。

現在では国家・経済・市民社会という近代社会の三元論的システムはさしあたり存続しているものの、各領域間の境界線は溶解しはじめているのである。こうした近代社会システムの変容に適合した新たなアジェンダの構想こそが、日本の「『失われた二〇年』からの出発」に際して求められているといえるのである。

注

（１）A. Giddens（ed.）, *The Progressive Manifesto*, Policy Network, 2003, p. 6.

（２）Ibid., p. 2.

（３）ギデンズは、『第三の道とその批判』の中では、第三の道が対応すべき現代の大きな社会変容として、「グローバリゼーション」と「知識経済」の二つだけを挙げていたが、別の著作ではさらに、「人々の日常生活における根本的な変容（＝個人主義の台頭）」ということも加えている。

ギデンズによれば、個人主義を経済的利己主義や消費主義と同一視することは誤りである。個人主義は伝統や慣習の支配力から解放された社会における構造的現象である。われわれは以前よりも開かれていて、再帰的な仕方で生活している。たとえば、女性はもはや家庭生活や子供の養育に不可避的に「運命づけられて」いるわけではない。多くの女性が労働に従事しており、長い間、主に男性が享受してきた自由の多くを獲得している、という。ここではギデンズは「個人主義の台頭」という言葉を用いているが、実質的には、社会の「脱伝統化」、「個人化」、「再帰化」ということを述べているのである。cf. A. Giddens（ed.）, *The Global Third Way Debate*, Polity Press, 2001, pp. 4-5.

(4) ギデンズ自身がまとめた、第三の道の枠組みをここで紹介しておきたい。ギデンズによれば、新しい中道左派の思考が左派の過去のドグマ（＝教義・定説）に疑問を呈することは正しい。しかし、左派と右派の区分は消失していない。左派であるということは、いかなる市民も排除されないような、連帯的で包摂的な社会を望むことである。さらに、左派であるということは、平等に対するコミットメント（＝関与・傾倒・信服）を有し、われわれは社会のより弱い立場の人々を守り、ケアする義務を持っているという信念を有している、ということである。

以上のように、ギデンズは左派の立場を堅持しながらも、左派の改革が必要であると考えている。そして第三の道が示唆する構造改革を一一の項目にまとめている。これらの改革はすべて「現代化（グローバリゼーション、知識経済、個人化〔脱伝統化〕、という三つの大きな変動に適応すること）」と関わっている。

(i) 国家と政府の改革を第一に考えるべきである。第三の道政治の基本的なテーマは、政府の積極的な役割を再発見することであり、公的な制度を再建し、刷新することである。政府と国家の代行機関を透明で、顧客志向的で、機敏で、自立したものにしなければならない。ほとんどの産業化された国々では、政治家や正統的な議会制度に対する信頼が失われている。こうした政治的アパシーの増大に対処する必要がある。政治不信の理由は、政治家の私利的な態度や政治腐敗にあるが、政治家のこうした態度を改めさせて、腐敗をなくしていくことが重要である。

(ii) 国家は市場と市民社会を規制し、それらに介入する必要はあるが、それら両者を支配すべきではない。政府と国家は社会的発展と社会的公正を促進するために実効的な舵取りをするのに十分なくらい有能でなければならない。しかしながら、有能な国家は大きな国家とは異なるのである。国家が大きくなりすぎると、実効的な政府は困難になり、国家権力が市民の希望や自由を踏みにじる可能性がある。同じことが市場についてもいえる。実効的な市場経済は繁栄と経済的効率性を促進する最も優れた手段である。しかしながら、市場の役割は限定される必要がある。市場は政府による介入や規制を必要とするような不安定性と不平等を生み出す。また、市場における強力な行為主体が民主的過程を破壊する可能性があるのである。

(iii) 市民社会の中心的役割を理解することは、新しい左派の思考において決定的に重要な特徴である。発展した市民社会がなければ、十分に機能する政府や実効的な市場はありえないのである。しかしながら、政府や市場の場合と同様に、市民社会が「あまりにも肥大化すること」は、「あまりにも縮小すること」に等しいのである。市民集団、特殊な利害関係集団、ヴォランタリーな組織などは、重要であるにもかかわらず、民主的な政府の代替物にはならないのである。国家は市民社会から支持を得る必要があるが、また、市民社会を規制する際に積極的な役割を果たす必要もある。市民社会は現代化というより広範な過程と無関係ではない。たとえば、インターネットは多様な団体や集団のコミュニケーションと動員のための新しい機会を提供している。政府は市民社会の現代化に直接、貢献すべきである。

（ⅳ）われわれは権利と責任を結びつける新しい社会契約を構築する必要がある。責任をはっきりさせずに、市民に給付権を、とりわけ福祉の権利を与えることは、福祉システムにおけるモラル・ハザード（道徳的堕落）を生み出す。義務と統合されていない福祉システムはまた欺瞞の文化をもたらす。権利は責任を伴うという命題は今ではいくらかの領域で認められるようになっている。たとえば、それは働くための福祉計画の指導的原理の一つである。

（ⅴ）われわれは平等主義的な社会を創造するという目標を放棄してはならない。市場メカニズムに本質的な重要性を与えることによって、現代化する社会民主主義者は不平等の増大によって特徴づけられる社会を受け入れつつあるのだろうか？一言でいって答えは否である。平等を追求することが第三の道政治の中心に存在すべきである。

（ⅵ）動態的な完全雇用状態の経済の創造は、先進社会における実行可能な目標として復活している。完全雇用ということは、今では女性の大幅な雇用、パートタイム職の比率の増加などを含んでいる。高水準の雇用の創出と維持の支援をする場合、政府の役割が中心的なものになる。政府は技術的革新と経済投資を刺激しなければならない。教育と技能訓練への大幅な投資が必要とされている。技術的変容への適応と仕事の創出は、柔軟な労働市場の育成を必要としており、その場合でも、政府は重要な役割を果たすべきである。

（ⅶ）社会政策と経済政策は結びつけられるべきである。ほとんどの形態の財政的・経済的政策は直接的な社会的意味合いを持っている。また、逆にほとんどの社会政策は経済的意味合いを持っている。社会的公正は税率を上げることによって最もよく促進されるとは限らない、ということを左派は認識すべきである。減税はある状況下においては、社会的公正を促進することができるだけでなく、とくにそれが仕事の創造を刺激する場合には税収を高めることができるのである。

（ⅷ）福祉国家の改革。たとえば、家族の変容とともに単親、とくにシングル・マザーが増加している。効果的な政策をこうした変化に対処できるように考案しなければならない。しかしながら、福祉国家がモラルハザードや堕落的効果を生み出している場合には、福祉改革も必要である。実際に福祉改革は困難であるが、福祉国家が維持可能であるべきだとしたら、福祉改革は絶対に必要である。社会民主主義者にとって、改革のポイントは福祉国家を弱めることではなく、強化することである。

（ⅸ）中長期的な意味においてだけでなく、今ここでの犯罪と戦うための積極的な政策が必要である。過去において、左派のいくらかの人々は、犯罪を主に貧困と不平等に関連したものとみなしてきた。それゆえ、不平等を減らすことが、犯罪への対抗プログラムの推進力であるべきである。しかし犯罪には不平等以外の他の諸原因もあることを調査ははっきりと示している。暴力や窃盗・強盗などの犯罪率は経済的不平等の水準が比較的低い国を含む、ＥＵ諸国の多くにおいて増加している。このことはヨーロッパにおいて犯罪と戦うための新しいアプローチが試みられるべきであることを示唆している。「割れ窓」政策、公共空間が危険になった地域の最大限の警備、犯罪者へのタグ（標識）づけ、被害者への補償などが、少なくとも実験的に試みられるべきである。

（x）環境危機に対処する政策が練り上げられるべきである。伝統的な左派は社会民主主義の関心事と環境保護の関心を統合することが困難であると考えてきた。しかし、環境保護政策の領域は最近、変化が生じている。少なくともいくつかの産業領域においては、環境保護の推進と経済成長と仕事の創造が矛盾しないものになっていることは明らかである。知識経済の拡大はここでの主要な影響力である。情報テクノロジーは本来的に非汚染的である。情報テクノロジーの進歩は環境ダメージを実質的に引き下げることに貢献している。

（xi）われわれは責任ある資本主義の実効的な枠組みを確立する必要がある。企業が社会的義務を引き受けるようにインセンティヴを与えるだけでなく、企業がより広い共同体に押しつける可能性のある社会的・環境的コストを規制するための新しい政策が必要とされている。ＮＧＯ、消費者行動団体、その他の企業活動を監視することに関わっている機関の台頭は、企業が無視することのできない制約をもたらしている。こうした企業活動の規制を追及する力強い影響力が存在するが、社会民主主義者はそれらを支援すべきである。また、企業に対する政府の規制は国内的であるだけでなく、国際的でもなければならない。cf. A. Giddens (ed.), *The Global Third Way Debate*, pp. 5-13.

（5）A. Giddens, *The Third Way and its Critics*, Polity Press, 2000, p. 165.（A・ギデンズ（今枝法之・干川剛史訳）『第三の道とその批判』晃洋書房、二〇〇三年、一八七頁）

（6）A. Giddens, *The Third Way*, Polity Press, 1998, pp. 117-128.（A・ギデンズ（佐和隆光訳）『第三の道』日本経済新聞社、一九九九年、一九五～二一三頁）

（7）A. Giddens, *The Third Way and its Critics*, pp. 57-62.（A・ギデンズ『第三の道とその批判』六六～七二頁）

（8）A. Giddens, *The Third Way*, pp. 72-78.（A・ギデンズ『第三の道』一二七～一三七頁）

（9）Ibid., p. 89.（A・ギデンズ『第三の道』一五四～一五五頁）

（10）Ibid., pp. 91-93.（A・ギデンズ『第三の道』一五七～一六〇頁）、A. Giddens, *The Third Way and its Critics*, pp.

44-47.（A・ギデンズ『第三の道とその批判』五一〜五四頁）

(11) A. Giddens, *The Third Way and its Critics*, p. 48.（A・ギデンズ『第三の道とその批判』五六頁）

(12) A. Giddens, *The Third Way*, pp. 88-89.（A・ギデンズ『第三の道』一五二〜一五三頁）

(13) Ibid., pp. 101-102.（A・ギデンズ『第三の道』一七一〜一七二頁）、A. Giddens, *The Third Way and its Critics*, p. 53.（A・ギデンズ『第三の道とその批判』六二頁）

(14) A. Giddens, *The Third Way*, pp. 102-105.（A・ギデンズ『第三の道』一七三〜一七六頁）

(15) A. Giddens, *The Third Way and its Critics*, pp. 122-162.（A・ギデンズ『第三の道とその批判』一三九〜一三八頁）

(16) A. Giddens（ed.）, *The Progressive Manifesto*, pp. 5-7.

(17) Ibid., pp. 7-34.

(18) 岩井克人『会社はこれからどうなるのか』平凡社、二〇〇三年、一七三〜一七五頁。

(19) 岩井によれば、会社（法人企業）が株主のものであるという株主主権論は、モノ的側面とヒト的側面を有する法人の二重性を無視した、法理論上の誤りである。ヒトはヒトを所有できないのであり、物的資産や人的資産を含む会社資産の法律上の所有者は株主ではなく、会社なのである。法人は社会にとって価値をもつがゆえに社会から法律上の人格を認められているという観点から、岩井は株主主権論を退け、「会社は社会のものである」と述べて、企業の社会的責任の重要性を指摘している。岩井克人『会社はだれのものか』平凡社、二〇〇五年、一二〜二四頁および九二〜九六頁を参照。

(20) 前掲書、三〇三頁。

(21) 奥村宏『エンロンの衝撃』ＮＴＴ出版、二〇〇二年、二〇六頁、二三七頁。

(22) 前掲書、二四〇〜二四一頁、奥村宏『株式会社はどこへ行く』岩波書店、二〇〇〇年、一八四〜一九二頁、奥村宏『会社をどう変えるか』筑摩書房、二〇〇三年、二〇三〜二一〇頁。ちなみに、岩井克人も二十一世紀にはＮＰＯの活動が活性化することを予想している。

(23) 岡本享二『ＣＳＲ入門「企業の社会的責任」とは何か』日本経済新聞社、二〇〇四年、一六〜二八頁。

(24) 新原浩朗『日本の優秀企業研究』日本経済新聞社、二〇〇三年、二二一〜二九一頁。

(25) 岡本享二『ＣＳＲ入門「企業の社会的責任」とは何か』一九九〜二〇一頁。

(26) K・ポランニー『人間の経済 Ⅰ』岩波書店、一九九八年、一〇四〜一〇五頁。

(27) ポランニーによれば、「経済が社会的諸関係の内に埋め込まれるのではなく、社会諸関係が経済システムの内に埋め込まれるのである。……（中略）……ひとたび、経済システムが独立した諸制度に組織され、特殊な動機に基礎づけられ、特殊な地位を獲得しはじめるや否や、社会は、そのシステムがそれ自身の法則に従って機能しうるようなしかたで形づくられなければならない」とされるのである。K・ポランニー『大転換』東洋経済新報社、一九七五年、七六頁、を参照。

(28)「事業系NPO」とは、運営資金を補助金や寄付金に頼らずに、自らの事業活動によって獲得する非営利組織を意味している。「NPOビジネス」という表現も登場している。

「地域通貨」とは、「人々が自分たちの手で作る、一定の地域でしか流通しない、そして利子のつかないお金」である。近現代の「地域通貨」は、グローバルな市場経済の無政府性・不安定性から地域社会を守り、地域内経済の貨幣循環を活性化させるだけでなく、地域住民の連帯性を構築するのである。それは主として市場的取引の対象となりにくいボランティア・サービスの互酬媒体であり、コミュニティの相互扶助活動を促進して人々の結びつきを深めるお金である。近代貨幣は、交換機能、貯蔵機能、投機機能、価値尺度機能を有する法定貨幣・国民通貨という形をとっており、市場的交換に利用されることが前提されている。それに対して「地域通貨」は利子を生まない貨幣であり、時とともに減価する貨幣である。すなわち、それは交換機能のみを有する貨幣であるがゆえに、蓄積や投機に利用されることのない、非市場的・非営利的な経済のツールなのである。

フェア・トレード（公正貿易）とは、営利至上主義的な巨大企業が支配する自由市場の原理に基づくのではなく、途上国の人々が経済的に自立できる価格で生産物の取引をする貿易、または適正な労働条件の下で作られた生産物だけを購入する貿易を意味している。

市民バンクとは、福祉、環境、健康、教育、まちづくりなど社会性・公益性のある事業や社会的起業家に対して低金利で物的担保を取らずに融資を行う組織である（ちなみに、日本では現在、「市民バンク」という言葉は商標登録されている）。具体的には、高齢者グループホーム、保育所、廃食油利用の石鹸工場、天然酵母のパン屋など、利益のみを重視しない、地域に根ざした市民の起業を財政面で支援している。

社会的責任投資（Socially Responsible Investment＝SRI）とは、「企業を倫理性、法令順守、環境対応、雇用確保、透明性、社会対応などの視点から評価し、前向きに取り組んでいる企業を選び出して投資活動を通じて応援すること」である。つまり、社会的責任を誠実に果たしている企業に投資するという、社会的に責任ある投資活動を意味しているのである。社会的責任投資は、社会的に貢献する企業に資金を提供するという意味では、市民バンクと類似した性格を有している。また、社会的責任投資は企業の社会的責任（CSR）を促進するという効果をもたらしている。

なお、「コミュニティ・ビジネス」、「市民事業」、「社会的企業」については、すでに前章の注（24）において解説しているので、これらの用語に関してはそちらを参照していただきたい。田中尚輝『NPOビジネスで起業する！』学陽書房、二〇〇四年、西部忠『地域通貨を知ろう』岩波書店、二〇〇二年、片岡勝『儲けはあとからついてくる』日本経済新聞社、二〇〇二年、秋山おね・菱山隆二『社会的責任投資の基礎知識』岩波書店、二〇〇四年、などを参照。

（29）これに関連して、「非営利型株式会社」という新しい形態の株式会社を提案する研究者もいる。具体的には、病院経営・学校経営・農業経営など分野に株式会社が参入することを念頭に置いた議論が提起されている。跡田直澄・渡辺清「非営利型株式会社の提案」『経済セミナー』日本評論社、No. 590、二〇〇四年、を参照。

# 第四章　情縁社会変容
## ――つながりの現代化――

### 序

　ここまで本書では、一九九〇年代以降の再帰的近代のさまざまな社会変容過程の概要と、それをふまえた今後の大まかな社会戦略的展望を提示してきた。それに続く本章ではいささか各論的な議論となるが、第一章で触れたIT化、情報化、デジタル化に関連した現代的変容を中心に考察してみたい。

　基本的なコンセプトは「情縁社会変容」である。あらかじめ簡単に説明しておけば、「情縁」とは「情報縁」の略語であり、情報をつうじて人々がつながり、関係性を構築しているということである。それは関心縁、趣味縁、メディア縁と言い換えることもできる。同じ関心や趣味をつうじた人々のつながりや、同じメディア利用によって結ばれる人々の関係性ということでもある。それゆえ、「情縁社会」とは、メディアによって生み出される「メディアコミュニティ」、同じ関心や興味を有する人々によって構成される「関心の共同体」、あるいは情報人類学者奥野卓司のいう「第三の社会」に相当するものであると考えることができる[1]。

　情縁社会の具体的な例としては、さしあたりインターネット上の掲示板やブログやSNS（ソーシャル・ネットワーキング・サービス）において誕生したネット共同体が挙げられる。そこでは同種の関心や趣味を有する人々が、インターネットというメディア利用に基づき、地縁・血縁・社縁とは区別された情縁（情報つながり・関心つながり）によって、ソサエティ（社交・社会）が成立している。ここで留意すべきは、ＩＴ化、情報化、デジタル化によって、人々は新たな種類の「縁」を手に入れたということである。これまで人々はほとんど地縁的・血縁的・社縁的なつながりの中だけで生きてきたのであるが、ＩＴ化によって、情報や関心や趣味やメディアをつうじて、他者と縁を結ぶ可能性ないし能力を新たに獲得したのである。

その意味では現在進行している情縁社会変容は人間関係領域におけるラディカルな革命的変容といってもよいかもしれない。今日、われわれはインターネットが普及する以前には出会うことができなかった未知の人々と出会い、語らい、結びつくことができるようになったのである。それはある意味、人々の社交能力（sociability）の驚くべき拡張が生じているということであり、従来の地縁、血縁、社縁にほぼ局域化されていた人間関係の枠組が外破したということでもある。

情縁社会変容はそれだけでなく、さらに人間関係一般がメディア依存度を高めたということも意味している。つまり、従来の地縁、血縁、社縁的な人間関係もメディアによって維持される傾向が高まっているということである。それゆえ情縁社会変容はメディア縁社会変容ということでもあり、メディアや情報通信ツールの切れ目が縁の切れ目になることも珍しいことではなくなる。たとえば、携帯電話（に保存されたアドレス）が消失したり、あるいはインターネットのＳＮＳから脱退したりすることにより、地縁・血縁・社縁的なつながりが切れてしまうこともありうる。情縁社会変容はメディア依存による、地縁、血縁、社縁の情縁化・メディア縁化ということも意味しているのである。

以上のような情縁社会変容ないしメディア縁社会変容を現代化の一局面として考究していくことにしたいが、まずは情縁社会変容を支えている、メディアとはそもそも何か、というきわめて基本的な論点から議論を開始したいと思う。

# 第一節　メディアとは何か

メディア（media）とは通常、情報の媒体、ないしはコミュニケーションの媒体を意味している。たとえば、従来、テレビやラジオや新聞や固定電話などがメディアであると考えられてきた。近年ではパソコンや携帯電話もメディアとみなされるし、ハードディスクやCDやフラッシュメモリーのような電子的記録装置もメディアと呼ばれている。このように情報を媒介する機械（人工物）がメディアなのである。

メディア（media）という単語はミディアム（medium）の複数形である。ミディアムの意味を考えてみると、ステーキの焼き加減ではレア（rare：生焼けの）とウエルダン（well-done：よく焼けた）の中位の焼き具合がミディアムである。音楽の速さではスロー（slow：ゆっくり）テンポとファスト（fast：速い）テンポの中間がミディアムテンポである。物体の大きさではラージ（large：大きい）サイズとスモール（small：小さい）サイズの中間がミディアムサイズである。このようにミディアムとは中間や真ん中ということを意味している。それゆえ、ミディアムの複数形であるメディアには「（何かと何かの）中間にあるさまざまなもの」ないし「中間物一般」といった意味があるといえる。

語源的にはメディアという言葉は西欧中世において吟遊詩人や語り部を意味していたとされる。[2] 当時の吟遊詩人や語り部とはシャーマン（祈祷師）や預言者のような人々のことであった。現代日本における青森の恐山のイタコや沖縄のユタのように、シャーマンや霊媒師は憑依状態になって神や死者や精霊の言葉をわれわれに伝達する。神や霊の仲立ちをして、それらのメッセージを伝言する人々、あるいは冥界通信を行うことのできる人々が、かつてはメディアと呼ばれていた。あの世（他界）の神や霊とこの世（現世）の人間との境界・中間にあって、情報を媒介する聖なる者（媒介者）というのがメディアという言葉の原義であったと考えられる。

もともとは霊界の情報をこの世に媒介する（聖なる）人がメディアだったわけだが、現在では人ではなく、情報を媒介する人工物がメディアだとされている。すなわち、メディアとは情報の媒介ないし媒体、情報を伝達する中間物や介在物だと考えられている。しかしながら、メディアにはもう一つ重要な別の定義が存在する。それはメディア学者M・マクルーハンの定義である。マクルーハンはメディアを人間の身体や神経組織を拡張するもの、人間の感覚を拡張するもの、あるいは人間自身を拡張するもの、とみなした(3)。

たとえば、テレビを例として考えてみれば、テレビは人間の視覚（と聴覚）を拡張するメディアである。television の tele- は「遠く離れた、遠隔の」という意味の接頭辞であり、vision は「視覚、視力、光景」を意味している。スポーツやニュースの中継放送などを想起してみればわかるように、テレビジョンは文字通り「遠く離れた光景」を知覚することを可能にしているのである。つまり、目、視神経、視覚能力を拡張しているのである。また、電話を考えてみると、電話は聴覚を拡張したメディアである。telephone は tele- という接頭辞に「言語音、音声」を意味する phone が結合したものである。テレフォンは文字通り「遠く離れた音声」ということであり、遠く離れた人との会話を可能にしている。つまり、耳、聴神経、聴覚能力を拡張しているのである。

マクルーハンの定義では、人間の身体能力や感覚を拡張・増幅するものはすべてメディアだということになるため、自動車や自転車、衣服や住宅などもメディアだということになる。自動車や自転車は足の拡張であり、自動車や自転車は人間の足の能力、すなわち移動能力を飛躍的に拡張させている。衣服や住宅は人間の皮膚の拡張であり、衣服や住宅は皮膚の能力、すなわち外界の気温や気象の変化に適応する能力を飛躍的に拡張させている。このようにマクルーハンの定義では人工物一般がメディアだということになるのである。

事実、マクルーハンはその著書『メディア論』において、以下のものをメディアとして取り扱っている。すなわち、話し言葉、書き言葉、道路、数、衣服、住宅、貨幣、時計、印刷、漫画、印刷された言葉、車輪、自転車、飛行機、写真、新聞、自動車、広告、ゲーム、電信、タイプライター、電話、蓄音機、映画、ラジオ、テレビ、兵器、オートメーション、である。

こうしたマクルーハンの定義は「情報の媒体」という従来の常識的な定義と齟齬が生じるようにも見える。電話やテレビやラジオや新聞はよいとしても、道路や住宅や時計や自動車などは通常、メディア、すなわち情報の媒体とは考えられていないからである。人工物一般がメディアだということになれば、常識的に「情報の媒体」とは思われていない人工物もメディアに含まれてしまう。それゆえ、マクルーハンの議論は「汎メディア論」と称され、極端なメディア観だとみなされることもある。人間の身体(能力)を拡張する人工物はすべてメディアだとされてしまうからである。

しかしながら、メディアが中間物であるという観点から考えれば、じつはマクルーハンの定義と「情報の媒体」というこれまでの常識的な定義はなんら矛盾するものではない。ミディアムの複数形であるメディアは、人間と環境世界の中間に存在する人工物一般であり、人間と環境世界の媒介・仲介をしているのだが、それは一方で人間の身体(能力)を拡張するものであると同時に、他方で環境世界の情報を間接的に人間に伝達しているものでもある。たとえば、自動車や自転車は足(の能力)の拡張であるが、それらを利用する際、それらは路面状況などの環境世界の情報を間接的に人間に伝達している。また、衣服や住宅は皮膚(の能力)の拡張であるが、間接的に気温や気候の変化など環境世界の情報を間接的に伝えている。そう考えてみると、「人間と環境の中間にあって、人間の身体(能力)を拡張する人工物一般」としてのメディアはじつのところ、すべて「情報の媒体」でもあるのである。

それゆえ、「情報の媒体」という定義を採用したとしても、道具や言語や機械などの人工物はすべてメディアだと考えられる。新聞、電話、テレビ、ラジオなどの「情報通信を主要目的とするメディア」だけがメディアである、としてきた従来のメディアについての常識的な捉え方のほうがむしろ偏狭だったとみなすことも可能なのである。「情報の媒体」という定義に基づいたとしても、汎メディア論は成立するのである。メディアが人間と環境世界の間に介在する中間物であるがゆえに、必然的に「身体(能力)の拡張」と「情報の媒体」という二つの特徴を併せ持つことになるのである。

以上をふまえて、メディアを定義しておけば、それは「人間と環境世界との中間に存在し、人間の身体や感覚や能力を拡張すると同時に、環境世界の情報を媒介して人間に伝達する人工物一般」だということになる。

## 第二節　ソーシャルメディア

### ――社交・社会・結社能力を拡張するメディア――

次に、この節では情縁社会変容ないしメディア縁社会変容のテクノロジカルな基盤としてのソーシャルメディア（social media）とは何か、ということを明らかにしていきたい。メディアの意味は前節で確認したが、ソーシャル（social）はいかなる意味があるのだろうか。英語のsocialは日本語に変換すると少なくとも三つの意味合いがある。すなわち、「社会的」、「社交的」、「結社的」という意味であるが、ソーシャルメディアの場合は、ソーシャルダンス（社交ダンス）やソーシャルクラブ（社交クラブ）やソーシャルパーティ（社交パーティ）の場合と同じく、さしあたり主として「社交」を示すものと考えることができる。

実際に、現在、ソーシャルメディアと呼ぶことができるものは、ネット掲示板、メーリングリスト、チャット、SNS、ブログなどである。そこではネット上において不特定多数の人々が出会い、情報交換を行い、親密になることができる。すなわち人々の交際や社交のための情報の媒体がソーシャルメディアなのであり、それはサイバー空間におけるヴァーチャルな社交、およびそこから派生するリアルな社交を可能にしている。

こうした人と人との交わりや結びつきを媒介するのがソーシャル（＝社交）メディアであるが、それはインターネットの登場によってその姿が明確なものとなってたち現われてきた。もちろん、インターネット普及以前にも手紙や電話や雑誌（の文通欄）などのように、趣味や関心を契機とする諸個人間の交わりを媒介する萌芽的なソーシャルメディアはすでに存在していたといえる。しかしながら、インターネットによって初めて不特定多数の人々との社交や交流を媒介することを主要目的としたメディアが生成されたといえるのである。それゆえ、まずはインターネットとソーシャルメディアの誕生との関わりについて見ていくことにしたい。

## ①通信と放送の融合による社交能力の拡張

ソーシャルメディアはインターネットにおける通信と放送の融合によって生み出されている。そこで、ここでは通信と放送の融合とは何かということを再確認しておきたい。インターネットが登場する前までは、通信と放送が截然と区別されていた。まず、通信は手紙や電話などのパーソナルメディアを用いて行われる「一対一」の「双方向的な」コミュニケーションである。放送（および出版）はテレビ、ラジオ、新聞などのようなマスメディアを用いて行われる「一対多」の「一方向的な」コミュニケーションである。

通信（パーソナルコミュニケーション）が「脱中心的」であるのに対し、放送（マスコミュニケーション）は「一極中心的」である。というのは放送や出版ではその担い手である放送局や新聞社が情報発信の中心的機関となり、受信者としての不特定多数の人々に一方向的かつ放射状に情報をばら撒いているのに対して、通信では情報発信の中心的機関は存在せず、個人間での一対一の双方向的な個別的情報伝達が存在するだけだからである。

このようにインターネット以前には、コミュニケーション形態としてマスメディアによる放送・出版とパーソナルメディアによる通信がはっきりと区分されていたのだが、テクノロジーが高度化したインターネットはその区分を溶解させている。なぜなら、インターネットは双方向的な「一対一」のコミュニケーションと一方向的な「一対多」のコミュニケーションのみならず、双方向的な「多対多」のコミュニケーションをも可能にしているからである。つまり、インターネットは電子メールのようなパーソナルメディア（通信）的なるものと諸種のニュースサイトにみられるようなマスメディア（放送・出版）的なるものを含み込んでいると同時に、通信と放送・出版という従来の二類型のいずれかに分別しがたい第三の（「多対多」の）メディア・コミュニケーションを新たに生み出したのである。

こうしたインターネット内におけるマスメディア的なるものとパーソナルメディア的なるものの存在は、インターネットが普及しはじめた頃より認知されていたが、インターネットに特徴的な双方向的な「多対多」のメディア・コミュニケーションが顕著に現われてきたのはいわゆるWeb 2.0以降のことである。そこでWeb 2.0について簡単に振り返っておくことにしたい。Web 2.0は二〇〇五年前後に話題になった用語であるが、それはインターネット時代の第二期を意味している。一九九五年頃より始まったインターネット時代の第一期が終わり、二〇〇五年あたりから第二期に入ったということである。Web 1.0からWeb 2.0へと移行したというわけだが、インターネット第二期の特質は何かといえば、それは「ユーザー参加型」であるということである。

「ユーザー参加型」とは「ネット上の不特定多数の人々（や企業）を、受動的なサービス享受者ではなく能動的な表現者と認めて積極的に巻き込んでいくための技術や開発姿勢」ということであり、「ユーザーが提供したデータに基づく『厖大なデータベース』によって構成されるサービス」ということである。それゆえ、「Web 2.0でコンテンツを提供するのは、サイトオーナーではなくユーザー自身だ」ということになる。[4] つまり、インターネット第二期においてはUGC（User Generated Contents：ユーザーが生み出すコンテンツ）やCGM（Consumer Generated Media：消費者が生み出すメディア）が一般化してくるというわけである。

UGCやCGMとしては「リナックス」のようなオープンソースのコンピュータソフトウエアやネット掲示板やチャットなどがWeb 1.0の時代より存在していたものの、その当時は、ホームページ作成能力を有する人々はまだ少数派であり、ネット上で情報発信を行うことのできる人々は限定的であった。つまり、Web 1.0の段階では人々はインターネットから一方向的に情報を受け取るだけ、というマスメディア的な利用のほうが一般的であった。ところが、日本では二〇〇五年以降に、ブログ、SNS、ユーザー投稿型動画配信サイト（「ユーチューブ」、「ユーストリーム」、「ニコニコ動画」など）、ユーザー参加型ネット百科事典（「ウィキペディア」など）、各種商品の口コミサイトやネット書店のカスタマーレヴュー（一般読者の書評）などが普及してきた。こうしたサイトやサービスにおいて、ユーザーや消費者が能動的に参加し、積極的にコンテンツを提供し、情報を発信するようになった。

こうした状況を梅田望夫は「総表現社会」と呼んだが、一般人の「総放送局・新聞社・出版社化」や「総ジャーナリスト化」が生じているともいえる。Web 2.0では放送局や新聞社や出版社などのプロのジャーナリストや専門家だけでなく、ごく普通の一般人や素人も不特定多数に向けての情報発信能力ないし放送・出版能力を獲得し、社会的影響力を持ちうることになった、ということである[5]。インターネット・テクノロジーの高度化は一般の人々の身体能力の拡張（口の拡張あるいは発言能力の増幅）をもたらした、と解釈することもできるだろう。ともあれ、Web 2.0以降、それまで主として個人間の通信以外には情報発信能力を有していなかった一般の人々の放送・出版的な情報発信能力が大幅に拡大し、さらに双方向のコミュニケーションも付加されることによって、通信と放送の融合が本格化したのである[6]。

インターネット第二期におけるこうした通信と放送の融合の本格化、すなわち電子掲示板、ブログ、SNSなどネットでの脱中心的で双方向的な多対多のメディア・コミュニケーションの拡大は、人々が日常的に地縁・血縁・社縁の外部にいる不特定多数の他者と出会い、対話し、関係性を構築することを可能にしている。すなわち、純粋に情報縁・関心縁・趣味縁だけによって、一般の人々が他の人々と結びついて交流・交際することがきわめて容易になったということである。このようにインターネットにおける通信と放送の融合によりもたらされた社交メディアとしてのソーシャルメディアは人々の社交能力を飛躍的に拡張することになったのである。

### ②　集合知と社会能力の拡張

Web 2.0によってもたらされた現象としてはソーシャルメディアだけでなく、ロングテールビジネスやクラウドコンピューティングといったことが挙げられるが、その他に「集合知」ということがある。集合知が具体的に見られるのは、ネット上のユーザー参加・協力型百科事典（「ウィキペディア」など）、ナレッジコミュニティサービス（「人力検索はてな」、「教えて goo」、「yahoo! 知恵袋」など）、ネット書店アマゾンのカスタマーレビュー、その他各種の口コミサイトなどである。

集合知とはネット上で衆知を集めて新たな知を創造し、それを共有するということである。たとえば、グルメやホテルなどの口コミサイトやネット書店のカスタマーレビューなどを見てみると、従来のマスメディアにおける評論家や専門家の意見とは異なる一般の人々の多種多様な評価が集まり、それら各々を通覧することができる。さらに（そのサイトの投稿者に限定されるが）一般の人々の多数派の見解を知ることもできる。また、ナレッジコミュニティサービス（知恵共有サービス）では質問に対して多くの回答が寄せられるだけでなく、最も多くの人々に支持された回答が最も優れた回答＝意見として選定されることもある。参加・協力型ネット百科事典は自己組織的な永遠に未完の事典であり、より妥当な記述に洗練させるために一般の多くの人々によって絶えず修正や書き換えや加筆が行われている。

特定サイトに集まった一般の人々の最大公約数的な、あるいは多数派の意見や評価が（一種の「ネット世論」ともいえる）集合知として妥当性を持つようになるわけだが、そのためには意見の多様性（投稿者に偏りがないこと）、独立性（自由な意見表明が可能であること）、分散性（投稿者が個々に局域的な専門性を有すること）、集約性（一定数の投稿が集まること）、などの条件を満たす必要があることが指摘されている。(7) こうした条件を満たせば、集合知はいわば人々の共有財産として有益で妥当な知識としての地位を獲得するというわけだが、それでも絶対的に適切だといいきれない部分は残る。

たとえば、民主的で知識のオープン（自由・開放）性と反エリート主義などの特徴を持つとされる「ウィキペディア」であるが、いくつかの疑問点も指摘されている。一つは誤謬、利害関係者による改ざん、虚偽、荒らしなどに対して、客観性や真実性を担保する管理システムが必ずしも十分ではないということ。もう一つは百科事典としての知識の体系性、階層性、境界性が欠如しているということである。つまり、哲学者カントの解説とアニメ「ポケモン」の解説が同じ位の分量でよいのか、あらゆる事柄を事典に載せる必要があるのか、といったことなどである。[8] こうした正しさを保証する管理システムの不完全性、体系性を欠いたランダムな知の寄せ集め、あるいは衆愚性、といった問題点は、ウィキペディアのみならず、他の集合知一般にもあてはまる。

以上のような難点も孕んでいるとはいえ、インターネットにおいて一般の人々が放送・出版的な情報発信ができるようになったがゆえに、集合知という、これまでにはなかった新しい現象が誕生したわけだが、この集合知はじつはソーシャルメディアと密接に関連している。というのは、ソーシャルメディアには、「諸個人が持っている情報や知識をみんなで共有する」サービス、あるいは「意見、洞察、経験、見解を互いに交換するためのツールやプラットフォーム」という意味もあるからである。[9] つまり、社会的に情報を提供・交換・共有するサービスを行うメディアがソーシャルメディアだということであり、それゆえソーシャルメディアは集合知の母胎になっているともいえる。そのことはソーシャルメディアが社交メディア（社交の仲介）であるだけでなく、社会メディア（社会秩序形成の媒介）でもあるということを意味している。

というのは「誰かが用意した大きな『全体』という場があって、そこに『個』がボランティア的に参加することで『全体』が発展していく枠組み」がリナックスやウィキペディアのようなソーシャルメディアなのであり、それは「自動秩序形成システム」（「全体」を意識せずに行う「個」の行為が集積して自動的に秩序が形成される）となりうるからである。集合知とは広く社会的に集められて創造・共有される知であるが、ソーシャルメディアは自由開放的な参加による諸個人の共同作業を可能にして、集合知を、すなわち、コンピュータのソフトウエアや百科事典といった一つの社会的な秩序を自己組織的に生成するメディアでもある。いいかえれば、ソーシャルメディアは「オープンソース」的な「マスコラボレーション」による一種の社会秩序形成も可能にしているといえるのである。[10]

### ③ソーシャルメディア政治革命と結集・結社能力の拡張

ソーシャルメディアが拡張するのは社交能力と社会能力（自己組織的な社会秩序形成能力）だけではない。ソーシャルメディアは人々の結集能力や結社能力の拡張ももたらしうる。結集能力ということでいえば、たとえば、二〇一一年に生起したチュニジア、エジプト、リビアといった中東・北アフリカ諸国での民主革命が想起される。これらの国々では独裁政権に対する市民デモや反政府運動の高まりが体制崩壊につながったのであるが、その市民デモや反政府運動の動員に大きな役割を果したのが、フェイスブック、ツイッター、ユーチューブなどのソーシャルメディアだった（それゆえ、これらの国々での革命は「ソーシャルメディア革命」と呼ばれることもあるが、より正確には「ソーシャルメディア政治革命」と呼ぶべきだろう）。[11]

中東の民主革命はソーシャルメディアが政治的な動員や結集のための能力を大きく拡張しているということを実感させる出来事だったわけだが、もちろん、インターネットはそれ以前からヴァーチャルな世界とリアルな世界における不特定多数の人々の結集や集合行動をもたらしていることが知られている。たとえば、ネットにおける「祭り」や「炎上」という現象がある。

「祭り」とはネット掲示板における特定スレッドにユーザーが集中して、激しく盛り上がっている状態を意味している。「祭り」の場合、ターゲットとなった人物の個人情報をネット上に晒す、学校や勤務先やマスコミなどに通報する、といったパターンが比較的多く見られる。[12] とはいえ、「祭り」は必ずしも個人や企業への制裁や攻撃やいやがらせといったネガティヴな行動に限定されることはなく、人助けやボランティアのようにポジティヴな集団行動につながる場合もある。[13]

「炎上」とは、ブログなどのサイトに多数のコメントが殺到することによって、運営者が対応困難となり、当該サイトが機能不全状態に陥ることを意味している。「炎上」は「批判集中型」（ネット・バッシング）、「議論白熱型」（ネット・バトル）、「荒らし」という三類型に分類されうるが、実際にはこれらがある程度ミックスした形で起きると考えられている[14]。

こうしたネット内を主とする集団行動だけでなく、ネットを起点としたリアルな場所での結集もインターネット普及当初より存在している。たとえば、いわゆる「出会い系サイト」は見ず知らずの男女のリアルな場での出会いを促進している。また、ネット掲示板やチャットやSNSなどによって「オフ会」という名のリアルスペースでの会合が生み出されている（「オフ会」は「ミートアップ（meetup）」と呼ばれることもある）。

海外でのネット動員ないしネット集団行動の例としては「フラッシュモブ」と呼ばれる一種のストリート・パフォーマンスがある。「フラッシュモブ」とは「インターネットや携帯電話を通じて呼びかけられた見ず知らずの人々が公共の場に集まり、わけのわからないことをしでかしてからすぐにまた散り散りになること」、あるいは「一見自然発生的な集団が」インターネットなどによって「前もって示し合わせた行動をとる」いたずら、である。そして「そこで目指されているのはそもそもインターネット上のヴァーチャルな空間で人々が交流することではなく、むしろよりリアルな場、現実の都市空間に人々が集結し、身体的・物理的な次元で何らかの具体的な実践を達成すること」である。例としてはニューヨークの「セントラルパークの石に腰掛けて皆で鳥の鳴きまねをする、サンフランシスコで『ゾンビウォーク』をする、ロンドンのビクトリア駅で無音のダンスパーティーをする等」が挙げられる（ちなみに、フラッシュモブは単なる娯楽や憂さ晴らしだけでなく、警察に逮捕される恐れの少ない政治的抗議活動として利用されたこともある[15]）。

インターネットはこうしたリアルな空間での一時的な結集や一過性の集合行動だけにとどまらず、持続的で安定した結社的集団の形成を導くこともある。たとえば、二〇〇二年にカトリックの信者で組織された「忠実な信者の声（Voice of the Faithful）」というアメリカの市民団体があるのだが、それは神父による信者への性的虐待を糾弾するために設立されたものである。以前は、神父による性的虐待に対してカトリック教会はほとんど対策を講じてこなかったのだが、インターネットによって性的虐待スキャンダルについての信者間の情報共有および連携がきわめて容易になったがゆえに、この市民団体は創設後、急速な集団的成長を遂げるとともに、教会への影響力を増大させ、当時の大司教の辞職と教会の改革をもたらしたのである。「忠実な信者の声」は「組織として〝ゆるい〟管理の（そして大半がオンライン上の）存在でありながら、強力な団体となった」のであり、カトリック教会の権威主義的な階層秩序を相対化した(16)。このように、ソーシャルメディアは、市民の結集能力および結社能力を拡張させ、さらにそれにより、市民の政治的あるいは準政治的な影響力を増大させているとみなすことができる。

以上のように、情縁社会変容あるいはメディア縁社会変容の技術的な基礎となっている現代のインターネットないしソーシャルメディアは、人々のソーシャビリティ（sociability）すなわち社交能力、社会能力、結社能力を増強しているのであるが、ソーシャル（social）という言葉には「社交の、社会の、結社の」という意味以外に、「社会改良の、社会福祉の、社会主義の」という意味合いもある。事実、ソーシャルメディアは人々の社会改良能力、社会福祉能力、社会主義能力を拡張しているとも考えられる。社会改良能力の増幅に関しては、すでに言及したように、中東・北アフリカ諸国での民主革命、フラッシュモブの政治的利用、「忠実な信者の声」のような市民結社の活動などにおいて示唆されている。社会福祉能力ないしボランティア能力の増幅についていえば、例として、災害や事故が生じた場合、ソーシャルメディアによって、リアルタイムの現場状況や安否にかかわる情報の伝達、被災者間での安全情報の共有、緊急災害救援ボランティア活動への情報提供など、互助的な支援活動やボランタリーな社会奉仕活動が促進されるといったことが挙げられる。社会主義能力の増幅については、結集・結社能力の拡張により、社会がより民主的でアソシエーショナルなものへと導かれるとともに、市民の政治的・準政治的な影響力が増強され、アソシエーショナルな市民社会主義への推進力が増大するということが推論される。

ともあれ、ソーシャルメディアは、人間のソーシャビリティ、すなわち社交能力、社会能力、結社能力、社会改良能力、社会福祉能力、社会主義能力などを拡張しうるメディアであり、（良くも悪くも）既存の社交・社会・結社のあり方をラディカルに変革する可能性を秘めたメディアだということができる。

## 第三節　情縁社会変容のゆくえ

前節までは情縁社会を支える技術的基盤としてのインターネットないしソーシャルメディアについて言及してきた。インターネットないしソーシャルメディアによって、人々は地縁、血縁、社縁の枠を超えたつながり、すなわち情縁、関心縁、趣味縁、メディア縁によって他者と容易につながることが可能になってきた。そして、これまでの地縁、血縁、社縁のつながりも、インターネットないしソーシャルメディアに依存する傾向が高まることにより、情縁化・メディア縁化・関心縁化している（人間関係全般の情縁化・メディア縁化・関心縁化）。さらに人々のソーシャルな能力、すなわち社交的・結社的・社会的・社会改良的・社会福祉的・社会主義的な能力が拡張され、それによって従来のソサエティ（社交・結社・社会など）のあり方が変容しつつある。ここまでのこうした論点をふまえたうえで、情縁社会変容の今後の見通しについて推考していきたい。

### ①ネットワーク格差あるいは情縁社交力格差の拡大

まず、ソーシャルメディアは従来の社交や結社などの能力、すなわち人々のつながりの能力を拡張し、旧来の社会や社交や結社などのあり方を変容させるのであるが、すべての人々の社交能力や結社能力が一律に拡張されるのではない、ということである。いいかえれば、能力拡張には個人差があるということである。たとえば、若者研究を行っている原田曜平は、昨今の若者の間に「ネットワーク格差」が生じていることを指摘している。[17]

原田によれば、人間関係ツールとしてのケータイ（携帯電話）利用により、若者の交友関係は幅広くなっている。メールやSNS、プロフ、HP、ブログ、ゲームなどは「現在の人間関係を維持する」とともに「新しい人間との出会いを広げる」ツールである。若者は新しい人に出会うとメールアドレスを交換するなどして知り合いの数を増やしていき、ネットワークが容易に拡大するようになっている。他方で、過去の友人とは携帯メールやSNSでつながっているので関係が継続しやすくなっている。つまり、ケータイによって、新しい人とつながりやすくなったのと同時に、過去の知り合いとは関係が途切れづらくなっているのである。このように若者たちの間では「知り合い増えすぎ」現象が生じている。

そして知り合いが増えすぎると、誰かと予期せずに必ず街で出会ってしまい、かつての「村社会」のように息苦しい監視社会が誕生する。ケータイの普及をきっかけに若者たちが巨大なネットワークを構築し、その結果、お互いに顔色を伺い、空気を読み合いながら協調性を保たなければならないような「新しい村社会」が生まれ、「村社会的な人間関係」が若者の間で復活したとされる(18)。

原田はさらに、こうした「新しい村社会」ないし「新村社会」は「ケータイをきっかけにして生まれた」「巨大なネットワーク社会」なのであり、そこでは「超ネットワーカー」が勝ち組になるという。つまり、「ネットワーク力のある者が幸せを感じ、ない者がおちこぼれる社会が到来」したというわけである。「新しい村社会」では、視野や行動範囲を狭めて縮こまる村人と、地域や偏差値を超えて活動の幅を広げる村人との間に「ネットワーク格差」が生じる、ということを原田は述べている(19)。ここで原田が示唆しているのは、ケータイやインターネットやソーシャルメディアによって、関心縁や趣味縁や情縁を契機として自由につながるメディアネットワーク社会が誕生すること、そして、これからはメディアに依存した人間関係の構築性や選択性が増大するがゆえに、メディアネットワーク力あるいは情縁社交力・メディア縁社交力を有する人とそうでない人との間に「ネットワーク格差」が生まれるということである。

インターネットやソーシャルメディアによってもたらされる情縁社会変容においては、人間関係の選択可能性ないしネットワーク構築能力が拡張されるのだが、もともと社交的だった人はソーシャルメディアを利用してますます社交的になり、元来、あまり社交的ではない人はソーシャルメディアを利用することが少なく、両者の「ネットワーク格差」や社交能力格差が増幅される傾向があると考えられる。つまり、「つながりが増える一方の世界では、多く絆を持つ人がさらにつながりを増やし、絆を持たない人はさらに大きな遅れをとることになりかねない」のである。このように、個人の有する社交能力あるいはソーシャルキャピタル（社会関係資本）という点において「富める者はますます富み、貧しき者はますます貧す」といった、いわゆる「マタイの法則」がみられるのであり、その結果、「ネットワーク格差が機会の格差を生み」、社会的不平等をさらに拡大することにつながる可能性も生じている。(20)

## ②情報の過剰なオープン化あるいは情報コントロールの困難化

インターネットやソーシャルメディアに依存した情縁社会化によってもたらされている現象の一つとして、岸博幸が指摘しているような「情報の過剰な共有」ということがある。岸によれば、インターネットにおいては、（i）ユーザーの行動履歴の過剰な共有、（ii）コンテンツの過剰な共有、（iii）SNSなどにおけるユーザーの個人情報の過剰な共有、という三つの「情報の過剰な共有」が存在する。

「ユーザーの行動履歴の過剰な共有」とは、企業がユーザーのネット上での閲覧履歴などの個人情報を利用してユーザーの関心に適合した広告を配信する、いわゆるターゲティング広告においてみられるものである。ターゲティング広告の手法においては、ユーザーの知らない間に個人のネット上での行動履歴が企業に共有されてしまうのである。「コンテンツの過剰な共有」とは、たとえば、グーグルのように多くのユーザーを集めて広告収入を増大させるために、ネット上で多くのサイトが無料のコンテンツを提供することである。ネット上では「無料か安価なコンテンツをユーザーが過剰に共有するのが当たり前になっている」のである。SNSなどにおける「ユーザーの個人情報の過剰共有」とは、たとえば、フェイスブックにおいてユーザーは自分の趣味やプライベートな写真や映像、友達のリストなどを公開・共有するようになっているということである（現在は停止しているが、フェイスブックの「ビーコン」という機能はユーザーが買い物をすると、自動的に友人に通知され、購買先に個人情報が流れるというものだった）[21]。

インターネットの「情報の過剰な共有」に関してとくに問題となることは、プライバシーの侵害である。いいかえるとそれは個人や団体の機密情報が流出するということである。岸は内部告発サイトのウィキリークスが米国外務省の外交公電などを暴露したことも「情報の過剰な共有」の一例としている。インターネットはもともと参加者が情報共有をするためのメディアであるといえるのだが、外に出すべきではない情報までもがオープンになってしまう傾向があるということである。「情報の過剰な共有」とは、情報がオープンにされるべきではない人々に対しても情報が流出・漏洩してしまうことを意味している。

たとえば、実名登録が原則のフェイスブックではユーザーのプライベート情報の過剰なオープン化によって、さまざまな事件が起きている。フェイスブックでは共通の友達がいれば、かつて交際していた相手の情報が伝わる。それをきっかけとして「元カレ」「元カノ」がよりを戻してしまい、現在の結婚生活を破綻させてしまうという「フェイスブック離婚」が増えているとされる。また、フェイスブックの交際ステイタス情報を見て、嫉妬に狂った男性が逆上して女性を殺害する事件も生じている。妻が交際ステイタスを「結婚」から「独身」に変更したことや、元妻が「独身」から「婚約中」に書き換えたことなどがこうした殺人事件の原因になったというのである[22]。情縁社会変容は相互監視社会化をもたらすのであり、こうした事件はユーザーの個人情報の過剰なオープン化ないし個人情報コントロールの困難化が招いた悲劇だといえる。

ウィキリークスの問題も各国政府に大きな衝撃を与えたが、岸が述べているように、「情報の過剰な共有」は「社会システムの観点からは全面的に許容できないし、何らかの修正を加えない限り永続的ではない」[23]。今後はネット情報に関する一定の管理・統制が進展し、適正な情報の共有、適切なオープン化ということが追求されていくと思われる。しかしながら、インターネットにおける情報の共有や情報オープン化は、ターゲティング広告による利便性増大、ＳＮＳの自己開示による交友の深化と拡張、リーク（内部告発）サイトなどの情報開示による公益性拡大といった諸利益をもたらすがゆえに、その最適解を求めることは少なからぬ困難を伴うと予想される。

### ③分衆化による視野狭窄化と集団分極化

インターネットは分衆化をもたらすメディアである[24]。そのことは先述したインターネットにおけるコミュニケーション形式の特性と深く関わっている。インターネットはマスメディアのような一対多の一方向的なコミュニケーションやパーソナルメディアのような一対一の双方向コミュニケーションとは異なる、多対多の双方向コミュニケーションを可能にしている。実際にWeb 2.0以降、ブログやＳＮＳや動画投稿サイトや各種口コミサイトなどによって「総表現者社会」が形成され、多くの人々が不特定多数の人々に対する情報発信能力を有するようになったということは、音声、文字、画像、動画といった多種類のメディアコンテンツがネット上の多種多様なサイトから発信されることを意味している。すなわち、衛星放送やケーブルテレビなどとともに、インターネットは現在のメディア環境において多メディア・多チャンネル化をもたらしているのである。

そして、こうした多メディア・多チャンネル化は、かつての情報の少品種多量生産を多品種少量生産へと転換させる。つまり、インターネット普及以前には放送局・新聞社・出版社といった少数の寡占的マスメディアが、少種類の情報を国民的大衆に向けて多量に広くばら撒く（broadcast）という状態だったのであるが、インターネットによって一般人の「総放送局・新聞社・出版社化」や「総ジャーナリスト化」が促進され、多数の情報発信主体が多種類の情報を関心や興味のある人々だけに少量を狭くばら撒く（narrowcast）ことになった。そこから分割された大衆としての分衆が出現することになるのである。

ただし、インターネット上にはソーシャルメディアだけでなく、各種ニュースサイトや電子新聞などのような

「マスメディア的なるもの」も存在しているがゆえに、一方的に大衆が分解して分衆化だけが促進されるというわけでもない。むしろ、フランスの社会学者M・マフェゾリのいうように「小集団制（部族性）と大衆化は並行して進む」状況が現出すると考えられる。(25) つまり、大衆を生成するブロードキャスティング・メディア（マスメディア的なるもの）と分衆を生成するナローキャスティング・メディア（ミドルメディア的ないしマイクロメディア的なるもの）が混在するインターネットにおいては、大衆化と分衆化の双方が同時並行的に押し進められると想定されるのである。

とはいえ、「脱中心的」ないし「多極中心的」な特徴を持つ双方向的な「多対多」のメディア・コミュニケーションの拡大によって、以前よりも分衆化が進展することは確かである。たとえば、それはソーシャルフィルタリングという現象において端的に確認できる。

ある事柄について人々が信頼できる情報を得ようとする場合、マスメディア時代にはテレビやラジオや新聞などからもたらされる専門家（プロ）による情報選別（フィルタリング）を受け入れていた。次にインターネットが普及してくると、人々は集合知による情報選別も参照することが可能になった。具体的には、口コミサイトやグーグル検索結果などによって、一部の専門家だけではなく一般の多数派の人々が支持している情報（ランキング情報など）も入手することができるようになったのである。さらにソーシャルメディアが成長してくると、自分と仲のいい人や自分と趣味や関心や意見の近い人の情報選別（ソーシャルフィルタリング）も参考にすることが増えてくる。とりわけ、自分にとって身近な人々、自分となんらかのつながりのある人々、ソーシャル（仲間的、友愛的）な関係にある人々の範囲内でのキュレーター（ネット上の目利きの人、もともとは学芸員という意味）による、あるいは（マスメディアコミュニティにおけるオピニオンリーダーとは異なる）比較的小さなメディアコミュニティにおけるマイクロインフルエンサーによる情報選別に依拠する傾向が高まってくる。(26)

自分にとって身近な人といってもかつては物理的近接、地理的近接、対面的近接という要素が重要だったのであるが、現在では情報的近接、関心的近接、メディア的近接という意味での身近な人が大きな影響力を持ちうるようになっている。それは自分と物理的・地理的に近い人よりもむしろ趣味や関心が近い人からの影響力が相対的に大きくなることを意味する。ソーシャルフィルタリングは仲間や友人による情報選別ということであるが、その仲間や友人の中でも情縁的・関心縁的・趣味縁的な仲間や友人の比重が高まってくるのである。となると、ソーシャルメディアにおけるセレンディピティ（serendipity：お宝情報を偶然に見つける能力、思いがけず幸福な出会いをする可能性）の水準はマスメディアにおける広範で無差別的な情報提供がもたらすものよりも相対的に低くなると考えられる。つまり、専門家のフィルタリングや集合知のフィルタリングに比べてソーシャルフィルタリングでは情縁的な仲間集団内部すなわち同一関心領域内部での閉域的な選別になる傾向がより強くなり、分衆化がさらに促進されると予想されるのである。

こうしたインターネットによる分衆化はいくつかの問題点を孕むことになる。一つは視野狭窄化ということである。インターネットとりわけソーシャルメディアによる分衆化は視野狭窄化や集団的ナルシシズム（自己陶酔）をもたらし、社会の一般的良識から大幅に逸脱した行動を導く可能性があるといえる。

インターネットにおける関心の共同体は同じ関心や趣味を共有する人々の間で相互作用を生み出し、関心を増幅させたり、趣味への没入度を高めたりする。それによって、社会の常識から大きくはずれた共同行為あるいはオフ会を行うこともありうる。たとえば、自殺のソーシャルメディアともいえる自殺系サイトにはもともとある程度、自殺に関心や興味のある人々が集まってくるのだが、自殺系サイトで同じような関心を有する人々と情報交換することをつうじて、さらに自殺への関心を深化させ、自殺念慮を強めてしまい、相互に誘い合ってネット心中ないしネット集団自殺を実行することがある。ネット心中とは「死のオフ会」の開催ということである。また、犯罪のソーシャルメディアともいえる闇サイトでは犯罪に関心や興味がある人々が集まり、そこでの似たような人々との出会いと相互交流によって、さらに犯罪志向を深め、相互に誘い合ってネット共謀犯罪を実行してしまうこともある。ネット共謀犯罪とは「犯罪のオフ会」ということである。このようにソーシャルメディアないしネット共同体は自閉化・タコツボ化することによって、現実の社会的逸脱行為にもつながりうるような視野狭窄化や集団的ナルシシズムをもたらす。

もう一つはこの視野狭窄化や集団的ナルシシズムの政治的帰結としての「集団分極化（group polarization）」ということである。アメリカの憲法学者キャス・サンスティーンによれば、「集団分極化」とは「同じような考え方の人間が集まって議論をすれば、前から考えていたことをもっと過激なかたちで考えるようになる、ということ」を意味している。いいかえれば、考え方が似通った人々の「グループで議論をすれば、メンバーはもともとの方向の延長線上にある極端な立場へとシフトする可能性が大きい」ということである。[27] たとえば、フェミニズムや人種差別主義といった思想を持った人が、同じような思想性を有する人々と議論していると考え方がより過激になってしまう、といったことである。

インターネット、とりわけソーシャルメディアはフィルタリング機能があり、考えの似たもの同士の交流を技術的に容易にするがゆえに、集団分極化への高リスクを生み出している。集団分極化はさきに触れた「祭り」や「炎上」のような「サイバーカスケード」（ネット内での段階的情報拡散、「サイバー」空間における「階段状の滝《カスケード》」のような情報の流れ。ある特定の事実あるいは見解が、多くの人が信じていそうだという理由だけで広くゆきわたる情報交換のプロセス）をもたらす可能性を増大させ、誤情報や偏った情報を多数の人々に広めてしまう傾向もある。[28] また、考え方の異なる人々の間での相互理解が困難になり、社会が分裂し、過激主義や憎悪、暴力を引き起こしかねないことになる。それゆえ集団分極化は「民主主義と社会秩序にとって潜在的に危険なものになる」のである。[29]

以上のように、インターネットとりわけソーシャルメディアがもたらす分衆化は、視野狭窄化、集団的ナルシシズム、集団分極化といった、いくつかの問題点を内包していると考えられる。

### ④ 関係性の変容

前述したように、情縁社会変容ないし情縁社会化とは、地縁・血縁・社縁といった従来型のつながりに加えて、インターネットなどの情報テクノロジーをインフラとする情縁、関心縁、趣味縁、メディア縁という新たなつながりが誕生したということだけを意味するのではない。それは人々のつながりのメディア依存度が高まることにより、人間関係全般が情縁化する、あるいは情縁的な特性を共有するようになる、ということをも意味している[30]。情縁という新たな種類の「縁」やつながりが誕生したということだけでなく、人間関係一般が情縁的な人間関係と同じような性質を帯びるようになってくるということである。それゆえ、情縁社会変容におけるつながりの現代化を考察するためには、情縁的な人間関係の特性を同定しておくことがきわめて重要であるといえよう。

#### (i) つながりの可視化とつながりの過剰

インターネットないしソーシャルメディアにおいて特徴的なことは、つながりの可視化ということである。携帯電話やパソコンのアドレス帳やＳＮＳのサイトにおいては誰が自分の知人・友人であるかということが視覚的に明確化される。アドレス帳やＳＮＳは自分の人間関係を映す鏡としての役割を果し、さまざまな他者との関係性を反省する契機を与えることになる。そしてそれにより絶えざる関係性の見直しも生じうる。つまり、つながりの可視化はさしあたり人間関係がより再帰的になることを意味している。

もう一つ、特徴的なことはつながりの過剰である。これは量的な側面では、すでに本節の①でも触れたように、携帯電話やＳＮＳなどではわざわざ削除操作をしないかぎり、登録された連絡先データが累積していくために、知人・友人の関係性が途絶することなく漸増していくということである。携帯電話やＳＮＳがない時代には、引越しをしたり、学校を卒業したり、勤務先を変更したりすると、それ以前の関係性が途切れやすい状況にあったのだが、携帯電話やＳＮＳなどに友人登録されていると地縁的・社縁的つながりが解消された後でも、メディア縁によって関係性は維持され、「知り合い増えすぎ現象」が生じるのである。周知のように、人間の脳はおおよそ一五〇人までの共同体的対人関係に対応可能だとされているのだが、人間の生物学的身体（能力）を拡張するメディアによって、一五〇人以上の過剰なつながりにも対応できるようになったといえる。

つながりの過剰は質的な面においては常時接続ということである。あるいはいつでも交信可能な状態にあるということである。携帯電話やSNSでは随意に好きな相手にメールを送信することや友人のホームページに書き込みを行うことができる。つまり、いつもつながっている状態になるのである。

### (ii)「純粋な関係性」と私的領域の民主化

情縁的な共同体について論及しているイギリスの社会学者G・デランティによれば、ヴァーチャル・コミュニティは「濃い」コミュニティや伝統的な有機的コミュニティとは対照的な「薄い」コミュニティである。なぜなら、ヴァーチャル・コミュニティは「強力な絆には基づいておらず、見知らぬ人々から成るコミュニティである場合が多い」からである。さらにヴァーチャル・コミュニティは「コミュニケーション・コミュニティ」、すなわち「開かれた対話的なプロセスとしてのコミュニティ」である。もともと「コミュニティは常にコミュニケーションを基礎にしてきた」のではあるが、「今日、コミュニケーションがよりいっそう従来の文化構造──『伝統的な』家族、親族、階級など──から自由になるにつれて、コミュニティが、多様なコミュニケーションの方式に基づく新たな形の帰属を受け入れるようになっている」。その場合の帰属は「対話的なプロセスの中で構築される」のである。

対話的な帰属に基づくコミュニケーション・コミュニティにおいては、つながりや紐帯は従来とは異なってくる。「個人はただ一つのコミュニティと結びついているのではなく、複数の重なり合う絆を」持つようになり、「集団への参加と脱退の可能性も広がって」いくのである。こうした参入と離脱が容易な多種類のコミュニティとの関わりは「高度に個人化された自我を必要とする」がゆえに、コミュニケーション・コミュニティは「かつての伝統的なコミュニティ」とは異なる「高度に個人化されたコミュニティ」となる。「個人主義の対立物ではない」脱伝統的なコミュニティが成立するというわけである。そして「伝統的な社会関係のくびきから解き放たれた個人は、よりいっそう自由になると同時に、よりいっそうオルタナティヴな社会的絆に期待を寄せるように」なるのである[31]。

アメリカの社会学者M・カステルもインターネットが「個人化されたコミュニティ」のインフラになっていることを示唆している。インターネットは「弱い関係性を維持する上で有効で」あり、「関心のコミュニティを構成するような新しい種類の弱い絆を作ることができる」のだが、他方で「インターネットは、距離を隔てて存在する強い絆を維持する上で積極的な役割を果すように見える」とも述べており、インターネットが「私」を中心とした濃淡のある人間関係ネットワークの維持に役立っていることをカステルは示唆している。

カステルによれば「我々の社会における新しい社会性のパターンはネットワークされた個人主義によって特徴づけられる」のであり、「ネットワークされた個人主義」とは「社会的なパターンであり、バラバラの個人の集合ではない。ここでは個人は、関心、価値、親近感、プロジェクトにもとづいてオンラインとオフラインでネットワークを形成する」。そして「オンライン・ネットワークの実践が安定化したときには、オンライン・ネットワークはコミュニティを作り出すかもしれない」とされる。インターネットは個人主義に基づいた社会性のパターンの形成に貢献している、というのである[32]。

以上のように、情縁的なつながりの特徴としては、「私」中心のネットワーク形成という意味で、まず「個人化」ということが挙げられるのであるが、さらに「選択化」ということも考えられる。個人である「私」が中心のネットワーキングであるがゆえに、相互作用する相手を自分で選択・選別することが可能になるということである。そしてその選択は一度だけで終了するものではなく、時間の経過とともに継続的に遂行される。つまり自己と他者との関係性の絶えざる見直しがなされるのであって、再帰的な選択が継続的に行われ、友人・知人の整理と再整理がつねに生じるということである。それゆえ、関係性は固定的・永続的なものであるというよりも流動的・一時的なものになる。

したがって、情縁的なつながりは個人的・選択的・再帰的・流動的な特性を有すると考えられるのであるが、こうした特性をもつ関係性はA・ギデンズがいう「純粋な関係性（pure relationship）」とみなすこともできる。「純粋な関係性」とは「性的かつ感情的に平等な関係」であり、「人々が社会関係にそれ自体のために参加している状況、すなわち各人が継続的に相手とつきあうことから得られるもののために社会関係に参加している状況、その関係の内部に留まるのに十分な満足感が生み出されていると双方が考えているかぎりにおいてのみ継続する状況」である。自由で開かれたコミュニケーションという規範が純粋な関係性の必須条件であり、強制から解放された自律的な自我を前提とした開かれた対話は、個人の要求を表現する手段であるだけでなく、関係が再帰的に組織される手段でもある。それゆえ、いつの時点であろうといずれか一方によって多かれ少なかれ自由に終わらせることができるということが、純粋な関係性の特徴である、とされる(33)。

このように純粋な関係性とは、その内部での自律した自我による自由で開かれた討議によってその関係性自体が再帰的＝反省的に再編されていくというだけでなく、どちらか一方によって思うままに終了してしまうような関係性なのであり、まさに、個人的・選択的・再帰的・流動的な関係性であるといえる。その意味で、情縁的なつながりは純粋な関係性をもたらしていると考えることができる。

純粋な関係性に関して重要なことは、それがたんに個人的・選択的・再帰的・流動的な関係であるというだけではない。純粋な関係性は私的領域の民主化ないし個人的生活の民主化をもたらすというさらなるインプリケーションも有している。「民主主義は討議を意味して」おり、「開かれた討論のためのフォーラムが設けられるべき」であるのだが、純粋な関係性の理念とは「連携の条件を決定することに諸個人が関与することであり」、純粋な関係性とはそれ自体のフォーラム（開かれた討論会）なのである。

また、「純粋な形態にほぼ等しいあらゆる関係は、その状況が不公平ないし抑圧的であると感じられるようになったときには、どちらか一方の側によって訴えられうる暗黙の『随意的に解除可能な契約（rolling contract）』を保持して」おり、「随意的に解除可能な契約は関係を基礎づける憲法のような仕組みであるだけでなく、双方による関係性の性質に関する協議に、すなわち開かれた話し合いにさらされている」。それゆえ、「政治的民主主義は諸個人が民主的な過程に自律的な仕方で参加するための十分な資源を有していることを意味している」が、「同じことが純粋な関係性においてもあてはまる」のであり、「私的領域の民主化は純粋な関係性に基づいて生じるあらゆる私的生活の潜在的な特質である」ということになる。情縁的なつながりを純粋な関係性として捉えてみるとそれは「民主主義としての親密性」に結びつく可能性を見出すことができるのである。

注

（1）「メディアコミュニティ」という用語を日本で初めて用いたのはおそらく科学技術評論家の永瀬唯である。永瀬唯『疾走のメトロポリス』ＩＮＡＸ、一九九三年、七九頁、を参照。

（2）奥野卓司「二〇世紀の生活とメディア」『二〇世紀のメディア　②速度の発見と二〇世紀の生活』ジャストシステム、一九九六年、八頁。

（3）Ｍ・マクルーハン（栗原裕・河本仲聖訳）『メディア論』みすず書房、一九八七年、二二頁、四六頁、六二〜六三頁、六七頁。

（4）森健『グーグル・アマゾン化する社会』光文社、二〇〇六年、六〇頁、梅田望夫『ウェブ進化論』筑摩書房、二〇〇六年、一二〇頁、西垣通『ウェブ社会をどう生きるか』岩波書店、二〇〇七年、四九〜五一頁。

（5）たとえば、二〇一〇年に起きた尖閣諸島中国漁船衝突映像流出事件（尖閣ビデオ流出事件）では、国境を侵犯した中国の漁船が海上保安庁の巡視艇に衝突した映像が一人の海上保安官によって動画共有サイト「YouTube」に投稿され、流出したのだが、このことはマスメディア関係者ではない一般人が社会的影響力のある「放送」能力を具備するようになったことを端的に示した。

（6）さらに二〇一〇年以降には、タブレット型情報端末やスマートフォンが普及しはじめ、それらが電子書籍端末として利用されることになり、新聞や雑誌がネット化されることになった。これはネット内でのマスメディア的なるものの割合が相対的に増大することを意味している。また、高速大容量ネット回線をつながったインターネットテレビの普及も、ネット内にマスメディア的なるものが包容されていくことを意味している。つまり、インターネットは従来のマスメディア的な放送・出版をその内部に取り込みつつあるということである（ちなみに、このことは従来のマスメディア的世論といわゆるネット世論との区分を、次第に溶解していくと考えられる）。この点においても、通信と放送の融合ということが進展しているのである。

（7）J・スロウィッキー（小高尚子訳）『みんなの意見は案外正しい』角川書店、二〇〇六年、二八頁。

（8）P・アスリーヌ、P・グルデン、F・オクリ、B・ロマン＝アマ、D・スーラ、T・フォン・ドロステ・ツー・ユルショフ（佐々木勉訳）『ウィキペディア革命』岩波書店、二〇〇八年、五四〜六八頁、八二〜八六頁。

（9）山本まさき・古田雄介『ウィキペディアで何が起こっているのか』オーム社、二〇〇八年、一六〇頁、湯川鶴章『爆発するソーシャルメディア』ソフトバンククリエイティブ、二〇〇七年、一〇頁。

（10）梅田望夫『ウェブ進化論』一七四〜一七七頁、一九五〜一九六頁。

（11）「ネットからデモの波」『朝日新聞』、二〇一一年一月二七日、ジョン・キム『逆パノプティコン社会の到来』ディスカヴァー・トゥエンティワン、二〇一一年、一八〇〜二三一頁。中東北アフリカ諸国におけるこうした民主革命は「フェイスブック革命」とも呼ばれている。

（12）有栖川礼音・井上トシユキ他『インターネット事件簿　祭られた人々』晋遊社、二〇〇六年、一三頁、一九頁、二〇頁、三五頁、四一頁、四七頁、七三頁、七九頁。

（13）荻上チキ『ウェブ炎上』筑摩書房、二〇〇七年、三六〜六一頁。

（14）伊地知晋一『ブログ炎上』アスキー、二〇〇七年、一〇頁、一八〜二〇頁。

（15）伊藤昌亮『フラッシュモブズ』NTT出版、二〇一一年、一二頁、三一頁、一〇八〜一一七頁、C・シャーキー（岩下慶一訳）『みんな集まれ！』筑摩書房、二〇一〇年、一六五〜一七一頁。

（16）C・シャーキー、前掲書、一四三〜一五二頁。

（17）原田曜平『近頃の若者はなぜダメなのか』光文社、二〇一〇年、二四八頁。

（18）前掲書、六八〜九四頁。

（19）前掲書、一三五頁、二二八頁、二四七〜二四八頁。

（20）N・クリキタス、J・ファウラー（鬼澤忍訳）『つながり　社会的ネットワークの驚くべき力』講談社、二〇一〇年、三七〇〜三七二頁。なお、メディア利用における「マタイの法則」については橋元良明『メディアと日本人』岩波書店、二〇一一年、一三五〜一三八頁、を参照のこと。

（21）岸博幸『アマゾン、アップルが日本を蝕む　電子書籍とネット帝国主義』ＰＨＰ研究所、二〇一一年、一八三～一九一頁。

（22）山脇伸介『Facebook　世界を征するソーシャルプラットフォーム』ソフトバンククリエイティブ、二〇一一年、一二七～一三二頁。

（23）岸博幸、前掲書、一九三頁。

（24）佐々木俊尚『キュレーションの時代』筑摩書房、二〇一〇年、四九～五〇頁。

（25）Ｍ・マフェゾリ（古田幸男訳）『小集団の時代』法政大学出版局、一九九七年、一六六頁。

（26）佐々木俊尚『キュレーションの時代』二一〇～二一一頁。

（27）Ｃ・サンスティーン（石川幸憲訳）『インターネットは民主主義の敵か』毎日新聞社、二〇〇三年、八〇～八一頁。

（28）前掲書、六五頁。

（29）前掲書、八二頁、九七頁。

（30）奥野卓司は情縁的な人間関係が「血縁を中心とした『家庭』の人間関係に反映される、つまり、血縁も『情縁』化していく」ということを指摘した。奥野卓司『第三の社会』岩波書店、二〇〇〇年、一〇八頁、を参照。

（31）Ｇ・デランティ（山之内靖・伊藤茂訳）『コミュニティ』ＮＴＴ出版、二〇〇六年、二三八～二三九頁、二六一～二六九頁。

（32）Ｍ・カステル（矢澤修次郎・小山花子訳）『インターネットの銀河系』東信堂、二〇〇九年、一四八～一五〇頁。

（33）A. Giddens, *The Transformation of Intimacy*, Polity Press, 1992, p. 2, p. 58, p. 137.（Ａ・ギデンズ（松尾清文・松川昭子訳）『親密性の変容』而立書房、一九九五年、一二頁、九〇頁、二〇四～二〇五頁）

（34）A. Giddens, *The Transformation of Intimacy*, p. 184, p. 186, p. 190, p. 192, p. 194, p. 195.（Ａ・ギデンズ『親密性の変容』二七一頁、二七四頁、二七九頁、二八二頁、二八五頁、二八六頁）

# 第五章　「世間学」再考

## 序

先年、物故した歴史学者の阿部謹也は「世間」に関する一連の研究を行い、「世間学」（ないし「世間論」）という新たな学問を提唱していた[1]。阿部の「世間学」は、現代日本の生活世界が西欧近代的な意味での「社会」ではないこと、そして日本では人々は「世間」の中に生きており、個人の自由や人権が抑圧されていることを問題とした。阿部によれば、「日本人が生きている生活空間の実質というものは、あえて言えば『社会』では」ない[2]。たとえば、企業や官庁で何か不祥事が生じた場合、責任者は「世間をお騒がせして申し訳ない」と謝罪するが、「社会をお騒がせして申し訳ない」とはいわない。このように日本人は「社会」というよりもむしろ「世間」の中で生きている。そして、「世間」が個人を縛るがゆえに、西欧近代的な個人が日本には存在していない、と阿部は論じたのである。

しかし、阿部自身も認めているように、「世間」は「わが国の学者たち」の大部分によって無視されてきた。「世間学」に反応した数少ない学者ですら、「世間」は封建遺制であり、「すでに十分論じられてきた」という立場をとった、と阿部はいう[3]。おそらく、阿部の議論は日本の社会科学界において、遅れて来た近代化論として、あるいは、かつての日本文化論の素朴な反復として等閑視されたのであろう。しかしながら、これまで日本の「前近代性」や「封建遺制」あるいは「文化的特性」についての議論は数多く存在するものの、「世間」という概念に関するかぎり、社会科学内部において十全に検討されてこなかったことは確かであり、その意味で阿部が「世間」それ自体について考察したことはきわめて大きな意義があったといえる。

昨今では「ＩＴ世間」ないし「ネット世間」に関する論議も登場し、日本の「世間」の現代的変容が語られている。さらに個人化や脱伝統化の進行による「世間」の解体を示唆する議論も多く見受けられる。こうした「世間」の変容や溶解が指摘される今日的状況を読み解くためには、阿部が遺した「世間学」を改めて検討し、その限界や難点だけでなく、その意義や功績をも再確認することが必要不可欠であると考える。

それゆえ本章では、「世間」の今後について考察するための準備作業として、まず、阿部の「世間学」の骨子を同定する。次に阿部の「世間学」を日本文化論・日本社会論の歴史的文脈の中に位置づけつつ、その特性と問題点を明らかにする。さらに「世間学」に関して阿部の学問的先行者である井上忠司の議論を参照することにより、阿部「世間学」の問題点をさらに浮き彫りにする。こうした批判的検討をつうじて阿部において曖昧だった「世間」概念をより明確化するとともに、阿部「世間学」の学問的功績についての一定の評価を試みることとする。

## 第一節　阿部「世間学」の梗概

はじめに、阿部が指摘する「世間」の特徴について確認しておきたい。第一に、「世間」とは「欧米にはない……日本独自の生活の形」、「日本人の生活の枠組」、あるいは「日本人の生活世界」だとされる(4)。また、「社会ではなく、比較的狭い範囲の人間関係」、「自分が現在関係を持っている人々と、今後関係を持つかもしれない人々の全体を指すもの」、「大人が互いに結んでいる人間関係の絆」、「個人個人が結ぶ関係の環」、「個人と個人を結びつけている人間関係の絆」とも記されている。[5] このように、さしあたり、阿部のいうところの「世間」とは、欧米とは異なる日本独特の生活世界や人間関係、とりわけ、日本の大人の狭い範囲の人間関係を意味している、といえよう。そして、その狭い範囲の人間関係でも、とりわけ「身内以外で、自分が仕事や趣味や出身地や出身校などを通して関わっている、互いに顔見知りの人間関係のこと」だとされるのである。[6]

第二に、世間には三つの掟ないし原則が存在する、とされる。一つめは、「贈与・互酬の関係」である。贈与・互酬の関係とは「与えたら返さねばならない」という関係である。すなわち「自分が行った行為に対して相手から何らかの返礼があることが期待されており、その期待は事実上義務化している」関係であり、「例えばお中元やお歳暮、結婚の祝いや香典など」などにおいてみられるものである。[7] 年賀状を送ることや葬祭に出席することにおいてもそうした贈与・互酬の関係がみられる。そして「世間という集団の中で無事に生きていくためには、互酬関係をきちんと結んでいく必要があり、贈答儀礼を守ることが世間を生きる人間にとって何よりも大切な義務となっている」のである（「世間」においては、さらにこの「贈与・互酬の関係」のほかに「義理・人情の関係」も存在する、とされる）。[8] 二つめは「長幼の序」である。それは「年長者に敬意を払う」ことであり、「先輩に対する礼儀」を重要視するということである。[9]「世間の中では、年上の人が基本的に重きをなす」というわけである。[10] 三つめは「共通の時間意識」である。たとえば、日本人の挨拶に「今後ともよろしくお願いします」という表現があるが、これは日本特有のものであって、欧米にはそのような挨拶はない。日本人は「世間」という共通の時間意識に中を生きているので、初対面の人でもいつかまた会う機会があると考えている。しかし、欧米では一人一人がそれぞれ自分の時間を生きているので、そのような共通の時間意識はない、と阿部はいう。[11]

第三に、「世間」は差別の温床である、あるいは、「世間」は排他的で差別的である、とされる。阿部によれば、日本人は公の会合では同窓会の仲間で固まろうとするし、外国では日本人だけでネットワークをつくる、といった排他的傾向がある。また、そうした「世間」以外の人間は「人間ではない」とされているがゆえに差別的でもある。[12]

さらに「世間」は被差別部落の人々も含まない。このように被差別部落民と外国人を「世間」は排除し、差別しているのであるが、その差別する側の「世間」の内部においても差別は存在する。[13]「世間」内部の差別に関しては、「世間の中で暮らす個人はきわめて不安定な立場にあり、いつ何時そこから排除されるか解らない危険に取り囲まれていた」と阿部はいう。個人は「世間」の中で不安定な状態に置かれており、自分の下に下位のものがいないと自分の存在自体が危うくなるので、何らかの形で劣位の存在をつくり上げることになる。そのような形をとって「世間」の中の差別は生まれてきた、とされる。[14]このような「世間」における差別の問題は、「世間」の掟の一つである「長幼の序」とも関連しているが、人権の問題ということでもある。阿部は「日本人の間には歴史的に見ても全ての人がまったく平等という発想は非常に希薄であった」と述べている。そして年功序列的な敬称など、日常的に使われている言葉の問題についての具体的な検討をつうじて、人間みな平等だという人権教育を行うことの必要性を説いている。[15]

第四に、「世間」においては「個人がいない」ということである。[16]あるいは、「世間の中での個人の位置は、ほとんどないに等しい」ということである。阿部が考える「世間」とは具体的には同窓会、学校、政党の派閥、歌壇、俳壇、文壇、会社、郷土の集団、隣近所、囲碁の会、お花の会、ＰＴＡなどの集団であるが、日本人はこうした自分が所属している集団と一体化している、あるいは日本の個人は集団に埋没している、という。たとえば、企業に埋没させられている人間（「社畜」）は、その個人の趣味や投票行動といったものまでその企業によって拘束される。自分の趣味や投票行動は自分で決めるというのが個人の人権の一部であるにもかかわらず、それができない。[17]「『世間』は『個人』というものを縛って」おり、「その縛りは非常にきつい」のである。それゆえ、日本においては、「個人は、今でも世間という枠の中で自己を主張できない状況が続いて」おり、「個人が意思表示をすることが容易ではない」のであって、個人として生きにくいのである。[18]また、「個人がいない」ということは人権の問題とも結びついている。なぜなら、「個人の権利を守る」ということが「人権の要」だからである。個人が尊重されないと

いうことは人権が尊重されないということにつながるのである。(19)

　第五に、「世間」は日本的な公共性であり、それは市民的公共性とは異なる、ということである。ヨーロッパの都市における市民的公共性は、諸個人（＝「私」）の欲望を満たしながら全体の平和を考えようとするときに生まれている。あるいは市民の欲望相互の対立を調整する必要から生まれている。他方、「『世間』は『個人』というものを縛って」おり、「私たちを拘束している」のである。日本人は「世間」を常に意識して暮らしており、「世間（＝周囲の人々一般）」が自分を監視していると日本人はみんな思っている。(20) とはいえ、「個人の生き方を規制し個人の行動に歯止めをかけている点」では、一つの公共的な機能を果していると考えられるのである。(21) この「世間」の公共性は、「私」の欲望を認めないということだけでなく、政府と対立する市民的公共性ではないということにおいても、ヨーロッパの公共性とは異なっている。日本では公《おおやけ》とは大きな家（大宅《おおやけ》）、すなわち天皇を中心とした支配者の家を意味しているように、官と公の区別がつかず、今でも天皇が君臨しているという形態になっている。日本においては市民自治的な公共性が生まれなかったがゆえに、官が公にかぶさっており、公共性が官に奪われている。(22) そして「日本の場合は公共性にあたるのは『世間』という言葉」であり、日本人は「『世間』の意向」という形で「自分の周囲に公共性を意識するものを持っている」のである。(23) ただし、その公共性は「人格ではなく、それぞれの場をもっている個人の集合体を維持するためのもの」なのである。(24)

　第六に、「世間」とは呪術的な世界である。阿部によれば、日本人の人間関係の奥底にはいまでも呪術的な世界観がある。(25) たとえば、ヨーロッパでは行われていないのだが、日本ではくじ引きやジャンケンで物事を決めることがある。(26) 吉日に建前をする、結婚式はできるだけ大安の日にする、友引の日には葬式はしないといった、六曜の暦注に関する民間慣行（迷信）も存在している。(27) また、建設現場の地鎮祭、棟上げ式、神社で絵馬を奉納することやおみくじをひくことなど、日本人は日常的に神々と呪術的な関係を結んでいる。(28)

　この呪術性は「世間」における贈与・互酬の関係や長幼の序および差別の問題とも関係している。中元・歳暮などのように、何らかの便益を受けたお礼として贈答がなされるが、このように贈答されるモノには呪術的な意味合いが色濃く残っている。贈与物には贈り主の霊があり、人と人の関係の背後には（義務的な互酬を強いる）呪術的な絆がある、という考え方がある。[29]また、兄と弟、先輩と後輩といった長幼の序も、呪術的なアニミズムに由来している。アニミズムにおいては全てのものには霊的な生命が宿っており、年を経たものにはそれなりの重みがあり、たとえば古木には木の霊が宿っている、と考える。人間も年をとればとるほど尊重すべきだ、という考え方は呪術的であることを阿部は示唆している。

呪術的な発想に基づいて、対等ではない関係、あるいは上下階層関係が日本社会に深く浸透している。[30]日本社会では聖と俗が未分離であり、古代以来のケガレの意識が今日まで生き残っているのであり、そのケガレ意識は被差別部落民や罪を犯した者を排除・差別することにつながっている。阿部は「わが国の人間関係の中から呪術的なるものすべてを否定することはできないだろう」としながらも、「人間関係の中にある程度は合理的なものを導入しなければ、わが国の民主主義も人権問題も到底現実には達成できないだろう」という。[31]

第七に、「世間」は所与のものとして意識されている、ということである。「世間」というものは、何か与えられたもの、その中に自分がいるものとして考えられてきた。[32]また、日本では「世間」は変わらないと思われており、個人も変わらないことを望んでいるという傾向がある。日本に革命が起こったことがないのは、世間意識というものがあるからだ、と阿部はいう。[33]「世間」は本来、「壊され否定されるもの」という意味のサンスクリット語 loka（ローカ）の訳語として生まれた言葉であるがゆえに、日本では古来より現世否定的にこの世を「穢土」として表現し、「世間」を無常と見なし、変わることのない運命として受け止めてきた。[34]それに対して、「社会」という概念は「世間」とは根本的に異なっており、社会をつくるのは個人であって、どういう社会をつくるかはその個人たちの集合体に任されている。個人たちが集まって社会を変えたいと思えば変えられるといった、民主主義的な意味合いを「社会」は持っているが、「世間」にはそうした意味合いはない。「世間」は与えられたものであって、それを変えることはできないと考えられてきた、とされるのである。[35]

「世間」はおおよそ以上のように、（1）欧米にはない日本人独特の生活世界、（身内以外の）日本人の狭い範囲の人間関係であること、（2）「互酬・贈与の原則」、「長幼の序」、「共通の時間意識」という原則（後に「義理・人情の関係」という原則も追加された）が存在すること、（3）排他的かつ差別的な世界であること、（4）個人が不在であること、あるいは個人が集団に埋没していること、（5）欧米的な市民的公共性ではなく、官と公が区別されない日本的な公共性であること、（6）呪術やアニミズムが支配する世界であること、（7）所与のものであり、人為的に変革できないものとして意識されていること、といった特徴をもつのである。そして具体的には、同窓会、学校、政党の派閥、歌壇、俳壇、文壇、会社、郷土の集団、隣近所、囲碁の会、お花の会、PTAなどの集団を意味しているが、場合によっては日本人全体が「世間」とみなされることもある、と阿部は述べている。[36]

このような「世間」はかつてヨーロッパにも存在していた、とされる。阿部は「ヨーロッパの十一世紀以前の社会は基本的には日本の世間と同じような人間関係をもった社会であった」という。[37]たとえば、阿部は「アイスランドサガ」という古ノルド語の散文詩の史料を紹介して、十一世紀以前のアイスランド社会おいては、個人が集団の中に埋没していたこと、あるいは血縁集団と自己とが一体化していたことを示している。[38]「アイスランドサガ」においては、個人の内的世界が全く描かれておらず、血縁集団の自尊心や名誉を守るための復讐の義務に基づく私闘や争いが描かれており、日本の世間と同じように、人々の噂というものが重要な役割を有していた。[39]

また、十一世紀以前のヨーロッパでも互酬・贈与の関係が存在していたことの証左として、ゲルマン古法における贈与行為の有償性の原理や、ヨーロッパ初期中世における支配者たちによるポトラッチ的な贈与行為などを挙げている。[40]さらに、中世盛期以前のヨーロッパにおいて犯罪に対する「処刑」が祭祀・供犠として行われていたことを指摘することによって、かつてはヨーロッパも非合理的・呪術的な世界であったことを阿部は明らかにしている。[41]

しかしながら、ヨーロッパにおいては、十一世紀以降、キリスト教の伝播、とりわけカトリック教会における告解の普及と自治都市の成立などを契機として、個人が誕生した[42]。キリスト教の普及により「成人男女が、一人一人が自分の内面についてはじめて自分で観察し、それを司祭の前で語る義務を負った」のである。このように自己の罪深い行為を他者に告白することが義務化されることによって、自己の内面に目覚めた個人が生まれてくる[43]。「罪を自己の内面の問題として意識するきっかけをつかんだことこそが」個人の発見となるのである[44]。あるいは、自己を語るという行為こそが個人と人格の形成の出発点にある、とされるのである[45]。また、都市が形成されたことにより、「農村からそこへ出て行ってそこで何をするかということは個人の選択の範囲に入って」くる[46]。「十二、三世紀以降に成立した都市に出て行った青年たちは、旧来の伝統的な共同体から離れて新たに自分」独自の生き方を考えることができるようになったのである[47]。西欧中世の都市法においては、市民の人格的自由が基本になっている。人格的自由とは他の人に拘束されないことを意味している。この人格的自由の他に土地所有の自由、結婚の自由、移動の自由、平和の享受、アジール（聖域）の権利などが西欧中世の都市法において認められたのである[48]。西欧の個人は長い年月をかけてこのような市民として形成されていったのだが、市民の発端は十二世紀にあった、と阿部は述べている[49]。

また、キリスト教の告解マニュアルである贖罪規定書の中で、自然世界との呪術的な関係が罪として記録されていることからわかるように、キリスト教によって呪術的なアニミズムは全部否定されたのである。「自然世界との呪術的関係を断ち切ることによって、西欧における個人は成立したのである[50]」。そして「呪術が否定されたことによって贈与・互酬慣行も現実に機能しなくなった」。つまり「個人の成立は同時に『世間』の解体であった」というのである[51]。

以上のように阿部によれば、ヨーロッパでは十二世紀頃から、とりわけキリスト教によって呪術が否定され、個人が誕生し、「世間」が解体されていったのであるが、日本では現在でもなお、「世間」が残存しているのである。明治時代以降、日本は近代化を促進するために欧米からさまざまな文化を輸入し、制度の合理化を図ったのだが、その際、欧米の概念が翻訳され、公的な世界に流布していった[52]。たとえば、明治一〇年（一八七七年）に「社会」という言葉が、明治一七年（一八八四年）に「個人」という言葉が、それぞれ society, individual という西欧語の翻訳語として新造された[53]。しかしながら、他方で、親子関係や人間関係一般は欧米化せず、伝統的な義理人情の世界として生き残った[54]。

明治政府が「近代化」政策を始めたとき、古来の人間関係には手をつけることができず、そのまま残されたのである。それゆえ、「近代的システム」と（「歴史的・伝統的システム」としての）「世間」が、互いに対立する性格をもちながらも、結局は協力しあって近代日本を作り上げてきた[55]。日本は明治時代以降、近代化を標榜しながら、その内側に古い「世間」という人間関係をかかえてダブルスタンダードな社会として形成されたのである[56]。日本人はこの二つの世界の中でダブルスタンダードな生活を余儀なくされ、この二つの世界で生きている[57]。日本では「社会」と「世間」という二つの用語の世界があり、「社会」は貨幣経済を軸とする表向きの構造を持つのに対して、「世間」は主として対人関係の中にあり、そこでは贈与・互酬の原則が主たる構造をなしている、と阿部は述べる[58]。阿部は現代日本において近代的・合理主義的な「社会」と歴史的・伝統的な「世間」（「非合理的で感情的な義理人情の世界」）とが並存している、とみなしている[59]。いいかえれば、現代日本人はタテマエの「社会」とホンネの「世間」という二重世界に生きている、ということを阿部は主張しているのである。まとめてみると、ヨーロッパでは十二世紀以降より解体した伝統的ないし前近代的な人間関係の世界である「世間」が、日本ではフォーマルな「社会」の裏側にあるインフォーマルな日常生活世界としていまだに存在している、というわけである。

## 第二節　日本文化論としての阿部「世間学」

おおよそ以上のような阿部謹也の「世間学」は一つの日本文化論ないし日本社会論を展開しているものと見なす

ことができる。つまり、欧米との対比において、日本では社会の内部に前近代的な人間関係が残存し、個人が集団に埋没しており、個人の自由や権利が十分に認められていないことを指摘したのであり、それは外国を比較対象とした日本社会や日本文化の特色を明示したという意味で、阿部「世間学」を日本文化論・日本社会論として捉えることは可能である。

そこで、さしあたり、阿部「世間学」を戦後の日本文化論の文脈の中に位置づけてみようと思う。そうすることによって、「これまでわが国のあらゆる学者たちによって忌避されてきた」言葉である「世間」を分析した、ある意味では独創的で斬新な研究とも考えられうる阿部「世間学」を相対化してみたい(60)。

戦後の日本文化論の展開に関する研究としては、すでに文化人類学者の青木保によって一九九〇年に公刊された『「日本文化論」の変容』という著作がある。また、一九九〇年代の日本文化論・日本社会論についてはジャーナリストの石澤靖治が『日本人論・日本論の系譜』（一九九七年）という著書において整理をしている。そこで、この青木と石澤の議論に依拠しつつ、一九九〇年代中頃までの日本文化論の文脈について確認していこう。

一九四六年に原著が出版され、一九四八年に邦訳が出されたルース・ベネディクトの『菊と刀』を、青木は戦後日本における日本文化論の起点として位置づけている。この『菊と刀』が従来の日本研究書と大きく異なる点は、①文化相対主義的立場、②「アメリカ（欧米）対日本」という意識的な比較である。そして難点が多々あるにもかかわらず、『菊と刀』は日本人と日本文化の全体像を示そうと試みたことによって、「日本文化論」のジャンルを形づくることになった、とされる(61)。

青木に従えば、『菊と刀』が提起した論点は、第一に日本の社会組織の原理としての「集団主義」、第二に日本人の精神的態度としての「恥の文化」である。ルース・ベネディクトは「世間」（＝集団）の前での恥が人の行動の標準であるような社会は「恥の文化」であるとしており、「集団主義」と「恥の文化」は密接に結びついているのであるが、この二つの点は日本文化の特徴として「欧米」文化と比較した上で指摘されている。そしてこの二つの点はその後の「日本文化論」の主要論点となったのである。[62]

青木はこの『菊と刀』を戦後日本文化論の出発点として、その後の展開を四つの時期に分けている。第一期は「否定的特殊性の認識」の時代（一九四五〜一九五四年）、第二期は「歴史的相対性の認識」の時代（一九五五〜一九六三年）、第三期は「肯定的特殊性の認識」の時代（一九六四〜一九八三年）、第四期は「特殊性から普遍性の認識」の時代（一九八四〜一九九〇年頃）である。

第一期「否定的特殊性の認識」の時代には、川島武宜による日本の家族的原理批判や丸山真男の日本ファシズム批判に代表されるように、「前近代的」「封建遺制」「非合理的」「反民主主義的」などのラベル貼りで日本社会が捉えられた。敗戦による反省から日本の封建的・前近代的な「特殊性」が否定される必要があった。この時期には、戦前戦中の「皇国史観」の天皇制と軍部独裁を許した理由を、封建的社会関係と日本社会の前近代性と非合理主義に求め、それらを「否定」して、日本はあらためて近代的な民主主義国家として出発しなければならない、と主張された。すなわち、日本の仰ぐべきモデルは「欧米」であって、近代化・民主化を旗印として日本社会の「後進性」が批判されたのである。[63]

第二期「歴史的相対性の認識」の時代になると、日本文化の位置づけについて「否定」の見直しがなされるようになった。「もはや戦後ではない」と『経済白書』が宣言した一九五五年を境にして、日本文化への新しい見方が出現したのである。この時期に特に大きな影響を与えた論文は加藤周一の「日本文化の雑種性」と梅棹忠夫の「文明の生態史観」である。加藤の主張は、イギリスやフランスの文化が純粋種であるのに対して、日本文化は雑種であり、その雑種性の積極的な意味や可能性を見出すべきであるとして、日本人の「和洋折衷」的生活様式を肯定するものであった。梅棹の議論は世界を第一地域と第二地域とに分け、先進国である日本と西欧を第一地域として両者の「平行進化」を説くものであった。高度の近代文明を持つという点では、他のアジア諸国と比べて、日本は西欧に似た状態にある。西欧と日本はユーラシア大陸の西端と東端にあり、その生態学的な位置と歴史的位相において大変似た条件を持っていたのであり、日本の近代化は西欧の模倣ではなく、「生態史観」からすると必然の成り行き（「平行進化」）であった、と梅棹は述べた。加藤と梅棹の両者においては、日本の「後進性」への「否定」は見られず、「比較文明論」的に日本の可能性を積極的に主張することによって、日本の独自性の相対評価をもたらしたのである(64)。

第三期「肯定的特殊性の認識」の時期においては、世界の先進諸国と並ぶ産業化に成功した日本システムの優秀さの自己確認が行われた。この時代の代表的な「日本文化論」としては、まず、中根千枝の『タテ社会の人間関係』と作田啓一の「恥の文化再考」が挙げられる。中根は日本的社会構造において、①場の強調、②集団の一体感、③親子関係に擬せられる「タテ」の人間関係といった特徴を指摘した。中根の「タテ社会」論は、日本社会について肯定的な評価を一方的に下しているわけではないが、日本近代化の成功や日本企業の「集団主義」を積極的に評価する論理だと認められ、その後の「日本的経営」の基礎理論として活用されることになった、と青木はいう。作田の「恥の文化再考」論は「公恥（公開の場の嘲りに対する反応）」と「羞恥・私恥（自己と他者の志向の食い違いへの不安）」とを区別して「恥の文化」の肯定的側面を主張した。「恥」の肯定面としては、目的達成の動機づけと競争の抑制（羞恥によって競争における自己顕示が限界を画される）ということがあるが、「恥」が目的達成のモチーフとして近代化の動因になっただけでなく、羞恥が競争の抑制による人々の連帯をもたらすことで、日本社会がバランスよく発展するということが強調された。中根と作田はともにベネディクトの論点（「集団主義」と「恥の文化」）を継承しながら、その肯定面を主張した、とされる(65)。

七〇年代に入るとベネディクトのこの二つの論点は、精神医学や心理学という異なったアプローチによりさらに展開された。その代表としては土居健郎『甘えの構造』と木村敏『人と人との間』がある。土居は日本人の「心性」と「人間関係」の基本に「甘え」があり、それは「依存性」であり、「幼児的」なものであるとし、「甘え」は「非論理性」や「閉鎖性」をもたらすとして批判的観点を示したが、他方で、「甘え」が子どもの成長にとって必要であるといった積極的役割や、「甘え」における無差別平等や包容性・寛容さといった肯定的意味を指摘した。青木に従えば、土居は「『近代的自我』の欠如を指摘する日本人批判に対して『甘え』による『他人依存』的『自分』の積極的擁護」を行ったのである。[66] 木村敏は日本人の「自己」を西洋人の「自己」と対比させながら考察し、日本人は自己の存立根拠を自己自身の内部に持っておらず、「私」が誰であり、「汝」が誰であるかは、そのつどの「私」と「汝」との間、つまり人と人との間のあり方によってそのたびごとに規定しなおされる、と説いた。[67] この木村の主張においては「西欧」的個人主義の優位は評価されておらず、日本人の「自分」の積極的評価が示唆されている、と青木は解釈している。[68]

一九七〇年代後半の濱口恵俊による『「日本らしさ」の再発見』では、「集団主義」と「恥の文化」、そして日本社会の「家族的構成」について検討が加えられる。濱口は西欧の「個人主義」に対する日本人の特性を「集団主義」ではなく、「間人主義」だと主張し、それ自体自立した人間のあり方だとする。伝統的に連帯的自律性を示す日本人においては、西洋的個人主義を理想としなくても近代的な生活を営む上で障壁はなく、むしろ、機能的により優れた生活を営む可能性が付与されているとして、日本は「欧米モデル」を典範とすべきではないという姿勢が示されるのである。[69]

七〇年代の終わりになるとそれまでの「日本文化論」の「肯定的特殊性」を総括するような議論が出現する。それは村上泰亮・公文俊平・佐藤誠三郎の『文明としてのイエ社会』とエズラ・ヴォーゲルの『ジャパン・アズ・ナンバーワン』である。『文明としてのイエ社会』は「日本近代化の特性」解明を目的とする共同研究であるが、戦後日本経済の成功の自信の上に立って「日本近代化」が評価されており、「集団主義」と「近代化―産業化」が両立するだけでなく、今後はむしろ優位に働くという論旨展開になっている。また、「集団主義的文化」の下においても、「分権的で非専制的な社会」は存在しうると主張している。日本の「イエ型組織原理」とそれに従属してきた「ムラ型」社会関係が西欧化ではない近代化を達成し、それは大きな可能性を秘めている、として肯定的に評価されたのである。ヴォーゲルの『ジャパン・アズ・ナンバーワン』では、「集団主義」と「恥の文化」の肯定的で積極的な作用が、教育効果、コンセンサスの作り方、政府の実力主義と民間の自主性、総合利益と公正な配分を支える集団力学、企業における社員の一体感とグループ精神などにわたって論じられている。それは「肯定的特殊性の認識」を主張する「日本文化論」を総集成するような役割を果した、と青木は述べる(70)。

第四期「特殊性から普遍性へ」の時期においては、「高度成長」経済大国日本への風当たりが国際社会において強くなり、さらに特殊日本的な「日本的経営」に関しても礼賛から批判へと風向きが変わってきた。そして「日本叩き」的な論調が欧米において現われるようになった。ピーター・デールの『日本的独自性の神話』や、ハルミ・べフの「イデオロギーとしての日本文化論」や対日貿易戦略基礎理論編集委員会編の『公式的日本人論』、カレル・ウォルフレンの「日本問題」などに見られるように、日本文化肯定論が批判され、日本文化の否定的要素が指摘されるようになった。欧米を世界基準とした「普遍性」や「国際性」が日本に要求されたのである(71)。さらに一九八九年以降は、ウォルフレンの『日本権力の謎』とジェームズ・ファローズの『日本封じ込め』に代表されるような日本批判において、日本の独自性は「否定的特殊性」として非難されるようになったのだが、こうした日本叩きの議論は「肯定的特殊性の認識」を基本とする「日本文化論」の裏返しの性格を示していた。「欧米」対日本という一元的な図式において、日本の「普遍性」の欠如が批判されたのである(72)。

青木はこのように、戦後日本文化論の軌跡を辿ったうえで、「普遍性（反文化相対主義）」と「個別性（文化相対主義）」のバランスが求められているとして、「日本文化」の「独自性」の強調も必要ではあるが、「日本文化論」はいまより開かれた「普遍性」に向かい、世界を構築する「普遍」理論の一部となるべく展開されるべきときを迎えた、と述べている。そしてそうすることで、「国際化」の動きの中で「日本文化論」の陥った閉じたサイクルから抜け出すことができる、と論じている(73)。一九四五年から一九九〇年頃までの「日本文化論」において、欧米を基準とした日本の特殊性・個別性・独自性（「集団主義」や「恥の文化」など）に関する議論が、否定→肯定→否定と循環してきたことを青木は示したのであり、それをふまえて、今後の日本文化論がより開かれた普遍性を追求することを期待したといえよう。

青木の『「日本文化論」の変容』は戦後日本文化論の変容を一九八〇年代末まで辿った研究であったが、一九九〇年代（一九九七年まで）については石澤靖治の『日本人論・日本論の系譜』が取り扱っている。石澤は一九八〇年代より日本批判を展開したウォルフレンやファローズらを、当時のアメリカのジャーナリズムが命名したように、「リビジョニスト（日本見直し論者）」として位置づける。(74) リビジョニストの六要素として石澤があげているのは、①文化的特質を否定、②欧米中心主義的発想、③差異を主体とした考え、④マスメディアに対する批判、⑤政治と結びついた言論、⑥経済学に対する批判、である。①の文化的特質の批判とは、日本を「文化」という観点で見ることにより、現状の問題点を覆い隠し、システムの中で利益を得ている人々がシステムの維持を計ろうとしている点を批判しているということである。②の欧米中心主義的発想とは、欧米を基準として日本を把握しているということである。③の差異を主体とした考えとは、日本が欧米とは異質である、とする発想である。④のマスメディアに対する批判とは、日本のマスメディアが日本「システム」を維持することに寄与している点を批判しているということである。⑤の政治と結びついた言論とは、当時の日米関係の状況において彼らの言論が政治的に大きな影響力をもった、ということである。⑥の経済学に対する批判とは、自由市場主義的な経済理論や自由貿易論が日本には通用しない、ということである。(75)

石澤は、いわゆる「日本バッシャー」とされるウォルフレンやファローズらが、②、③、⑥に見られるように、欧米中心主義的な日本異質論を展開したことだけでなく、それ以外に、①、④、⑤のように、彼らが日本を「文化」（「日本人論」）というよりもむしろ、政治経済的な「システム」（「日本論」）とみなしているという点を指摘している。つまり、八〇年代前半までは文化人類学や社会心理学的観点から日本の異質性を国内的に説明する「日本人論」が論じられてきたが、それ以降は、とくに海外から日本の異質性の理由を日本の政治経済システムに求める

「日本論」が書かれるようになった。リビジョニストたちは日本の異質性が日本の「文化」にあるのではなく、むしろ日本が近代においてつくり上げた「システム」にあると考えたのである(76)。

こうした脈絡において、この近代日本のシステムについて明確な説明を行ったのが、野口悠紀雄の『一九四〇年体制』という「日本論」である。この著書における野口の論点は、日本が戦時体制を固めた一九四〇年前後の政治経済システムが戦後も生き残り、それが現在の日本の異質性を形成している、ということである（その典型的な事例が日本企業の終身雇用制であり、それは戦前・戦時の国家総動員体制において、企業が戦争に向けての生産力増強と労働力安定的確保のために採用した制度である。また、官僚による経済統制体制も、一九三〇年代中頃の「事業法」と第二次近衛内閣の「新経済体制」において民間企業に対する官僚による統制の仕組みが出来上がり、現在まで続いている）。そして、日本型システムが歴史や文化に根ざしているという考え方は、宿命論に結びつきやすいが、現在の体制は日本の歴史において特殊例外的であり、原理的に変革可能であると、野口は認識している。現在の日本の特殊性を文化ではなく、システムと捉えることによって、野口の『一九四〇年体制』は戦後の「日本人論」に終止符を打つものであるかのようにも思われた(77)。

しかし、この野口の「日本論」に対する異論として、榊原英資によって「文化」から日本を捉える「日本人論」がほぼ同時期に展開された。榊原英資は『文明としての日本型資本主義』において、日本には日本型の資本主義があり、欧米型資本主義は普遍的なモデルではない、ということを主張した。日本社会や日本文化の独自性は「イエ社会」や「日本型個人主義」に求められ、アメリカ型資本主義が批判された。榊原の考えは、欧米の発想を中心として日本の政治経済システムの問題点を指摘するリビジョニストの発想の対極に位置するものであり、日本型資本主義肯定論を展開し、日本型システムを「文化」として肯定したのである(78)。

先に見たように、戦後の日本文化論は欧米を基準とした日本の特殊性や異質性に関して、否定→肯定→否定というサイクルを示した。九〇年代以降は「文化」ではなく、野口に見られるように「システム」という視点から（欧米的）普遍性に向かう動きが出てきたが、他方では、榊原に見られるように「システム」という見方を受け入れつつも「文化」という観点から日本的特殊性を擁護・肯定する議論も現われた[79]。つまり、九〇年代には日本の特殊性や独自性に関する肯定も否定も混在する状況が生じてきたといえるのである[80]。

さらに、日本文化論・日本社会論が置かれた新たな歴史的環境として、グローバリゼーションということがある。青木が『「日本文化論」の変容』を公刊した一九九〇年以降、「国際化」という言葉に代わって「グローバリゼーション」という用語が流通するようになった。グローバリゼーションの流れの中で、冷戦終了後の資本主義経済システムによるグローバルな統合だけでなく、ＥＵに見られるようなリージョナルな（国民国家上位の地域）統合も進展し、アジアにおいては東アジア共同体構想も現出するようになった。日本と東アジア近隣諸国との緊密な連携が深まるにつれて、欧米だけを基準とするような日本文化論は再考されるべき状況になりつつある。つまり、東アジア近隣諸国などとの比較における日本文化論も考究される必要性が生じてきたと考えられる。日本のナショナル・アイデンティティを確立するためには、欧米との差異だけでなく、東アジア諸国などとの差異をも明確化しなければならなくなったのである。日本文化論・日本社会論は九〇年代以降のグローバリゼーションに伴い、欧米と対比しているだけでは世界に開かれた文化論・社会論とはいえない状況になったといえよう[81]。

こうした九〇年代以降の日本文化論・日本社会論の文脈の中で、阿部謹也の「世間学」が登場したのである。すでに確認したように、阿部の「世間学」は欧米と比較して日本の社会にはいまだに「世間」が残存していることを指摘し、「世間」を批判的に捉えたものだった。「世間」という日本の「文化」的特殊性・前近代性を否定的に評価し、日本において個人を前提とした西欧近代的な「社会」を希求したという点で、阿部の「世間学」は一九四五年から一九五四年にかけての欧米を鏡とした「否定的特殊性の認識」を再説したものと見なすことが可能である。明治維新期を「第一の開国」の時代、太平洋戦争直後を「第二の開国」の時代、一九九〇年代以降のグローバリゼーションが進展した時期を「第三の開国」の時代だとすれば、戦後日本文化論の過去の業績をほとんど顧みなかった阿部の「世間学」は、「第三の開国」の時代に、一九四五〜一九五四年頃の「第二の開国」時代の「近代化論」や日本文化の「否定的特殊性の認識」を素朴に反復している、という印象を与えることになったといえよう。いいかえれば、グローバリゼーションの時代に移行し、日本文化論も新たな展開を示すべき時期になったにもかかわらず、相変わらず欧米社会のみを基準として日本社会の遅滞や欠陥を指摘し、ひたすら欧米的な近代化を説く、周回遅れの日本文化論・日本近代化論といったイメージで阿部の「世間学」が捉えられたと推理されるのである。

では、なぜ阿部が過去の日本文化論や日本社会論を回顧・点検しなかったかといえば、それは「世間」概念を日本の前近代性を象徴する特殊性として自分が初めて俎上に上せた、という阿部の自負心によるものであったように推測される[82]。もっとも、この推測が妥当なものかどうかは議論が分かれると思われるが、ともあれ、阿部が日本文化論や日本社会論の遺産をほとんど無視したことは確かである。阿部は「世間」という日本社会の「特殊性」を指摘したわけだが、否定的であれ、肯定的であれ、日本的な「特殊性」はこれまで、「恥の文化」、「集団主義」、「イエ」、「ムラ」、「社会の家族的構成」、「タテ社会」、「甘え」、「間柄主義（間人主義）」などの概念によって語られてきたのであり、それらはすべて欧米的な「個人主義」やそれに基づく「（近代市民）社会」とは異質なものとして提示されてきた。

少なくとも阿部は自分の「世間学」とそれまでの日本の「否定的特殊性」を指摘した日本文化論の先行研究との関係について言及すべきだったのではないか。その言及がまったくといっていいほど欠如していたがゆえに、阿部「世間学」は、終戦直後に日本の「前近代性」や「封建遺制」について批判した「近代化論」と同列の議論を、視点を変えて単に反芻しただけ、という受け止め方をされたと考えられる。阿部自身は、社会学者の多くが「世間」を無視している理由は、学会そのものが「世間」であり、「世間」を分析するためには学会のあり方を分析しなければならなくなるからだ、としているが、それよりもむしろ、「世間」とともに個人を抑圧してきた「イエ」や「ムラ」について論じた、日本社会科学や日本文化論との連関性を阿部がまったく提示しなかったからではないだろうか。[83]「世間」が学会から無視された理由は、学会＝「世間」ということにあったというよりはむしろ、阿部自身が日本社会科学における学問的蓄積に論及しなかったことにあったと推論されるのである。

さらに、阿部が先行研究に言及していないといえるのは広く「日本文化論」一般についてだけではない。じつは「世間」それ自体に関する先行研究についても点検を怠っているように思われるのである。このことは阿部の「世間」概念の曖昧さと深く関わっている事柄である。次節ではこの点について検討することによって、阿部「世間学」の問題点をさらに明確にしたいと思う。

## 第三節　「世間」と「イエ」・「ムラ」・「ウチ」

阿部は「世間」について初めて本格的に考究したのは自分である、と考えていたようである。[84]しかし、実際には、阿部に先立って「世間」について検討した研究として、社会心理学者の井上忠司による『「世間体」の構造』（一九七七年）がある。この著書において井上は「世間」の構造を明らかにするとともに、「イエ」と世間との関係についても説明している。後発の阿部はこの井上の業績を十分にふまえた議論をすべきであったのだが、その作業を行っていないために、阿部の「世間」概念がいささか明晰さを欠くものとなっているのである。[85]

すでにみたように、阿部のいう「世間」とは、欧米にはない日本人独特の生活世界、（身内以外の）日本人の狭い範囲の人間関係であり、具体的には同窓会、学校、政党の派閥、歌壇、俳壇、文壇、会社、郷土の集団、隣近所、囲碁の会、お花の会、ＰＴＡなどの集団を意味しているが、場合によっては日本人全体が「世間」とみなされることもある、というものである。しかしながら、たとえば、「企業一家」「経営家族主義」という言葉があるように、会社は「世間」というよりも「イエ」的なもの（＝擬制的家族）であった。[86]また、政党の派閥は、かつては重要な決定について議員は「ムラに帰って相談してこなければ」と述べたように、「ムラ」的なものだった。企業や政党の派閥の他にも、学校、文壇、郷士の集団、隣近所なども「イエ」的ないし「ムラ」的な「身内」意識を伴った共同体であったといえよう（政治学者の神島二郎は、郷党閥、学校閥、派閥、セクト、親分子分などをムラ的な結合であるとして、それらを「第二のムラ」または「擬制村」と呼んだ）(87)。

こうしてみると阿部が「世間」の例として挙げる同窓会、学校、政党の派閥、歌壇、俳壇、文壇、会社、郷士の集団、隣近所、趣味の会などは、「身内」意識を持った「イエ」や「ムラ」でもあるということになり、個人を縛っているのは「世間」だけであると考えるわけにはいかない。「世間」と（擬制的家族を含む）「イエ」や（擬制村を含む）「ムラ」との関係を明確化しなくては、日本における共同体的関係性の実相に迫ったことにはならないだろう。そうした「世間」にまつわる概念整理をすでに行っていたのが阿部に先行した井上の『「世間体」の構造』である。

井上は「世間」の構造を分析するにあたって、まず、「世間」観の変遷を明らかにした。江戸時代の町人にとっての「世間」は、町人の日常生活の世界やそれを構成する人々を意味しており、さらに家（ウチ）のソトの世界でもあった。「世間」と対峙するのは「個人」ではなく、家業を中心とした「家（イエ）」だった。近世の農村・漁村では「世間」は「他郷」（ムラのソトの世界）を意味していた。たとえば、「世間話」というのは旅をしてきた村人、行商人、行脚僧、修験者、旅芸人など「世間師」（世間を知る人）と呼ばれる人々からムラの内部にもたらされるものだった。ムラの結束が次第に緩んでくると、「ムラ」自体が「イエ」や「ミウチ」と対立・拮抗する「せまい世間」となった。また、武士にとっては自分の「イエ」と対立・拮抗関係にある「一藩一家」ないし「家中」が「せまい世間」だった。武士の家には厳しい格づけがなされていたので、その「せまい世間」である「家中」においては武士たちは家格に応じた分相応（分限、分際）のふるまいをしなければならなかった。武士の「恥」や「面目」や「一分」というのは、「家中」の評判に限られていたという。

明治三、四〇年代になると「イエ制度」が敷衍されて「国家」のレベルにまで拡大されて、天皇を父とし、臣民を子とする「家族国家観イデオロギー」が確立した。個人の側から見て「イエ」を最も同心円的に拡大したものが「国家」であった。この時期になって、社会の各層の「世間」観は一致するようになり、「世間」は国家を頂点に整除され、幾重にも重層化された。「せまい世間」は「イエ」と対峙しながらそれに優先し、「ひろい世間」は「せまい世間」と対峙しながらそれに優先し、より「ひろい世間」は「ひろい世間」と対峙しながらそれに優先した(88)。

次に井上は、「内集団」（＝ウチ）と「外集団」（＝ソト）のダイナミック（動態的）な関係において「世間」の特質を捉えようとする。日本において「内（ウチ）」とは「ミウチ」や「ナカマウチ」というように主として個人の属する集団を指すのであるが、英語の「プライベート」のように個人自体を指すことはない。日本における「内集団」は「集団主義」的傾向を帯びており、「ウチ」の中の個人と集団は一体である。「集団主義」の下では「和合」価値が重んじられるが、それは「ソト」の集団の人との関係ではなく、「ウチ」の集団の中の人間関係についてである。そのような集団主義的な「ウチ」の集団と「ソト」の集団の区分はきわめて相対的・動態的なもので、その区分をどのレベルで考えるかによって、ある集団は「ウチ」になったり「ソト」になったりする。たとえば、会社の中の「課」というレベルでいえば、自分の課だけが「ウチ」（ウチの課）であって、同じ会社でも他の課はすべて「ソト」（ソトの課）になるが、「会社」のレベルで考えると、課は異なっていても同じ会社の人間はすべて「ウチの会社」の人になる。

井上によれば、日本では昔からソトなる集団（「世間」）に準拠して自分の行動を律し、判断することが多い。つまり、「ソト」の集団を「準拠集団」とする一般的な傾向があり、「ソト」を知ることにかけては熱心である。しかし、「ソト」から見られることについては警戒心が強く、「ソト」から見られまいとする防衛の傾向が、「ウチ」の「集団主義」と相まって、日本特有の「内集団」を形成しており、「ウチ」の集団の「閉鎖性」を形成している(89)。

井上はさらに、土居健郎の『甘えの構造』における議論を参照しつつ、「ウチ」と「ソト」の生活空間を三つの同心円として捉える。一番ウチ側の「ミウチ」の世界は、「甘え」が存在し、「遠慮」のない世界である。一番ソト側の世界は気遣いや「遠慮」の必要のない無縁の「タニン」、ヨソのヒトの世界である。「ミウチ」の世界や「タニン」の世界ではともに「世間体」をつくろう必要がない（「ミウチの恥にふた」「旅の恥はかきすて」）。このような「ミウチ」の世界と「タニン」の世界の中間帯を土居健郎は「義理」の世界とよんだが、井上はこの中間帯を「世間」であるとする。「世間」とは「ミウチ」の世界と「タニン」の世界の中間にあって、人々の行動のよりどころとなる「準拠集団」である、という。[90]

以上の井上の議論を要約すれば、「世間」とは、もともと「他郷」でもあり、「イエ」や「ムラ」や「ウチ」など、個人が集団と一体化した集団主義的な内集団の「ソト」（＝外集団）を意味している。さらにそれは「イエ」や「ムラ」や「ウチ」の準拠集団となっており、「恥」、「体面」、「面目」、「分限」、「分際」といった価値基準によって「内集団」を規制しているのである。そして「イエ」や「ムラ」や「ウチ」など（＝内集団）と「世間」（＝外集団）の区分は固定的なものではなく、相対的でダイナミックなものである。「ウチ」（＝内集団）の範囲は恣意的に設定され、それぞれの場合に応じて、その「ソト」の世界（＝外集団）は「世間」ということになる。つまり、実体的かつ固定的に「世間」を同定することは困難であり、「世間」とは実体概念というよりはむしろ、関係概念だということになる。また、単に「ソト」の世界といっても、「世間」は全く無関係な「タニン」（あかの他人）の世界ではなく、「ミウチ」領域と「タニン」領域の中間帯（精神医学者の木村敏の言葉を借りれば、「挨拶」が必要な「中途半端な顔見知り」の世界であり、自他の関係性が不安定であるがゆえに対人恐怖症が生じやすい境界帯）である、ということになる。[91]

こうした井上による「世間」の構造分析は、阿部の「世間」概念の問題点を浮き彫りにする。第一に、阿部は「世間」が個人を縛っている、としているが、現実には外集団としての「世間」は直接的には個人ではなく、内集団としての「イエ」「ムラ」「ウチ」などを拘束している、と考えるべきである。直接的に個人を縛っているのは「和合」原理を重視する「イエ」「ムラ」「ウチ」といった内集団なのである（たとえば、近代的自我の形成を阻害するものとして、島崎藤村や田山花袋など近代日本の文学者たちによって指摘されたのは「世間」ではなく「イエ」だった)。ソトの世界である「世間」(＝外集団)は、ミウチの世界(＝内集団)を規制することによって、間接的に(あるいは共犯的に)個人を縛っていると考えられるのである。

阿部は「日本人が自分と一体だと考えているのは『世間』という人間関係です」と述べているが[92]、そうではなく、日本人が自分と一体だと考えているのはじつは遠慮のいらない「ミウチ」の世界としての「イエ」「ムラ」「ウチ」である。日本において個人は共同体的内集団としての「イエ」「ムラ」「ウチ」と一体化して、それらに埋没しているということはできるが、義理や配慮や気配りが求められる共同体的外集団(「ソト」ないし「ヨソサマ」の世界)としての「世間」に個人が完全に一体化しているとは考えにくいのである。「世間」は遠慮や気遣いが必要な、ある程度関わりのある「ソト」の世界であって、外部の準拠集団(外圧をかける集団)としてそうした(集団主義的な)内集団を規制し、「審判者」の役割を担っているといえるのである。阿部「世間学」においては、日本において個人を制約する構造のこのような同心円的重層性が把捉されていない。いいかえれば、阿部「世間学」は、「世間」だけが個人を縛るといった、世間一元論になっているのである[93]。

第二に、すでに触れたように、阿部は同窓会、学校、政党の派閥、歌壇、俳壇、文壇、会社、郷土の集団、隣近所、趣味の会などを「世間」の例として挙げているのだが、井上による「世間」の構造分析(「ウチ」と「ソト」のダイナミックな関係の解明)を参照することによって、じつはこれらの集団は「イエ」や「ムラ」や「ウチ」になる場合もあるということが判明した。政党、会社、学会などにおける下位集団である派閥や部署や学閥などが「ウチの派閥」、「ウチの部署」、「ウチの学閥」として「ミウチ」の世界(内集団)と見なされる時は、その下位集団を包摂している政党、会社、学会は「ソト」の世界で、しかも全く無縁な「タニン」の世界ではなく、中間帯(中途半端な知り合いの世界)であるがゆえに「世間」であるということができる。しかし、政党、会社、学会それ自体が他の政党、会社、学会との関係や外部のより広い世界との関係において、「ミウチ」の世界と見なされる場合は、それらは決して「世間」などではなく、「ウチの政党」、「ウチの会社」、「ウチの学会」として「イエ」（擬制的家族）や「ムラ」（擬制村）になるのである。また、国民国家という集団もその下位集団（たとえば、市町村を単位としたような地域社会など）をミウチの世界として捉えた場合には「ソト」の「世間」となりうるが、家族国家観のイデオロギーに見られるように、他の国家との関係や地球規模の世界との関係においては、日本という国民国家自体が「イエ」や「ムラ」や「ウチ」といったミウチの世界にもなりうるのである。要するに、内集団（ウチ）と外集団（ソト）との境界線をどこに設定するかによって、同じ集団が「イエ」「ムラ」になったり、「世間」になったりするのである。こうした「世間」の動態的な構造分析をふまえれば、阿部「世間学」における世間一元論の限界を見て取ることができる。すなわち、阿部は日本の前近代的な共同体的人間関係を「世間」としてのみ把握し、「イエ」「ムラ」「ウチ」といった共同体的内集団の存在をほとんど省みなかったがゆえに、「世間」概念をより厳密に規定できなかったのである。たとえば、先に見たように、阿部は「世間」を日本独特の「狭い範囲の人間関係」として定義しつつも、「世間」が日本人全体にまで拡大されることもある、とも述べており、その概念定義においていささか不明瞭さを残している。日本における二種類の共同体的人間関係である「世間」（外集団）と「イエ」「ムラ」「ウチ」（内集団）との動的な関係性を分析しなかった、あるいは学問的先行者である井上の議論を十分に参照しなかった、阿部「世間学」の難点がここにあるといえよう。

以上、まとめてみると、阿部「世間学」は日本社会の（前近代的）特殊性を「世間」のみに求め、それ以前から封建的遺制あるいは伝統的人間関係として指摘されていた「イエ」「ムラ」「ウチ」といった集団と「世間」との関係について詳しく討究しなかったため、最も重要な「世間」の概念定義が厳密性を欠く、といった問題点をはらむことになった。それと同時に、阿部「世間学」以前に封建的遺制や日本社会の特殊性について論説した研究（「ウチ」「イエ」「ムラ」に関する研究）のほとんどを等閑視することにもなった。そしてそれゆえに、九〇年代以降のグローバリゼーションの時代において、阿部「世間学」は戦後直後の近代化論者と同様な欧米を鏡とした日本社会の

「否定的特殊性の認識」を、用語を代えて素朴に反復したにすぎないものと見なされ、学会から無視されてしまったと推考できるのである。

しかしながら、阿部「世間学」はこうした問題点を内包しているとはいえ、「世間」について従来には見られなかったいくつかの知見を明らかにしている。たとえば、「世間」概念がかつてはヨーロッパにも存在したという議論である。通歴史・文化的観点から、「世間」が必ずしも日本独特の文化だとはいえない、ということを明確化したのは阿部が初めてであろう。また、「世間」と呪術との関係についての新しい見方もそうである。ケガレ意識に基づく部落差別の存在、お中元・お歳暮などの贈与・互酬関係、棟上式、地鎮祭、おみくじなどの存在といった、呪術に満ちた世界が「世間」であることが指摘され、それが個人を抑圧したり、差別したりすることにつながっているということは、これまでほとんどの研究者によって指摘されてこなかったと思われる。阿部は、「世間」を対象化することによって、日本において近代的な市民自治社会そして国民主権国家の形成を希求したのだが、その際、呪術の問題を検討すべきことを阿部は示唆したのである。さらに、天皇制と「世間」との関係（「日本の公共」）についても阿部は言及しているが、こうした点もほとんど指摘されなかった事柄である。この「官と公の区別がつかない」あるいは「官が公にかぶさっている」ような「日本の公共」という観点は、後に見るように、「世間」と「世論」とが融合しつつある現在、その両者を区分する指標の一つとして有効であると考えられる[94]。

その他にも、近代日本における「世間」と「社会」の「二重構造」の存在や、日本における「世間」の所与性（「世間」の仕組みを人為的に変更することができないと思念されているということ）に関する議論も、これまでに十分に論及されてこなかった事柄である。このように阿部「世間学」が、「世間」に関して従来には見られなかった新鮮な視点を提示したことは疑いのないことである。そして現在の「世間」を考察するうえで、参照すべき多くの貴重な論点を提起したともいえるのである。

注

（1）数年前より阿部の議論に触発された人々によって、日本世間学会という研究会も設立されている。
（2）阿部謹也『日本社会で生きるということ』朝日新聞社、二〇〇三年、一八頁。
（3）阿部謹也『学問と「世間」』岩波書店、二〇〇一年、一七〇頁。
（4）阿部謹也『日本人の歴史意識』岩波書店、二〇〇四年、五頁、阿部謹也『「世間」とは何か』講談社、一九九五年、一四頁、阿部謹也『近代化と「世間」』朝日新聞社、二〇〇六年、一四六頁。
（5）阿部謹也『日本人の歴史意識』七頁、『日本社会で生きるということ』一九三頁、阿部謹也『「教養」とは何か』講談社、一九九六年、一八頁、『「世間」とは何か』一六頁、阿部謹也『ヨーロッパを見る視角』岩波書店、一九九六年、一八頁。
（6）阿部謹也『「世間」論序説』朝日新聞社、一九九九年、一四四頁。
（7）阿部謹也『近代化と「世間」』九六頁、一四六頁。
（8）阿部謹也『「世間」とは何か』二四頁、『日本人の歴史意識』一二七頁、『近代化と「世間」』一一二頁、一四八頁。
（9）ただし、晩年近くになって、阿部は「現実の日本では長幼の序は消えつつあり、若年者が優位に立ちつつある」として、世間の衰微を示唆していた。阿部謹也『近代化と「世間」』九七頁、を参照。
（10）阿部謹也『ヨーロッパを見る視角』一九頁。
（11）阿部謹也『近代化と「世間」』九七頁、『日本人の歴史意識』七頁。
（12）阿部謹也『日本社会で生きるということ』二四～二六頁。
（13）前掲書、五五～五七頁。
（14）阿部謹也『近代化と「世間」』一一一～一一三頁。
（15）阿部謹也『日本社会で生きるということ』一六五～一六八頁。
（16）阿部謹也『日本人の歴史意識』一三七頁、『ヨーロッパを見る視角』二五頁。
（17）阿部謹也『日本社会で生きるということ』二一頁、二九～三〇頁、八一頁、『ヨーロッパを見る視角』三四頁、七六～七七頁。
（18）阿部謹也『ヨーロッパを見る視角』二八頁、『日本社会で生きるということ』二九頁。
（19）阿部謹也編著『世間学への招待』青弓社、二〇〇二年、一七頁。
（20）阿部謹也『日本社会で生きるということ』二九頁、五一頁、八三頁、九二～九三頁。

(21) 前掲書、二〇一～二〇二頁。
(22) 前掲書、八四～八五頁、一一六頁。
(23) 前掲書、八六頁。
(24) 阿部謹也『近代化と「世間」』九八頁。
(25) 阿部謹也『「世間」論序説』一三〇頁、『ヨーロッパを見る視角』一〇三頁。
(26) 阿部謹也『「世間」論序説』一五五頁。
(27) 阿部謹也『ヨーロッパを見る視角』一〇四頁。
(28) 阿部謹也『「世間」論序説』一三三頁。なお、世間の呪術性や贈与・互酬性と密接に関連している事柄として、広い意味では「世間」は自然界も含む、ということを阿部は指摘している。「世間」という言葉は、もともと仏教用語で、「自然界の出来事と人間界の出来事を合わせて表現したもの」だった。また、「世間」とほぼ同様な意味をもつ「『世の中』や『世』は原則として動物や鳥あるいは非生物をも包含する世界であった」。人間は天の星・月・太陽や動植物や非生物などの自然と贈与・互酬の関係を結び、制御困難な自然界とのかかわりにおいて安心を得ようとした。そこでたとえば、供養(魚供養、針供養、時計供養など)を行っているが、供養という習俗は贈与・互酬の関係に基づく返礼の儀式である(つまり、森羅万象の霊魂にお世話になったのでそれに返礼をすることによって、自然界との調和をはかる)。天体などに対しても祈りや祭りを捧げている。こうした自然界の調和ということは「世間」においてきわめて重要視されており、自然界の存在と調和していない者はケガレており、何らかの問題があると判断された、とされる。阿部謹也『日本社会で生きるということ』一九一頁、『日本人の歴史意識』四六～四七頁、『世間とは何か』七一頁、を参照。ちなみに、「世間」の所与性(人為的に「世間」を変革することはできないと人々が意識していること)と「世間」が自然界も含んでいること(自然な存在として「世間」が観念されていること)は密接な連関があると考えられる。
(29) 阿部謹也『「世間」論序説』一三二頁、一四〇頁。年賀状のやりとりもこうした呪術的要素を持っている、とされる。阿部謹也『ヨーロッパを見る視角』一〇三～一〇四頁、を参照。
(30) 阿部謹也『日本社会で生きるということ』、一四六～一四七頁。
(31) 阿部謹也『「世間」論序説』一三〇頁、一七八頁、『日本社会で生きるということ』三八頁。島崎藤村の小説『破戒』に見られるように、かつて被差別部落民は「世間」から排除されていた、と阿部はいう。阿部謹也『日本人の歴史意識』一二四頁、を参照。

(32) 阿部謹也『日本社会で生きるということ』一〇三頁。
(33) 前掲書、一一三頁。
(34) 阿部謹也『日本人の歴史意識』二〇七～二〇八頁、『学問と「世間」』一〇〇～一〇二頁。
(35) 阿部謹也『ヨーロッパを見る視角』二四～二五頁。
(36) 阿部謹也『日本社会で生きるということ』二五頁。
(37) 前掲書、二九頁。
(38) 阿部謹也『ヨーロッパを見る視角』三二頁、『「教養」とは何か』一二六頁、一五九頁。
(39) 阿部謹也『ヨーロッパを見る視角』三二～三三頁、『「教養」とは何か』一二八～一三二頁、一五四頁。日本の武家社会においても主君が死んだ場合の家臣の殉死の当否などに関して、世間の噂や評判が強い影響力を持っていた。山本博文『武士と世間』中央公論社、二〇〇三年、を参照。
(40) 阿部謹也『中世の窓から』朝日新聞社、一九八一年、二一四～二一六頁。阿部は久保正幡の「ゲルマン古法おける贈与行為の有償性」という論文における「贈与は常にその報酬を求めている」「贈与には贈与をもって報いなければならない」というアイスランドの法諺を紹介している。
(41) 阿部謹也『刑吏の社会史』中央公論社、一九七八年、四〇～九六頁。
(42) 阿部謹也『学問と「世間」』一一頁。
(43) 阿部謹也『日本社会で生きるということ』一七六頁、一七八～一七九頁。
(44) 阿部謹也『「世間」論序説』九三頁。
(45) 前掲書、一一〇頁。このことと関連して、阿部はヨーロッパにおいて十二、三世紀以降になって、自画像が生まれてきたことを指摘している。客観的に自分を描くということと個人の誕生との関連性を示唆しているのである。阿部謹也『ヨーロッパを見る視角』一一四～一一六頁、を参照。
(46) 阿部謹也『日本社会で生きるということ』一八一頁。
(47) 阿部謹也『学問と「世間」』二二頁。
(48) 阿部謹也『ヨーロッパを見る視角』二一一～二一六頁。
(49) 阿部謹也『学問と「世間」』二三頁。
(50) 阿部謹也『「世間」論序説』一七七頁、『ヨーロッパを見る視角』一〇三頁。

(51) 阿部謹也『日本人の歴史意識』一一四～一一五頁。
(52) 阿部謹也『近代化と「世間」』一四八頁。
(53) 阿部謹也『学問と「世間」』一五頁、『日本人の歴史意識』八八頁。
(54) 阿部謹也『近代化と「世間」』一四八頁。
(55) 阿部謹也『学問と「世間」』九九頁。
(56) 阿部謹也『日本人の歴史意識』八八頁。
(57) 阿部謹也『近代化と「世間」』一四八頁。たとえば、明治時代以降、「社会」という言葉は文章用語として定着し、インテリ、学者、知識人、マスコミ関係者の間で文章の中で使われているが、家庭内などの日常会話の中では、演説や講義や新聞記事以外には使われておらず、むしろ「世間」という言葉が使われている、ということを阿部は指摘している。阿部謹也『ヨーロッパを見る視角』二五頁、を参照。
(58) 阿部謹也『「世間」論序説』一〇頁。
(59) 阿部謹也『世間学への招待』三一～三五頁。
(60) 前掲書、九頁。
(61) 青木保『「日本文化論」の変容』中央公論社、一九九〇年、三〇～四二頁。
(62) 青木保『「日本文化論」の変容』四八～五二頁、R・ベネディクト（長谷川松治訳）『菊と刀』社会思想社、一九六七年、二五六～二五九頁。
(63) 青木保『「日本文化論」の変容』五九～六三頁。
(64) 青木保『「日本文化論」の変容』六四～八〇頁、加藤周一「日本文化の雑種性」『雑種文化』講談社、一九七四年、三四頁、梅棹忠夫『文明の生態史観』中央公論社、一九七四年、一〇七～一一七頁。
(65) 青木保『「日本文化論」の変容』八一～九七頁、中根千枝『タテ社会の人間関係』講談社、一九六七年、二八～四〇頁、七〇～九一頁、作田啓一『恥の文化再考』筑摩書房、一九六七年、九～一二頁、二四～二六頁。
(66) 青木保『「日本文化論」の変容』九八～一〇一頁、土居健郎『甘えの構造』弘文堂、一九七一年、五六頁、九〇頁、一二一頁、一二九頁、一三五頁。
(67) 木村敏『人と人との間』弘文堂、一九七二年、七五頁、一四六頁、一八八頁。
(68) 青木保『「日本文化論」の変容』一〇四頁。

(69) 青木保『「日本文化論」の変容』一一〇～一一二頁、濱口恵俊『「日本らしさ」の再発見』講談社、一九八八年（文庫版）、六七頁、九〇～九二頁、二八一～二八四頁。
(70) 青木保『「日本文化論」の変容』一一四～一二三頁。
(71) 前掲書、一三二～一四六頁。
(72) 前掲書、一五六～一六三頁。
(73) 前掲書、一六四～一七二頁。
(74) 石澤靖治『日本論・日本人論の系譜』丸善、一九九七年、九四～九六頁。
(75) 前掲書、一一七～一三九頁。J・ファローズは、日本がホモ・エコノミクス（経済人）社会ではなく、「自由貿易を本当に信じない国家」であると考えたがゆえに、米国と利害が衝突する「日本の膨張」を「封じ込める」ことを提唱したのである。J・ファローズ（大前正臣訳）『日本封じ込め』TBSブリタニカ、一九八九年、八三～八九頁、一二六頁、を参照。
(76) 石澤靖治『日本論・日本人論の系譜』一八五～一八六頁。K・ウォルフレンは「日本文化論」の政治性やイデオロギー性を指摘し、批判していた。K・ウォルフレン（篠原勝訳）『日本／権力構造の謎』早川書房、一九九四年、を参照。
(77) 石澤靖治『日本論・日本人論の系譜』一八七～一九一頁。
(78) 前掲書、一九二～二〇六頁。日本人論・日本論を整理した石澤は、「欧米だけに引きずられず、日本だけに偏らず、その上で新しい日本人論・日本論が書かれる日が待たれるのである」と結びの言葉を述べている。これは普遍性と個別性のバランスを取り、より開かれた普遍性に向かうべきだとした青木の結論とほぼ同様である。日本文化論の回顧と整理をつうじて青木も石澤も新しい日本文化論や日本社会論を期待したのである。前掲書、二一三頁、を参照。
(79) じつは榊原も日本型「システム」の改革について論じているのだが、「イエ社会」＝（サムライ精神）と「日本型個人主義」（＝町人文化）という日本「文化」の基本線に沿った「日本型改革」を提唱している。榊原英資『文明としての日本資本主義』東洋経済新報社、一九九三年、を参照。
(80) このことは、石澤が指摘するように、日本文化論自体が以前ほど読まれなくなってきたこととも関係しているといえよう。『タテ社会の人間関係』や『「甘え」の構造』のような日本文化論のベストセラーは九〇年代以降、ほとんど生まれていないのである。
(81) こうした一九九〇年代以降の日本文化論・日本社会論の新しい展開を見せている論者としては、比較文明論研究者の中山治、社会言語学者の鈴木孝夫、編集工学研究者の松岡正剛らを挙げることができる。『無節操な日本人』（二〇〇〇年）『戦略的思考ができない日本人』（二〇〇一年）などを著した中山治は、日本を「無常感文明」、西洋や中国・韓国など大陸の文明を「要塞文明」と名づけた。「無常感文明」とは戦略性のない情緒原理主義の支配する文明であり、「要塞文明」とは戦略性をもった行動原理主義が支配的な文明であるが、対比軸を「日本」と「西洋」だけではなく、島国「日本」と（中国と韓国も含めた）「大陸諸国家」と設定したところが新しい視角であるといえる（また、中山は西洋を「原理連帯型集団主義」であるとして、従来の西洋＝個人主義、日本＝集団主義という単純な図式を批判している）。

鈴木孝夫も『日本人はなぜ日本を愛せないのか』（二〇〇六年）において、ユーラシア大陸における（対象を支配しようとする意思が強い）「牧畜型文明」、「動物原理」と、日本における（対象を支配下において制御しようとする意思が希薄で、動植物に対する共感が強い）「魚介型文明」、「魚介型・植物原理」とを対比させており、対立軸を「西洋」対「日本」から「ユーラシア大陸」対「日本」へとシフトさせている。鈴木はまた、日本を「協調的混合文化」「部品交換型（着せ替え人形型）文明」であるとして、外国の文化を取り入れても自国の独自性・独立性を失う危険がなかった島国日本の特異性を指摘し、この点からも日本文明と大陸文明との差異性を明確化している。

松岡正剛は『日本という方法』（二〇〇六年）において、日本では、和食と洋食、邦楽と洋楽、日本画と洋画、邦画と洋画の二項併存にみられるように、二項対立を解消した編集文化が存在していることを指摘し、日本が「主題の国」というよりは「方法の国」であると述べている。日本が外国文化を受け入れる独特な編集方法、すなわち「外来モードを使って、内生モードをつくりだす方法」について言及し、外国文化との出会いを新たな文化装置の中で鍛えて独自のスタイルやモードを洗練させていくという編集に日本の特徴があるとして、（中国や欧米諸国のような）「主題の国」との相違を示唆している。

以上のように、二〇〇〇年以降は、従来のような日本／西洋という対比軸、そしてそれに付随した集団主義／個人主義、前近代的／近代的、特殊的／普遍的というステレオタイプ的な意味づけに必ずしも囚われない日本文化論が現れているといえよう。

（82）この阿部の自負心は「世間は日本人の生活の枠組となっているにもかかわらず、その世間を分析した人がいないという状況」、「わが国においても社会科学が発展してきたが、驚いたことにこのように重要な世間という言葉を分析した人はほとんどいない」という記述から窺い知ることができる。阿部謹也『「世間」とは何か』一四頁、一七頁、を参照。

（83）阿部謹也『日本社会で生きるということ』一〇四頁。
（84）この推測は、阿部が「『世間』という日本独自の関係はこれまで研究の対象になったことはなかった。したがって私は参照すべき文献ひとつないところから始めなければならなかった」と述懐していることに基づいている。阿部謹也『近代化と「世間」』一九一頁、を参照。
（85）不思議なことに、阿部は自著の一つの中で、井上のこの著書（『「世間体」の構造』）を参照文献として挙げているのである。それにもかかわらず、井上の「世間」研究の成果をほとんど活用していないのである。おそらく、井上の業績を「参照」はしたが、あえてそれに「依拠」しようとはしなかったように思われるのである。阿部謹也『「世間」とは何か』二二五〇頁、を参照。
（86）川嶋武宜『日本社会の家族的構成』日本評論社、一九五〇年、一八頁、三戸公『「家」としての日本社会』有斐閣、一九九四年、一～一四四頁。
（87）神島二郎『日本人の発想』講談社、一九七五年、三六頁、神島二郎『近代日本の精神構造』岩波書店、一九六一年、三〇頁、五八～七一頁。
（88）井上忠司『「世間体」の構造』日本放送出版協会、一九七七年、三四～六二頁。
（89）前掲書、七二～八一頁。
（90）前掲書、八八～九二頁。ただし、より正確には、井上は「世間」をⅠ．ミウチ・ナカマ、Ⅱ．①せまいセケン、②ひろいセケン、Ⅲ．タニン・ヨソのヒトという同心円状の四層構造において捉えている。
（91）木村敏『関係としての自己』みすず書房、二〇〇五年、三七～四二頁。精神医学者の木村敏は日本人に圧倒的に多いとされる対人恐怖症に関して、中途半端な顔見知りの他者との関係において対人恐怖症が発現しやすい、としている。気心の知れた身内に囲まれた状況や、まったく無関係な他者たちに囲まれた状況では、自己自身を私的・一人称的内面として規定すべきか、それとも公共的・三人称的個別として規定すべきか、という二者択一を迫られないが、中途半端な顔見知りに囲まれた状況で、自らの主体性を発動して、そのつどの相手との心理的距離をはからなければならない場合に、つまり、挨拶が必要な場合に、対人恐怖症の成立が促されると述べている。また、木村は（日本的）公共性としての「世間」が、私的な集団である「仲間」とははっきりと区別されており、自己の価値に対する「審判者」の役割を担っていることを指摘している。このように木村も「世間」が「ミウチ」と「タニン」との中間に位置する領域であることを示唆しているのである。

(92) 阿部謹也『日本社会で生きるということ』八〇頁。阿部が「世間」と「身内」とを同一視していることを窺わせる記述は以下の通りである。「もし『身内』の人、あるいは『世間』の人が、例えば会社の上司、あるいは自分の『世間』『同窓会』などの比較的身近な人々が関係していた場合は大変ですね。」（同書二二頁）、「……他方で家というあるいは『世間』という古いものを抱えているので、家に帰れば近代的な人間関係をそのまま出せない。」（同書、一九七頁）、「『世間』は社会学的には『準拠集団』ということもできます。その人がその人でありうるためには、仲間を持っていなければならず、その人がその仲間のなかにいることによって、その人でありうる、というふうな場ですね。」（同書、二一一頁）。

とはいえ、別の箇所では、阿部は「世間」と「身内」が異なるものだとしている。「『身内』というのは『世間』ではありません」（同書、二二頁）、「日本人は、自分の『身内』のほかに、いわば『世間』を持っていて……」（同書、二五頁）、「『世間』というのは他人の集合です。日本人の場合、『世間』はタニンの集合である、しかし身内は違うという意識があります」（同書、九九頁　以上の引用部分の傍点は引用者による）。

阿部は「身内」と「世間」とが異なると述べているにもかかわらず、「世間」を「身内」「家」「仲間」と同等視している。また、「世間」を「タニンの集合」であるとも述べている。こうした記述の齟齬に見られるように、阿部においては「世間」の構造に関する概念整理が十分ではないように思われるのである。

(93) 世間一元論ということについて付言すれば、本文において触れたように、阿部は日本の伝統的で前近代的な人間関係は「世間」だとしているが、日本の伝統的で前近代的な人間関係はすでに「イエ」や「ムラ」として以前より同定されていた。また、阿部が「世間」の特徴として挙げていた、「長幼の序」や排他性や差別性といったものは「イエ」や「ムラ」の特徴でもある。日本社会の（前近代的）特質を「世間」概念だけで捉えることはあまりにも無理があるといえる。

(94) 阿部謹也『日本社会で生きるということ』八四～八五頁。

# 第六章　現代化する「世間」
## ――脱伝統化・個人化・情縁化する「世間」――

### 第一節　「ＩＴ世間」論について
#### ――「世間」のメディア的拡張――

本章では前章での議論をふまえつつ、現代における「世間」の変容について考察したいと思う。「世間」の現代的変容について特徴的なことは、一つは「世間」のメディア的拡張（あるいは「世間」の情縁化）であり、もう一つは伝統的な「世間」の溶解である。「世間」のメディア的拡張とは、近現代のメディア・コミュニケーションの発達に伴い、メディア・コミュニティ（情縁共同体）としての「世間」が誕生したということを意味する。伝統的な「世間」の溶解とは、地縁・血縁・社縁的な外的共同体と個人との関係性が希薄化ないし消失しつつあるということである。一つめの「世間」のメディア的拡張という点に関しては、近年、比較行動学者の正高信男が興味深い議論を提起している。正高は『他人を許せないサル』（二〇〇六年）という著書の中で「ＩＴ世間」という新しい概念を示した。まずはこの「ＩＴ世間」という考え方から検討していくことにしたい。

日本ではケータイ（携帯電話）の普及でＩＴ化された世間のつき合いが生まれるに至ったが、それを「ＩＴ世間」と名づける、と正高はいう。ケータイでメールのやり取りに没頭することは、「かつての日本人が享受していた屈託のない『世間』の付き合いを回復させ、気心を通い合わせたいという願望の現れに他ならない」のである[1]。正高によれば、世界で最もモバイルコミュニケーションが発達している北欧のフィンランドでは、ケータイの普及によってライフスタイルが影響を受けたと感じるヒトがほとんどいないが、反対に日本ではケータイにライフスタイルを大きく変えるような影響力があることが、調査によってわかったという。メールのやり取りは欧米人では一ヶ月で二〇~三〇通なのに対し、日本人は一日に数十通送ることも珍しくなく、それだけケータイに依存している人が増えている[2]。

多くの日本人論において「日本人においては対人関係が自我の領域に含まれるのに対して、欧米人では個人対個人の交渉として、関係が存在する」と語られてきたが、IT化が進んだ現在でもこのことは変わっていない。日本人のメール送受信の数の多さからわかるように、「ケータイメールの送受信において大切なのは、メールを受け取ったら送り返す、つまりひっきりなしに送り続けること」である。このことは「贈り物をもらったら返す、贈り物をあげたらお返しがくるという、物による社会的な関係を、コミュニケーションでやりとりしていると考えれば、ケータイの『世間』的関係と言えなくもない」ということである。贈り物のやりとりがなくなることは社会とのつながりが途絶えることだと恐れるがゆえに、メールの送受信を頻繁に繰り返すのである。これこそが、「IT化された世間の付き合い」、すなわち「IT世間」だと正高は述べる[3]。

そのような「IT世間」においては「日本人はあらゆる場において人々とのつながりを重視してきた。学校も世間、職場も世間なのだ。あらゆる場が世間なのだ。ケータイ、とりわけメールの普及は、自分が他者とつながりを持っているか、不安材料を増幅させる結果を招いた。大切なのはメッセージの内容ではなく、途切れることなく、メールのやりとりがあるかどうかなのだ。忘れられていないか、仲間はずれにされていないか、始終気になる」のである[4]。

かつて地縁は馴染みをつくるところであり、途切れることなく、顔を合わせて相手と交流を保っているのが世間づきあいであった。そしてそうしたつきあいの中で人々は安心感を得ていたのだが、現代ではこうした地縁が希薄になってしまった。昔ながらのご近所づきあいは崩壊してしまったが、心の中では昔ながらのご近所づきあいをしたいという欲求が強い。そこで日本人はいつでもどこでも相手とつながるケータイに依存していった。ＩＴが世間を支えることになったのである。「かつての世間というものは、地域限定の束縛を受けていた地縁共同体だったのがいまや地域的な限定を受けない、リアルタイムに時間を共有できる電脳縁共同体へと様変わりした。ＩＴ化を遂げた社会＝ＩＴ世間が誕生したのである」[5]。

正高は「ＩＴ世間」の問題の一つとして、ケータイ犯罪を取り上げているが、ケータイ犯罪の矛先は世間＝集合的な他者である、という。犯罪の対象は「誰だってよかった」となるのであり、全く接点のなかった人間が犠牲になってしまう。その理由は、社会が階層分化し、横並び平等主義だと思っていた世間において、犯罪者は自分ひとりだけが損をしている、負け組になっていると妄想を懐き、世間に復讐しようとするからである。正高はかつてＩＴ化による人間の退化現象＝サル化について指摘していたのだが、「ＩＴ世間」においては自分ひとりだけが不利益を被っていると思い込んでいるがゆえに不特定多数の集合的な他者（＝世間）が許せない人々、すなわち「他人を許せないサル」が出現している、というのである[6]。

正高が考える「ＩＴ世間」とは、必ずしもケータイメールのつながりの世界だけを意味していない。世間話や井戸端会議の場となっているブログや、無責任な罵詈雑言があふれる匿名のネット掲示板や、その中でのつきあいがぬるい関係、緩い関係でしかありえないＳＮＳなども「ＩＴ世間」であるとされる。とくに匿名のネット掲示板についていえば、江戸時代には庶民には現在のような姓名がなかったのであり、世間は基本的に匿名の足の引っ張り合いであったのだが、現在、そういう状態がインターネットの中で生じている、とされる[7]。

結論としては、どれほど情報化が発達しようとも、日本人は世間に住むことから抜け出せないのかもしれないので、古風ではあるけれども良い意味での世間づき合いを営むために情報メディアを積極的に活用する術を考えなくてはならない、とされるのである[8]。

以上のような正高の「IT世間」論に関しては、いくつかの疑問点が指摘できる。一つめはケータイメールやインターネットによってつくられる電脳縁的つながり（メディア縁的つながり、情縁的つながり）を「世間」だけだと見なしている点である。阿部謹也が指摘したように、近代日本における人間関係が「世間」（＝前近代的人間関係）と「社会」（＝近代的人間関係）の二重構造であるとすれば、IT化は「IT世間」だけでなく「IT社会」も生み出しているはずである。IT化が前近代的人間関係だけを再生産しているというのは偏狭な見方であるといえるだろう[9]。ITは近代的人間関係（＝「社会」）も再生産していると考えられるのである。二つめに日本の前近代的人間関係を「世間」としてのみ捉えている点も問題である。阿部と同様に、内集団である「イエ」、「ムラ」、「ミウチ」と外集団である「世間」との区別がつけられておらず、かつ両者の関連性について十分な把握がなされていない。前近代的人間関係がIT化されたのだとすれば、IT化は「IT世間」（情縁的な外的共同体）だけでなく「ITミウチ」、「ITイエ」、「ITムラ」（情縁的な内的共同体）をも生み出していると考えられる。正高においても「世間」の構造分析が不十分であるように思われるのである。三つめは「世間」の永続が示唆されている点である。近年、「世間」の解体を示唆する議論が出てきている。そして、地縁共同体としての「世間」については正高もその解体を認めている。しかし、「日本人は世間に住むことから抜けだせない」と記しているように、「世間」が「IT世間」に変容することによって今後も長く存続することを暗示している[10]。それはIT化した「世間」が永続するという一種の宿命論に陥っているようにも解釈できる[11]。IT化した「世間」が将来的に解体していく可能性も考量すべきであると考える。

しかしながら、正高の「IT世間」論がこうした疑問点を孕んでいるとはいえ、「世間」の現代的変容を指し示す「IT世間」という新しい概念を提出したことは、十分に評価されるべきである。「世間」のネット化、すなわち、「世間」が地縁共同体から電脳縁共同体（情縁共同体）へと変化していることを概念的に明確化したことは大きな功績である（ちなみに「世間」のネット化ということについては、「ＩＴ世間」以外に「ネット世間」という言葉も近年流通している）。ただし、「世間」のメディア化・情縁化はインターネットが普及する以前のマスメディアの時代から始まっているといえる。井上忠司が述べているように、マスメディアは擬似環境として環境を拡大し、「世間」を拡大したのである。マスメディアによってソトの世界（＝世間）を知る機会が増えたことになるからである。[12]

## 第二節　「世論」と融合する「メディア化された世間」

井上によると、かつての「世間話」は自分たちの住んでいる土地の生活や経験とは異なる、ソトの世界の消息のことだったが、現代の「世間話」はマスメディアによってもたらされている（かつて「世間話」をソトからもたらす人々は「世間師」と呼ばれたが、現代の「世間師」はマスコミに登場する知識人やジャーナリストであるとされる）。マスコミによって「世間話」は著しく発展している。このようにマスメディアの発達は「世間」を拡大させることに役立ったのだが、それによって現代では「セケン」と「タニン」（あるいは「ヨソのヒト」）との境界線が曖昧になってしまった。「タニン」の世界が全く無関係なタニン（あかの他人）の領域のままにとどまらずに、「セケン」（＝ミウチとタニンの中間帯、中途半端な知り合いの世界、中間的な親密さを有する他者の世界）となりうる機会が大幅に増えてしまったのである。こうして「世間」がますます漠然とした存在になることによって、人々は「世間」の適応基準をマスコミによってつくられる「世論」に求めるようになった、とされるのである。[13]

つまり、マスメディアなどの情報メディアの発達により、人々はメディアをつうじてソトの世界の情報（＝世間話）を送受信するようになったがゆえに、「メディア化された世間」と「世論」とが融合しつつあると考えられる。

しかし、本来的に「世間」と「世論」は似て非なる概念であったといえる。

「世間」は元来、仏教用語（「場所」を意味するサンスクリット語 loka の漢訳語）であり、六世紀の仏教伝来のときに日本にもたらされたとされており、伝統的な概念である。[14] それに対し、「世論」は public opinion の訳語で、近代的な概念である。「社会」や「個人」と同じく、「世論」は近代的な概念であるということであり、近代国民国家の主権者である「国民」＝「（国家）市民」が構成する「社会」における公共的見解である、といえる。また、「世論」に関する古典『世論と群集』においてG・タルドが論じたように、「世論」は近代になって登場したマスメディアである「新聞」が生み出したものである。[15] すなわち、public opinion としての「世論」は近代国民国家（国民主権国家）や近代市民社会において近代的メディアがつくり出す「公共的意見」ないし「公衆の見解」を意味していると考えられる。[16]

「世間」が前近代的であり、「世論」が近代的である、ということに関連して、両者が担う公共性にも大きな相違がある。阿部謹也が指摘したように、「世間」においては、「公」は「官（＝統治機構）」と区別されていないだけでなく、「官」によって公共性が乗っ取られているのである。しかし、「世論」における公共性は、国民主権国家ないし近代市民社会における自由で平等な自律的諸個人（＝市民）の公共性、つまり政府や統治機構とは明確に区分されうる近代市民社会の公共性なのである（ちなみに、有斐閣の『社会学小事典』においては、「世論」は「理念的には『主権者人民の意志』、現実的には『政策決定に対する被治者からのインパクト』」とされている）。このように、「世間」は伝統的・前近代的であり、そこでは「官」が公共性を横領しているのに対して、「世論」は近代的であり、政府や行政機構に対抗する市民的公共性を担っており、メディアと不可分の関係がある、ということになる。[17]

さらに、「世間」と「世論」との差異性において重要なことは、「世間」の噂や意向は一元的・全体主義的であるのに対して、「世論」は特定の公共的論点について意見が分かれることもあり、多元的である場合がある、ということである。個人や「内集団」を抑圧する伝統的な共同体的規制力としての「世間」の意向は、集団主義的な「外圧」として個人や内集団に対して一つの見解を押し付けてくるわけだが、主権者人民の意志としての「世論」は、諸個人が異なった見解を有する可能性があるがゆえに、特定の争点に関して意見が複数化することもある。特定の社会問題について「世論」が二分することがあっても、「世間」の声や意向が分かれるということはほとんどないのである。

以上、「世間」と「世論（public opinion）」の相違点は、さしあたり次の三点にまとめることができるだろう。(1)「世間」が前近代的・伝統的概念であるのに対して、「世論」は近代的概念である（それゆえ「世論」においては近代社会および近代メディアが前提されているために「個人」が存在しており、個人や人権が尊重されるが、「世間」においては「個人」が存在しておらず、個人や人権が尊重されない）。(2)「世間」の公共性が「官」（＝国家の統治機構）と融合しているのに対して、「世論」の公共性は政府や統治機構と峻別された市民的公共性である。(3)「世間」の声や意向は一元的・単数的であるが、「世論」は多元的・複数的でもありうる。

このように、「世間」と「世論（public opinion）」は本来的に異質な概念である。にもかかわらず、現代社会において両者の区分が不明瞭化しているのは、上述したように「世間」がメディア化されたからであるといえる。この点をさらに討究するために、以下において「世論」と融合した「世間」のメディア的拡張の具体的事例を見ていきたい。まずは、法学者の佐藤直樹が紹介している隣人訴訟の事件である。(18)

それは原告Aが「隣の家で子どもをあずかってもらっていたところ、その子どもが近くのため池で溺死したので、その隣の家およびため池を管理する市・県・国などにたいして損害賠償を求める裁判をおこした。裁判所は八三年に原告の請求を一部認める判決を下した。ところが、その判決内容が新聞などで報道されるやいなや、当初は裁判の原告、その後被告にたいしていやがらせの電話や手紙が集中し、原告、被告ともに訴訟を取り下げざるをえなくなった」という事件である。この事件では、判決が下り、テレビ放送がなされ、新聞でも「隣人の好意にもつらい裁き」「隣人の好意にも責任」「近所づきあいに冷水」「近所の善意に厳しい判決」などの見出しで報道されると、原告Aの家に六〇〇本以上の非難や嫌がらせの電話、五〇通以上の非難や嫌がらせの手紙やはがきが届いたという。いくら子どもが事故で死んだからといって、善意で子どもをあずかった隣人に対して訴訟を起こすのは義理・人情を欠いている、というわけである。この判決後、被告B（隣人）は控訴したが、非難やいやがらせにより原告Aは訴えを取り下げた。すると今度は被告Bのところに非難やいやがらせの電話がかかってくるようになり、被告Bも訴訟を取り下げることになったという事件である。

この事例が示していることの一つは、マスメディアの報道により、日本全体が一つの「世間」と化しており、「世間」の基準からはずれていると思われる者に対して匿名での非難やいやがらせを行う人々が存在する、ということである。いいかえれば、国民的マスメディアによって「世間」の範囲が国民国家全体に広がってしまった、ということでもある。それは一九九四年の松本サリン事件の第一発見者だったKさんが犯人だと疑われていた頃に、非難や中傷の電話や手紙がKさんに送られたケースにも見られたことである。二つめは、呪術的な贈与・互酬の関係に由来する義理・人情という（近所づき合いにおける）「世間」の原理が、訴訟を起こすという法律上の権利や人権を無力化している、ということである[19]。義理・人情という「世間」の掟は諸個人の法的な権利を抑圧するのである。三つめは、マスメディア自身が「世間」の一翼を担っている、ということである。「隣人の好意にもつらい裁き」「近所の善意に厳しい判決」といった新聞の見出し自体が義理・人情を重視する「世間」的発想を盛り込んでしまっている。匿名で非難やいやがらせをする「世間」の人々とマスメディアはまさに共犯関係にあるといえるのである。また、マスメディアが「世間」の一翼を担うことによって、実質的に「世論」と「世間」とが融合してしまう。「世論」を喚起するのがマスメディアであるとされているが、マスメディア自体が「世間」的発想から報道を行い、世論形成に大きな影響を与えることによって、「世論」と「世間」との区別を曖昧化させてしまうのである。

「世論」と融合した「世間」のメディア的拡張のもう一つの具体的事例としては、二〇〇四年に起きたイラク人質事件がある。これはフセイン政権崩壊後の政情が不安定なイラクにおいて、当時の小泉政権が二〇〇三年一二月に陸上自衛隊を派遣した後、ほどなくして生じた事件である。二〇〇四年四月に三人の日本人がヨルダンのアンマンからタクシーでイラクのバグダッドに向かう途中、武装勢力によって拘束され、人質となったのである（この事件以後も日本人数名がイラクで人質になっているが、ここではメディア・バッシングが顕著に起きたこの三人の事件のみを扱うことにする）。この事件では拉致を実行したイラク人の武装勢力が三人の命と引き換えに自衛隊の撤退を迫ったのであるが、その際に人質となった三人の家族が日本政府に自衛隊の撤退を求めたこともあって、三人とその家族に対してマスメディアの激しいバッシングが生じたのである。日本政府がイラクは危険であるとして邦人退避勧告を出していたにもかかわらず、勝手にイラクに入国して人質となったのは「自己責任」であり、日本政府や関係諸機関、あるいは日本国民にとってたいへん「迷惑」である、というわけである。

たとえば、当時の『読売新聞』社説は「三人は事件に巻き込まれたのではなく、自ら危険な地域に飛び込み、今回の事件を招いたのである。……無謀かつ無責任な行動が、政府や関係機関などに大きな無用の負担をかけている。深刻に反省すべき問題である」として事件の被害者に反省を迫った。さらに「人質の家族の言動にもいささか疑問がある。記者会見で公然と自衛隊の撤退を求めていることだ……」として三人の家族も非難した。また、『産経新聞』は社説において「日本人三人の人質事件に関し、竹内行夫外務事務次官が十二日の記者会見で自己責任原則の徹底を求めたのは当を得たものといえる」と書いて、「自己責任論」を展開した。『毎日新聞』も社説で「今回の三人の行動は軽率のそしりを免れえない。三人がイラクに対する外務省の『退避勧告』を知らなかったとは思えない。渡航の自由は規制すべきではないが、その場合は自己責任で身の安全を守らなければならない」として、『読売』『産経』の自己責任路線に合流した。

さらにこうした「自己責任論」の延長として、政府が負担した経費の一部を自己負担すべきだという「自己負担論」や、政府の方針に敵対する三人が自作自演で事件を起こしたという「自作自演論」も生じ、とくに『週刊新潮』や『週刊文春』などで人質家族や本人たちへの批判・中傷とともに「自作自演キャンペーン」が行われた[20]。

この事件では人質になった三人の家族の実家や留守宅にはいやがらせや中傷の電話が何度もかけられ、特定ネット掲示板でも「自己責任論」「自業自得論」「自作自演論」などに基づく批判が書き立てられた。こうした過激なメディア・バッシングにさらされたことにより、三人の家族は「自衛隊撤退」の言葉を用いることをやめ、記者会見では「謝罪」と「懇願」をすることになり、三人が解放された後、それぞれの家族は三人に対して低姿勢で謝ることを促したのである。[21]

この事件において興味深いことは、先の隣人訴訟の事件にも見られたように、マスメディアやインターネットによる「世間」の国民社会規模への拡張や、メディアの「世間」的発想からの報道とそれに伴う「世間」と「世論」の融合、といったことであるが、さらに付け加えるとすれば、それは阿部が述べたような「官が公にかぶさっている」、「官と公の区別がつかない」、「公共性が官に奪われている」状態の「日本の公共」＝「世間」がマスメディアやネットにおいて如実に現出したということである。

国民主権国家においては、国民（＝国家市民）は思想・信条・言論の自由が認められており、政府ないし国家の統治機構の見解と国民の見解が異なる場合もありうる。数人の国民が統治機構側の勧告を無視したからといって、それはイラクへの自衛隊派遣という政策実施に伴う政治的リスクとして政府が引き受けるべきものであり、統治機構側は「迷惑」ないし「自己責任」だとして国民を責める立場にはない。にもかかわらず、政府要人は「自己責任論」や「自己負担論」を提起した。そして日本のマスメディア（すべてというわけではないが）や特定ネット掲示板等は国家の統治機構側と一体化して、人質となった三人とその家族にバッシングを行うとともに世論誘導を行ったのである。この事件においてわれわれはマスメディアや特定ネット掲示板等において「官と公の区別がつかない」そして「公共性が官に奪われている」報道や発言の実例を目の当たりにしたのだが、この場合、「官」すなわち「お上＝統治機構」に逆らうことは「日本の公共」（＝「世間」の掟）に反するという発想に基づいて、マスメディアや特定ネット掲示板等が「世論」を形成したことが明白である。

以上の「隣人訴訟」や「イラク人質事件」の事例からは、メディア的に拡張されて「世論」と弁別困難となった

「世間」の存在を見て取ることができる。また、「メディア化された世間」としては、「ネット世間」や「IT世間」の他にも「マスメディア世間」とでもいうべきものが存在しているということも再確認することができる。インターネットが普及する以前に、マスメディアによって「メディア化された世間」は生成されたと考えられる。つまり、「ネット世間」や「IT世間」が誕生する以前から「メディア化された世間」は存在していたのである。その意味では、「メディア化された世間」を「ネット世間」（ないし「IT世間」）と「マスメディア世間」の二つに下位分類することも可能であるといえよう。

ともあれ、マスメディアにせよ、（マスでもパーソナルでもミドルでもあるような）インターネットにせよ、メディアは自己を複製して多くの分身を作り出すがゆえに、配慮や気配りが必要な中途半端な知り合いの人々や中間的な親密性の他者を増殖させてしまうのである。たとえば、ある人がマスメディアに登場することによって、あるいはネット掲示板やブログなどに書き込みすることなどによって、もともとはまったく無関係だった不特定多数の赤の他人に自分の存在を知られることになり、遠慮や気遣いが要求される中途半端な知り合いを多数つくり出してしまうがゆえに、その人はメディアが拡張した「世間」の厳しい風にさらされることになる。そして「世間」を拡張し、地縁・血縁・社縁的な関係性から離床させているメディア自体が形式上、「世論」の中心的担い手でもあるがゆえに、形式的な側面において「メディア化された世間」と「世論」との区分が困難になってしまっている、といえる。

また、すでに見たように、日本のメディアが「世間」的発想に基づいた情報受発信をする傾向があることも「メディア化された世間」と「世論」との融合に関与している。本来は「世論」を形成するはずのメディア報道があらかじめ「世間」的なものの見方を採用する場合があるがゆえに、実質的・内容的な側面においても日本では「メディア化された世間」と「世論」が溶融してしまうのである（世間の掟からはずれているとみなされた人々は、マスメディアにおいて集中的に批判されたり、不特定多数の一般人から誹謗や非難の電話や手紙が送られたり、ネット掲示板での「バッシング」や「祭り」の標的とされたり、当人のブログが「炎上」させられたりする）。[22]

このように現代では「世間」がメディア的に拡張されることにより、そもそも概念としては本来的に異なっているはずの「世間」と「世論」とが弁別困難となっており、両者は混淆状態にある。そしてそのことは、「世間」が地縁・血縁・社縁的共同体から離床し、情縁共同体へと変容・移行しつつあることを示唆している。いいかえれば、「世間」のメディア化・情縁化・ヴァーチャル化が進行しているのである。

## 第三節　伝統的な「世間」の溶解
### ――脱伝統化・再帰化する「世間」――

ここまで「世間」の現代的変容として、「世間」のメディア化・情縁化・ヴァーチャル化について見てきたが、この項では伝統的な「世間」の解体について考察したい。「世間論」を展開した阿部謹也は、晩年になって「世間」の(部分的)衰微を示唆していた。阿部は「世間」の掟の一つとして「長幼の序」を挙げていたが、「現実の日本では長幼の序は消えつつあり、若年者が優位に立ちつつある」と述べていた。(23) 阿部は日本から「世間がまったくなくなってしまうとは考えていない」のであるが、「『世間』は柔らかな構造をもっている」として「世間」が変容する可能性を認めていたのである。(24) 阿部の指摘するとおり、現代日本では、「長幼の序」や年功序列意識は少しずつではあるが希薄化しつつあるように思われるのであり、「世間」の原理の一つが弱化しつつあるといえる。

また、「IT世間」論を提起した正高信男は地縁が希薄になったことを指摘した。「日本人は絶対的な信頼関係というより、何となくお互いに顔を合わせることによって安心している」のであるが、地縁的関係や「昔ながらの長屋的なご近所付き合いは崩壊してしまった」。昔ながらの「ご近所付き合い」は「現実世界においてはもう維持できなくなっている」と正高は述べた。(25) 正高は地縁共同体としての「世間」の衰退について論じたのである。

社会心理学者の菅原健介は、こうした地縁に基づく人間関係の希薄化を「地域社会のタニン化」と表現している。(26)

近隣の人間関係が相互扶助的な役割を失い、現在では「家の玄関を出ればすぐ外にタニンの世界が広がっている」[27]。地域社会はもはやミウチの世界とタニンの世界の中間帯としての「セケン」ではなく、まったく無関係な「タニン」・「ヨソのヒト」の世界へと移行しつつある。近所の人々はタニンであり、タニンの世界は「旅の恥はかき捨て」の領域なので、「ジベタリアン」（公共空間の地べたに座り込む若者）や「車内化粧」をする若い女性が一九九〇年代以降に出現している、というのである[28]。菅原も地縁的な「世間」の解体について言及したのである。

いうまでもなく、解体しつつある伝統的な「世間」とはこうした地域的・地縁的なものだけでなく、親族、会社、学校など血縁的なものや社縁的なものも含むと考えられる。つまり、人間関係の希薄化という観点において、地縁的、血縁的、社縁的なつながりすべてが解体傾向にあり、それが外的な共同体としての「世間」による拘束・束縛をも弱化させていると推論できるのである。たとえば、『現代日本人の意識構造〔第七版〕』によれば、一九七三年から二〇〇八年の三五年間にかけて、血縁関係としての「親せき」、地縁関係としての「近隣」、機能的集団関係〈社縁関係〉としての「職場の同僚」の三つの場における人間関係に対する考え方が、「気軽な、あるいはあっさりとした関係を望む人が増えた」とする方向に移行し続けている、とされる[29]。

現代日本人の人間関係に関するこの意識調査の結果によると、「親せき」とのつき合いでは一九七〇年代までは「なにかにつけ相談したり、たすけ合えるような」〈全面的〉なつき合いを望む人が多数であったが、一九八三年を境に「気軽に行き来できるようなつきあい」の〈部分的〉なつき合いがよいとする人のほうが多くなり、「一応の礼儀を尽くす程度」の〈形式的〉なつき合いを望む人は徐々に増えている。一九七三年と二〇〇八年とを比較してみると〈全面的〉なつき合いは五一％→三五％、〈部分的〉なつき合いは四〇％→四三％、〈形式的〉なつき合いは八％→二二％と変化している。

「近隣」とのつき合いでは調査開始の一九七三年においては、「なにかにつけ相談したり、たすけ合える」ような〈全面的〉なつき合いがよいという人が三割五分ほどであり、「あまり堅苦しくなく話し合える」ような〈部分的〉

つき合いを望む人のほうが多く、半数を占めていた。「会ったときに、あいさつをする程度」の〈形式的〉つき合いを好ましいとする人の比率は最も小さかった。その後、〈全面的〉は漸減し、〈部分的〉はやや横ばい気味、〈形式的〉は漸増しており、一九七三年から二〇〇八年にかけての変化は〈全面的〉が三五%→一九%、〈部分的〉は五〇%→五四%、〈形式的〉は一五%→二六%になっている。一九九八年を境に、〈全面的〉よりも〈形式的〉のほうが大きな比率を占めるようになった。

「職場」のつき合いは、「なにかにつけ相談したり、たすけ合えるような」〈全面的〉なつき合いが多かったが、時とともに減少しており、一九九三年以降は「仕事が終わってからも、話し合ったり遊んだりする」程度の〈部分的〉つき合いとほぼ同程度になっていた（ただ、二〇〇八年には〈部分的〉つき合いが若干減少している）。〈形式的〉なつきあい（「仕事に直接関係する程度のつき合い」）は増加傾向にある。一九七三年から二〇〇八年にかけての変化は、〈全面的〉が五九%→三九%、〈部分的〉が二六%→三四%、〈形式的〉が一一%→二四%となっている。

以上のように、現代日本においては〈部分的〉や〈形式的〉なつき合いへの志向が増加する傾向がある。また、一九八〇年代頃から〈部分的〉よりも〈形式的〉の増加の幅のほうが大きくなっている。さらに三つの人間関係のうち、〈全面的〉が最も多いのは職場づき合いで、次に親せきづき合い、近所づき合いという順になっている(30)。つまり、この調査結果からは、現代日本において地縁的つながりの志向が最も弱くなってきており、次に血縁的、社縁的という順番で共同体的なつながりの志向が弱まりつつあることが読み取れるのである。

このようにつき合いや関係性が地縁・血縁・社縁すべてにおいて限定的で希薄なものになりつつあるのであり、伝統的な外的共同体の関係性としての「世間」も解体する方向にあることが推測されるわけだが、ここではさらに、地縁・血縁・社縁的な伝統的「世間」の解体を近年の脱伝統化・個人化現象という観点においてより具体的に見ていくことにしたい。「世間」的な義理人情の関係が深く関わっている儀礼は冠婚葬祭であるが、現在、とりわけ婚と葬の儀式において脱伝統化・個人化が顕著に現われている。

## ①結婚式における個人化・脱伝統化と伝統的「世間」の衰微

まず、結婚式であるが、宗教学者の石井研士によれば、戦後、主流だった神前結婚式が、一九九〇年代半ば頃よりキリスト教式結婚式によって取って代わられ、現在ではキリスト教式結婚式が六割以上になっている[31]。神前結婚式は、明治時代以降、キリスト教式結婚式の影響を受けて成立した挙式様式であるという説が有力である。日本の伝統的な結婚式は人前結婚式であり、神前結婚式は一九〇〇年五月一〇日に行われた皇太子嘉仁（大正天皇）の婚礼が最初ではないか、と考えられている[32]。そして神前結婚式が一般化したのは一九五〇年代からであり、一九六〇年代後半には、全挙式のうちの八〇％以上を神前結婚式が占めるようになった[33]。

一九六〇年代後半から一九八〇年代前半にかけて全盛を極めた神前結婚式は、文芸評論家の斉藤美奈子によれば、血縁＋社縁＋学校縁で成り立っていた。この時期、神前結婚式は神社ではなくホテルで行われることが多くなるのだが、ホテルでの神前結婚式では挙式に親戚や兄弟が招ねかれ、披露宴には親族に加えて新郎新婦の会社人脈、学校人脈の人々が集合したのである[34]。また、石井は神前結婚式が普及した理由の一つとして「家」制度の残存を指摘しているが、親族の依存関係が薄れつつあった当時、「親の面子、親戚との人間関係をいっきょに取りもどすことができた」のが神前結婚式であり、「会社の上司など、形式的な仲人を立て」つつ、「多方面を丸く収めることのできる万能薬」だった、という[35]。

神前結婚式は「古来から続く形式ではなく、明治の終わりに創られたもの」だったが、イエ・ミウチ的な要素を残した血縁とイエ・ムラ・ミウチ的な社縁（＋学校縁）によって成立していたと考えられ、そこには当然、自己と一体化したミウチだけでなく、まったく無関係なタニンとミウチとの中間帯に位置する血縁的「世間」および社縁的「世間」も存在していた。いいかえると、神前結婚式はイエ・ムラ的かつ「世間」的な共同体的儀礼だったといえる。しかしながら、昨今主流となっているキリスト教式結婚式は「個人と個人の契約を含意しており、より現代的な感覚と合致している」のである[36]。

石井は神前結婚式からキリスト教式結婚式への移行は、人間関係における「一般的・無難・人並み」から「個性」への移行の現れであるとしている。キリスト教式結婚式には、挙式会場や衣装など多様な選択肢が存在し、個性を発揮しやすい。たとえば、式場は「伝統的な教会からモダンな教会まで迷うほどの多様さ」であり、衣装である「ウェディングドレスは種類が多い」。このように個性の追求に対応したのがキリスト教式結婚式であるという。また、神前結婚式はキリスト教式結婚式との対比において、「伝統」のイメージをまとい、「家」や「忍耐」を連想させたのだが、キリスト教式結婚式は、個人と個人が愛情によって結ばれる幸せを表現するのにふさわしい儀礼として受け止められたのではないか、と推論している(37)。確かに神前結婚式には結婚する二人というよりも、両家同士が結びつく、という意味合いが大きいが、キリスト教式は、二人の個人が神の前で永遠の愛を誓うという、神を媒介とした個人間の契約の形をとっており、より個人化した挙式形態であるといえよう。

結婚式における一九〇〇年代半ばからの変化は、神前式からキリスト教式への推移だけではない。この時期より、結納や仲人やお見合いといった慣行が急速に消滅あるいは衰退しはじめている。「ゼクシィ　結婚トレンド調査二〇〇四」と「ゼクシィ　結婚トレンド調査二〇〇七」によれば、首都圏では一九九五年に仲人を立てた結婚式は六一・七%だったのだが、その後数年で急速にその比率は低下していき、二〇〇四年には一・〇%になった。その後、二〇〇五年には一・三%、二〇〇六年には一・一%、二〇〇七年には〇・七%となり、首都圏では仲人の慣習はまさに風前の灯といった状態である。また、首都圏をのぞく各地域においても、仲人を立てたのは二〇〇四年には、北海道で三・〇%、東北六・〇%、北関東二・八%、新潟三・五%、長野五・六%、北陸六・七%、静岡四・五%、東海三・五%、関西四・〇%、岡山・広島・山口四・〇%、四国五・二%、九州一〇・七%であったが、二〇〇七年には、北海道一・二%、青森・秋田・岩手一・三%、宮城・山形〇・八%、福島一・二%、茨城・栃木・群馬一・五%、新潟一・三%、長野一・三%、富山・石川・福井一・八%、静岡一・一%、東海一・一%、関西一・三%、岡山・広島・山口一・九%、四国二・三%、九州一・九%となっており、二〇〇四年から三年経過した時点で、四国の二％台以外全ての地域で一％台に低下している（この中では一〇・七％から一・九％となった九州の低下率は顕著である）。つまり、全国的に見ても仲人の慣習は消滅寸前といえるような状態である(38)。

結納に関しても、「BB白書二〇〇〇年版」の調査結果によると、結納の実施率は一九九〇年には八〇％台であったが、一九九二年に七〇％台になり、一九九六年には五〇％台に低下し、一九九九年には三九・三％にまでなっている(39)。また、「ゼクシィ　結婚トレンド調査二〇〇四」によれば、全国で結納を行った結婚式は二〇〇一年には五一・二％、二〇〇二年には四八・一％、二〇〇三年には四九・九％、二〇〇四年には四四・一％と低下傾向を示している。首都圏だけで見ると二〇〇四年に結納を行ったのは二三・五％である。このように、結納は一九九〇年代半ばまでは一般的に行われる慣習であったのだが、それ以降は徐々に普通に行われる慣習とはいえなくなりつつあると考えられる(40)。

お見合い結婚についても、近年、その比率は消滅寸前とはいえないまでも、かなり落ち込んできている。国立社会保障・人口問題研究所「第一三回出生動向基本調査」によると、一九三〇～四〇年代前半には見合い結婚が七割ほどであったが、その後その割合は減少していき、一九六〇年代後半には、見合い結婚と恋愛結婚の比率は逆転し、恋愛結婚の比率のほうが大きくなっていく。そして、このお見合い結婚の比率の低下傾向はさらに続き、一九九〇年代後半以降、一割以下（一九九五年～九九年は七・七％、二〇〇〇年～二〇〇五年は六・二％）にまで減少している。お見合いも一九九〇年代半ば以降は一割を切って、きわめて希少な婚姻慣行になりつつあるとみなすことができる(41)。

歴史的に見ると、結納や仲人やお見合いの慣習は、「家」制度とそれに付随した嫁取婚の存在を前提しているといえる。日本で「家」制度と嫁取婚が形成されてくるのは、鎌倉時代中期以降と考えられているが、それは武士階級の台頭と大きく関わっていた。「家」意識が始まるのは十世紀以降とされ、それは中央貴族や地方豪族において男性しか就くことのできない朝廷の官職や国衙の官職を父から子へ伝えるために生じたとされる。「家」がどの社会階層にも浸透するのは院政期であり、公家や武家の家が一つの組織として代々継承されて、家業である官職の世襲制が確立し、祖先祭祀が盛んになるのは鎌倉時代後期から南北朝時代にかけてあたりだと考えられている。[42]

婚姻形態の変遷過程を見てみると、古代においては、夫と妻が別々に暮らし、夜になると夫が妻の家を訪ねる妻問婚であり、平安時代中期における貴族の結婚は、女性の両親が娘に婿を取る婿入婚であったが、十三世紀の中ごろには新興階級の武士による嫁取婚が生まれてくる。武家社会などにおける家父長制的な「家」制度と嫁取婚においては、家格にあった家同士の縁組という要素が強く、そのため通婚圏が拡大して見知らぬもの同士の結婚が生じたがゆえに、縁談が行われ、見合いや両家を仲介する「仲人が必要となり、結納が重要視される」ようになった。こうした見合いや仲人や結納を伴った「家」制度に基づく嫁取婚は、鎌倉期から始まり比較的最近に至るまでのきわめて長い歴史的伝統を有するのである。[43]

こうしてみると、今日の見合いや仲人や結納の消滅ないし希少化は、まさに現代において、長い歴史を有する「家」制度の解体あるいは脱伝統化と個人化が生起していることを意味している。そして「伝統的」な「家」制度に由来する（つまり、「家」の系譜的永続のための）しきたりにしたがう必要がなくなることによって、人々は結婚それ自体や結婚式を自己決定するようになってきたのである。今日では、晩婚や（事実婚を含む）非婚が増大しているだけでなく、オリジナル・ウエディングないしオンリーワン・ウエディングなどと呼ばれる個性的な結婚式を望むカップルが増加しており、オリジナルな結婚式をアレンジするウエディング・プランナーが台頭し、結婚および結婚式は多様化・個性化しているのである。[44]

以上のような結婚にまつわる「家」制度の衰微・脱伝統化と個人化は、「世間」の衰微にもつながっていると考えられる。「世間」とは「ウチ」・「ミウチ」としての「家」の「ソト」であると同時に、「家」を囲繞し、「家」と接続した中間的な親密性の領域でもある。つまり、「世間」とは「家」という内的共同体を外部から統制する外的共同体である。だとすれば、現在、生じている「家」制度に付随した婚姻に関する各種慣行の溶解現象は、「家」の解体だけを意味するのではなく、「家」を「ソト」から規制してきた外集団としての「世間」的圧力の減退をも意味していると考えるべきである。たとえば、ある一組のカップルが結納をしない、あるいは、仲人を立てない、二人だけで挙式を行うなど、「世間並み」ではない脱慣習的で個性的な結婚式を選択したとしても、そのカップルを取り巻く地縁的・血縁的・社縁的な中間的な親密領域にいる「世間」の人々から、プライベートな事柄だと認識され、以前のように干渉されたり、批判されたりしなくなっているのである。それだけ現在では社会的に個人のプライバシーを尊重する意識が高まっているということであるが、それは「世間」的なつながりが希薄化し、その共同体的規制の「外圧」が弱まっているということでもある。「家」制度を「ソト」から縛ってきた伝統的な「世間」の「外圧」が縮減して、プライベート化が進み、多様化・自由化・個性化がもたらされているのだといえよう。このように現代の結婚式の変容過程において、脱伝統化や個人化によって「家」（内的共同体）だけが溶解しているのではなく、伝統的な「世間」（外的共同体）も溶解しつつあると推論できるのである。

### ②葬送における個人化・再帰化・脱伝統化と伝統的「世間」の衰微

次に、葬儀やお墓に関する個人化・脱伝統化と地縁・血縁・社縁的「世間」の衰退について見ていきたい。葬祭ジャーナリストの碑文谷創は、一九九〇年代半ば以降、葬儀は大きく変容しはじめてくるが、その方向性は一口にいえば、「個人化」である、と指摘している。その特徴の一つは「家族葬」の出現であり、もう一つは葬儀の多様化である。いいかえると、葬儀の「小規模化」と「個性化」が進行しているというのである[45]。ノンフィクション作家で社会学者でもある井上治代も九〇年代以降の「個人化する葬送」について言及し、近年の葬儀の傾向において「自分らしさ」（「オリジナル」「自分流」）と「簡素化」（「身内と友人だけでする小規模な葬儀」）が二つの大きな潮流を作っている、としている[46]。生活設計論や葬送問題などを専門とする研究者である小谷みどりも、これからの葬儀について「こぢんまり、自分らしく」がキーワードになるだろう、と述べている[47]。

碑文谷によれば、現在、「家族葬」と呼ばれる葬儀には三つの形態があり、⑴五〜一五名の親子、夫婦中心の小規模のもの、(2)それに従兄弟や叔父、叔母など親戚を加えた二〇～三〇名程度のもの、(3)さらに死者と親しかった友人たちを加えた四〇～六〇名程度のものが「家族葬」と呼ばれるという。つまり、「家族葬」というのは単に参加人数が少ない葬儀ということではなく、家族や本人をよく知る人々による葬式で、本人をあまり知らない人は加えない葬式ということである。「死者本人をよく知った人々が、死者との親密な別れを中心に営む葬式」が「家族葬」なのである[48]。

それゆえ、「家族葬」は「小規模化」や「簡素化」や「こぢんまり」といったことを意味しているというよりもむしろ、葬儀のプライバタイゼーション（私事化）・私的イベント化を、そして葬儀における選択縁化、あるいは義理のつき合い（「世間」的つき合い）の排除を意味していると考えられる。もともと日本の葬式は地域共同体の葬儀であった。近隣の人々が総出で手伝い、地域ぐるみで葬儀は行われていたのである（地縁＋血縁）。しかし、高度経済成長期の一九六〇年代頃より葬祭業者によって祭壇を中心に大規模に行われるようになり、会葬者には親族や地域の人々以外に勤務先の関係者も加わるようになった（地縁＋血縁＋社縁）。この時期は社会儀礼として仕事関係で本人と直接面識のない人々も多く参加する傾向があった。つまり、この時期の葬式は同時期の「神前結婚式」と同様に、イエ・ムラ・ウチ的かつ「世間」的な共同体的儀礼だったといえる。それが一九九〇年代以降になると葬式は次第に個人儀礼化していったのである[49]。その背景には、地縁・血縁・社縁的な共同体的人間関係の弱体化があるといえる。イエ・ムラ・ウチ的な関係性のみならず、「世間」的な義理でつながる関係性も明らかに薄れてきており、「世間」並みの恥ずかしくない葬儀を行わなければならない、という共同体的外圧が低下して、葬式は「プライベートな儀式」あるいは私的なイベントになりつつあるのである[50]。

このように葬儀のプライベート化・個人儀礼化が進むと、葬式は故人とその近しい人々だけのものとなり、伝統や慣習に縛られない個性的で多様な形式を採用することが容易になって、葬儀形態の多様化・個性化も進行してくることになる。ただし、こうした葬儀の個人化・プライベート化には、共同体的関係性の弱化ということだけでなく、「家」制度を支えてきた伝統的な宗教の衰退（＝脱伝統宗教化）および慣習的な葬儀に対する再帰性＝反省性の増大（＝再帰化）ということも関係している。

伝統的な宗教とは基本的には（いわゆる「葬式仏教」的な）祖先崇拝・先祖祭祀であるといえるのだが、先祖祭祀については民俗学者や人類学者によって、永続性と系譜性などを特徴とする「家」と先祖祭祀の構造的連関が指摘されている。[51] 日本の民間信仰においては、死者の魂は死んだ直後はけがれており、祟りやすい荒魂であるが、四十九日までの供養で鎮魂されて、それ以降の何回かの供養によって次第に浄化され、三十三回忌か五十回忌の供養で弔いあげを行うことによってその個性を失い、「家」の祖霊や神霊になると考えられている。[52] そしてその祭祀対象としての祖霊は「家」の守護神となり、子孫を守ると考えられており、先祖霊自体も子孫に祭祀・追善供養されることにより彼岸において幸福になると信じられていたのである。[53] それゆえ、自分の代で「家」を絶やすことは「家」の創始者や「家」を存続させてきた代々の「ご先祖様に申し訳ない」ということになる。このように先祖に対する子孫の尊敬や崇拝の念とそれに基づく祭祀は、「永続への絶対的要求を内包して」いる「家」においてはきわめて重要な宗教的要素である。しかし、一代で消滅する「近代家族」においては祖先崇拝・先祖祭祀も変容・衰退せざるをえない。文化人類学者R・J・スミスが指摘したように、現代日本では祖先崇拝といっても、「はるかな昔の死者に対する礼拝」は次第に影を潜めて、「近年故人となった親族の者に対してのみ愛情を表現」する「追憶主義（メモリアリズム）」が支配的になりつつある。[54] 祖先観も「系譜的な単系の先祖観」から双系的で「直接に経験した物故近親に」限定された先祖観へと変容しつつあり、それに基づいて先祖祭祀も集団的・義務的な性格を弱めて、死者の追悼・慰霊という個人的・任意的な性格を強めている。[55]「家」制度と結びついた先祖祭祀という日本の伝統的な宗教がこのように個人化・任意化することによって、葬儀形態も多様化・個人化していると考えることができる。

また、最近の慣習的な葬儀に対する再帰的＝反省的な批判の高まりも葬儀のプライベート化と多様化に関連している。井上治代は既存の葬儀に対する批判には三つの大きな柱があるという。一つは「形骸化」「マニュアル化」であり、二つめは「高額化」、三つめは「義理葬」化である。[56] 葬儀社、(地縁・血縁・社縁的な) 共同体、仏教・寺・僧侶に無反省に委ねられてきた慣習的・世間並みの葬儀に対して、葬儀というものが誰のためのものか、何のためのものか、ということが再帰的=反省的に問われることになった。葬儀社や仏教の僧侶などによって内実の伴わない形式的なだけの大掛かりな儀礼が執り行われ、その見返りとして遺族にとって納得できないほどの高額の費用が請求され、死者と面識もない人が義理で参列していた既存の葬儀に対して、多くの人々が反省し、疑問を持つようになっているのである。このようにして、従来の人並みを志向し、世間体を気にするがゆえに一律化・画一化していた慣行的な葬儀形態は反省作用の高度化によって解体し、多様で個々人の考え方に基づく葬儀形態が増加しているといえるのである。[57]

こうした葬送にまつわる多様化や個性化は葬儀だけでなく、墓や遺骨供養の形態にも現われている。現在、伝統的な墓だと思われている角柱型石塔に家名を印した家墓ないし先祖代々墓が誕生したのは明治末期以降のことであり、明治末期までは土葬が一般的で墓は個人墓が主体だった。また、墓石の下に骨壷収納室 (カロート) が設けられてそこに遺骨が保存されるカロート式石塔になったのは、火葬が普及した太平洋戦争後である。角柱型カロート式家墓はじつはきわめて近代的な新しい形態の墓なのである。[58] こうした伝統的であると誤解されてきた角柱型カロート式の家墓ないし先祖代々墓が現在では絶対的標準ではなくなり、墓が多様化・個性化しているのである。具体的には、永代供養墓 (合葬墓、合祀墓、集合墓の場合が多い)、両家墓、無家名墓、個性的なデザインの墓、また、墓石を不要とする散骨や樹木葬などが出現している。[59]

永代供養墓とは、先祖祭祀の変容・衰微、核家族化、少子化、非婚化などにより、血縁による継続的な祭祀・供養が困難になる人々が増加してきたため、家族や血縁者の代わりに寺院や霊園が永代 (実際には一定期間) にわたって供養・管理を約束するというお墓である。[60] 両家墓とは墓の継承者が結婚した娘の場合に多いとされるが、実家と婚家の姓を並べて併記した墓である。無家名墓とは家名ではなく、「和」「憩」「愛」「夢」「自然」「平和」「大地」などの好きな言葉を墓石に刻んだものである。個性的なデザインのお墓は、ギター、碁盤、将棋盤、機関車など、故人の趣味や職業をテーマにその人らしさを強調する墓である。[61] 散骨とは、遺骨を細かく砕いて粉末状にして、墓地または墓地以外の場所に散布することであるが、これは一九九一年に市民団体「葬送の自由を進める会」が相模湾で散骨を行って以降、注目を集めるようになったとされる。[62] 樹木葬は散骨に近いものであるが、散骨と異なるのは遺灰を撒くのではなく、遺灰を墓地の土の中に埋めることである。そしてその埋蔵場所には目印に山ツツジや桜などの花木が植えられるのである。[63]

このように、現在、墓ないし遺骨供養の形態は脱画一化・個性化しているのだが、そうした多様化・個性化の背後には、「家」的（永続的・系譜的）な継承を前提としない、という共通の特徴が存在している。つまり、伝統的な「家」制度やそれと密接に連関した永続的な先祖祭祀から解放された、自由で多様な形態の墓や遺骨供養が急増しているのである。義務的な先祖供養から任意的な近親追憶・慰霊へという、近年の先祖観・先祖祭祀の変容と密接に連関している「家」制度の解体は、葬儀だけでなく、墓ないし遺骨供養においても顕著に表れている。

以上のような葬送に関する個人化・「家」制度の解体も、結婚におけるそれと同様に、伝統的な「世間」の衰退を示唆しているといえる。「家」制度の崩壊は「世間」的なつながりの希薄化と平行して進んでおり、「家」を「ソト」から縛ってきた伝統的な「世間」の圧力が縮減して、葬送儀礼のプライベート化や儀礼参加者の選択縁化が進み、多様化・自由化・個性化がもたらされていると考えることができる。つまり、「家」制度の衰微は地縁・血縁・社縁的な「世間」の衰退と連動しているとみなすことが可能である。また、「ウチ」としての「家」が曖昧化するのと平行して「ソト」（「家」の周縁的外部）としての「世間」も不明瞭化しているとも考えられる。個人化によって「ウチ」としての「家」が曖昧化・希薄化することによって、「ウチ」と「ソト」の境界線も不明瞭なものになり、「ソト」の一部であり、かつ「ウチ」との臨界帯域に位置する「世間」も曖昧化・希薄化している、ということである。「ウチ」（内的共同体）としての「家」の個人化・選択縁化が進むとともに、「ウチ」を拘束する「ソト」（外的共同体）としての「世間」も個人化・選択縁化が進行することによって、「家《うち・いえ》」と「世間」の両者がともに溶解していると考えることができるのである。

## 第四節　脱伝統化・個人化・情縁化する「世間」のゆくえ

前章では、阿部謹也が提起した「世間学」を取り上げ、批判的に検討することによって、阿部「世間学」の学問的功績を評価するとともに、「世間」概念をより明確化することを試みた。すでに確認してきたように、確かに阿部はこれまで十分な検討がなされてこなかった「世間」について本格的に考究し、多くの意義深い所見を提示した。しかしながら、阿部の「世間学」は、日本社会の「前近代性」を「世間」のみに求め、日本社会科学が蓄積してきた「前近代的」な「イエ」「ムラ」「ウチ」などに関する議論を等閑視したことにより、また、「世間」に関する井上忠司の先行研究に十分な敬意を払わなかったために、「世間」の構造に関する議論を曖昧なままに放置してしまった。

井上が明らかにしたように、「世間」とは「ウチ」（内集団）に対する「ソト」（外集団）であるが、完全に無関係な見ず知らずの「タニン」の世界ではない。「ソト」ではあるが、「ウチ」を取り囲む中間的な親密性の領域、もしくは自己の評価が定まっていない中途半端な知り合いの世界である（「ミウチ」と「タニン」の中間帯）。「世間」とは義理や遠慮や気配りが求められる、ある程度関わりのある「ソト」の境域なのである。ただし、「ウチ」と「ソト」の境界線は非固定的・動態的であり、自己が同一化する「ウチ」（内集団）をどのレベルに設定するかによって変動する。[64]

「世間」はこうした構造を有するのであるが、本章で見てきたように、マスメディアが発達した近代においては、マスメディアが内的共同体の「ソト」（＝世の中）の情報をもたらすだけでなく、マスメディアの報道が不特定多数の中途半端な知り合いを増殖させてしまうことにより、「世間」と「世論」は融合することになった。また、マスメディアが国民社会規模の情報伝達メディアであるがゆえに、「世論」＝「世間」の範囲は国民社会全体にまで拡大された。さらに、インターネットなどのIT化が進んだ現代では、「ネット世論」や「ウェブ世論」と重なり合った「IT世間」ないし「ネット世間」が生成されつつある。メディア環境の高度化により「世間」のメディア縁化・情縁化が進行しているのである。他方、地縁・血縁・社縁的な「世間」は冠婚葬祭の儀礼等の変化に見られるように、脱伝統化や個人化の進展によって解体しつつある。伝統的な「世間」とのつながりが希薄化するとともに、「世間」が個人のプライベートな儀礼やイベントに外圧をかけて干渉することがなくなりつつあるのである。

以上のように、現代化する「世間」は「イエ」や「ムラ」や「ウチ」といった内的共同体を取り囲む地縁、血縁、社縁的な人間関係（伝統的な「世間」）ではなくなり、メディア縁・情縁的な存在（ヴァーチャル化し、脱伝統化する「世間」）に変容しつつあるといえる。こうした情縁化・脱伝統化する現代の「世間」は、従来の伝統的な「世間」とはいくつか異なる特徴を有しているように思われる。まずいえることは、現代では「メディア化された世間」も個人化の影響を受けているということである。「世間」は「ウチ」（内的共同体）を囲繞し、それを規制する「ソト」（外的共同体）であったわけだが、「イエ」や「ムラ」といった内的共同体が解体することに伴い、そして家電から個電への推移ないしパーソナル・メディア利用による情縁化・メディア縁化が進むことに伴って、「ウチ」が個人にまで縮約されつつあるのである。その端的な例としては、ネットバッシングやブログ炎上に見られる「個人」攻撃が挙げられる（もちろん、ブログ炎上などでホームページが攻撃されているという点では、ヴァーチャルなホーム＝家が直接の攻撃対象になっているとも考えられるので、純粋に個人がターゲットであるとはいえないかもしれないが、「ネット世間＝情縁的な外的共同体」が圧力を加える「ウチ」の多くは、家族共同体ではなく個人が運営しているホーム＝家なのである[65]）。情縁化・メディア化した「世間」は、極限まで収縮した「ウチ」としての個人を直接的に取り囲み、共同体的規制を行う周縁的外部（メディア的に拡張された中間的な親密帯ないしはメディアによって中途半端な知り合いになってしまった不特定多数の人々の世界）となっているといえよう。

情縁化した「世間」の特徴としては、単に個人化しているということだけでなく、それが選択縁に基づく参加・脱退自由な再帰的共同体になりつつあるということも考えられる。というのは、情報人類学者の奥野卓司が指摘しているように、メディア縁や情縁は「時間と空間を越えて、個メディアによって、自由に結ばれる」という特性をもつからである。また、情縁的なつながりにおいては、人々は「より自由な存在として、自分の関心、興味や感性にしたがって行動し、新たなネットワークを構築している」からでもある。(66)

ネット掲示板やブログに見られるように、情縁的な共同体は共通の趣味や関心を有する人々がヴァーチャルな空間に自由に出入りして対話することによって構築される。つまり情縁的な共同体においては、対面的な近接性ではなく関心・趣味の近接性による対話的な選択的帰属が可能になっている。こうしたことは、ヴァーチャル・コミュニティが趣味や関心に基づいて自由に参加・脱退できる対話中心の「関心の共同体（community of interest）」でもあることを意味している。

「世間」もネット化・ＩＴ化することによって、一種のヴァーチャル・コミュニティと化し、対話的な「関心の共同体」になる傾向があるとすれば、今後、「世間」が個人化した選択縁に基づく参加・脱退自由かつ構築的な再帰的共同体としての性格を強めていくことが予想されるのであるが、「世間」がこうした参加・脱退自由な情報選択縁による再帰的共同体になることの意味合いはさしあたり両義的である。というのは、ネット化・ＩＴ化した「世間」と「世論」の融合という事態は、「世間」の「世論」化と「世論」の「世間」化という二つの意味を含んでいると考えることができるからである。

一方において、前近代的な人間関係から成り立っている「世間」が情縁化して、純粋なコミュニケーション・コミュニティあるいは離床した対話共同体に転化し、再帰的な「公論」の場に変容するということ（「世間」の「世論」

化）が考えられるのである。[67] すなわち、情縁化・メディア化はさまざまな人間関係のしがらみから解放された個人を単位とした流動的なネットワーク化や選択縁化を促進するがゆえに、情縁的な「世間」においては従来の地縁・血縁・社縁的な「世間」に見られたような前近代的共同性や拘束性が弱化して、理性的で自由な対話や討議の可能性が拡大すると推考できるのである。

しかしながら、他方において、「世論」の「世間」化という側面も無視できない。たとえば、インターネットにおける関心の共同体や趣味の共同体は、自由選択のフィルタリングが可能であるが、まさにそうであるがゆえに逆説的にタコツボ化・閉域化する可能性が生じる。このような関心の共同体の閉域化によって人々が元来有していた思想傾向がさらに過激化して、市民社会的な公共意識や民主主義を阻害する危険性のある「集団分極化」がもたらされうることはつとに指摘されている。[68] そして今日、関心の共同体の閉域化や集団分極化を背景として、ネット上の「バッシング」や「祭り」や「炎上」が生起していると考えられるのである。こうした「ネット世間」による「バッシング」は、C・サンスティーンのいう「サイバーカスケード（ネット上の雪崩現象）」や、Z・バウマンのいう（欲求不満のガス抜きをする刹那的な）「爆発的共同体」現象ないし「クローク型／カーニバル型共同体」現象として理解することができる。[69] これらの現象は「世論」の「世間」化、つまり、理性的討議が可能でありうるはずの公共的なメディア言説空間において、前近代的ともいえる「祭り」＝「供犠」としての私的な制裁・処刑が行われ、非理性的な民衆的情緒（＝「世間」的心情）が暴発することを示唆している。

以上のように、伝統的な共同体的関係性から離床し、個人化し、情報選択縁化した「世間」は浮遊する再帰的な関心の共同体となる傾向を有しているわけだが、それは自由で理性的な「公論」共同体となる可能性だけでなく、非理性的・前近代的な「世間」的心情が暴走する「爆発的共同体」となる可能性も秘めているのである。その意味では、「世間」がメディア化・情縁化することによって永続する、という見解は一概に否定できないのかもしれない。ただし、現代化する「世間」にはこうした両義性が存在するとはいえ、すでに確認したように、伝統的な地縁・血縁・社縁的な「世間」が衰微し、メディア化・情縁化した「世間」が「世論」と融合しつつあることは疑いない。だとすると、高度近代・再帰的近代において市民社会がより反省性＝再帰性を高め、成熟することによって「世論」の実質的合理化が進展して、「メディア化された世間」が暴走する頻度が漸減していくということも想定されうる。[70]こうした「メディア化された世間」の「世論」化・公論化がさらに漸進していくとすれば、当面のところメディア化することによって延命した「世間」が将来的にはさらに減衰するという可能性も決して否定できない、と思われるのである。

注

（1）正高信男『他人を許せないサル』講談社、二〇〇六年、三六～三七頁。
（2）前掲書、一二～一三頁。
（3）前掲書、一六～一七頁。
（4）前掲書、九〇頁。
（5）前掲書、七九～八三頁、九六頁。
（6）前掲書、一〇四～一一〇頁、正高信男『ケータイを持ったサル』中央公論社、二〇〇三年、一一九～一二一頁、正高信男『考えないヒト　ケータイ依存で退化した日本人』中央公論社、二〇〇五年、ｖ～ⅳ頁、一七九～一八二頁。
（7）前掲書、一二八～一四八頁。
（8）前掲書、一六五頁。
（9）ただし、正高は前掲書の九六頁において「ＩＴ化された社会＝ＩＴ世間」と記しているように、「社会」と「世間」を概念的に区分していないと思われる。
（10）正高は「欧米人の精神基盤が神と個人のつながりであるのに対して、日本人は常に『世間』＝他人の目がつきまとう風土」であると述べているが、この記述も「世間」の永続性を示唆している。前掲書、六二頁を参照。
（11）とはいえ、正高はこの著書の結論部分で「急務の課題としては、匿名のままでアクセスすることが不可能なシステムの構築があげられるだろう」と述べており、匿名的な「ＩＴ世間」の永続を望んでおらず、個人の責任が問われる「ＩＴ社会」を希求しているようにも思われるのである。前掲書、一六五頁を参照。
(12) 井上忠司『「世間体」の構造』日本放送出版協会、一九七七年、九七頁。
(13) 前掲書、九八〜一〇二頁。
(14) 前掲書、一五〜一六頁、阿部謹也『「世間」論序説』朝日新聞社、一九九九年、五頁。
(15) G・タルド（稲葉三千男訳）『世論と群集』未来社、一九六四年、七六〜八八頁。
(16) メディア史研究者の佐藤卓己によれば、戦前まで「世論（せろん）」と「輿論（よろん）」はまったく別の言葉であり、明治期の和英辞典には世論《せろん》＝popular sentiments（民衆感情）、輿論《よろん》＝public opinion（公論）という異なる訳語が付されていた、という。現在の日本語の「世論（よろん・せろん）」は、理性的な「公論」という意味合いだけでなく、情緒的な「民衆感情」という意味合いも含んでいると考えられる。現在、「世間」と「世論」が融合している理由の一つは「世間」のメディア化ということであるが、もう一つの理由として現代の「世論《せろん・よろん》」概念自体が非合理的・情緒的な「民衆感情」＝「世間の雰囲気」をも意味しているということが考えられる。岡田直之・佐藤卓己・西平重喜・宮武実知子『輿論研究と世論調査』新曜社、二〇〇七年、八七〜九一頁、を参照。
(17) それ以外にも両者を区分する特性として、「匿名性」と「実名性」ということが考えられる。つまり、「世間」は匿名的で、「世論」は実名的である、とみなされうるのではないか、ということである。しかし、「世間」には個人が存在しないので、「世間」の噂はまったくの「匿名性」に覆われているともいえるが、「世間」には名前だけは知っているような中途半端な知り合いも存在する。他方、「世論」においては、特定のオピニオンリーダーや論客など「個人」が実名で公共的な見解を発表するという場合もあり、「実名的」でもあるとみなすことができる反面、世論調査の場合のように「匿名的」であるという側面も存在する。このように「匿名性」と「実名性」ということは、必ずしも「世間」と「世論」を区分する有効な基準ではないと考えられる。
(18) 佐藤直樹『「世間」の現象学』青弓社、二〇〇一年、一七〇〜一七四頁。
(19) 前掲書、一七六〜一七九頁。
(20) イラクから帰国された五人をサポートする会編『今問い直す「自己責任論」』新曜社、二〇〇五年、一四三〜一五二頁。
(21) 佐藤真紀・伊藤和子『イラク「人質」事件と自己責任論』大月書店、二〇〇四年、一七〜二二頁。なお、この事件で人質になった郡山総一郎氏は家族の一人から「君たちが謝らないと世間が納得しないんだよ」と言われたという。人質となった三人は「マスコミという名の世間」と戦わなければならなかった。郡山総一郎・吉岡逸夫『人質　イラク人質事件の嘘と実』ポプラ社、二〇〇四年、九七頁、を参照。

（22）ネットスラング（インターネット上の隠語）としての「祭り」とは、ネット掲示板における特定スレッドにユーザーが集中して、激しく盛り上がっている状態を意味している。同じくネットスラングとしての「炎上」とは、ブログに多数のコメントが殺到し、ブログの運営者が対応困難な状態になることを意味している。ネット上の「祭り」やブログの「炎上」は、「ネットバッシング」・「批判集中型」と「ネットバトル」・「議論過熱型」に分類することが可能であるが、実際には「ネットバッシング」型・「批判集中型」のケースが多いようである。「ネットバッシング」・「批判集中型」の「祭り」では、祭られる人間の個人情報（名前、住所、年齢、勤務先、顔写真など）がネット上に晒されていくというパターンがよく見られる。

ネット掲示板における「祭り」の原因としては、ネット掲示板ユーザーの「正義感」と「嫉妬」が指摘されている。「祭り」は、一方では「自らの反社会的な振る舞いを得意げに自身のブログやHPに掲載していた」人々に対して制裁を加えようとするものであるという点においては、「『正義感』に根ざしたもの」であるといえるが、他方では「祭られる側の社会的地位などに対する『嫉妬』によるものである」とされる。つまり、ネット上で祭られる人々の多くは「社会的に優位な立場にあるいわゆるプチセレブ」であり、ネット掲示板ユーザーとは「対極の立場に位置しており、そのいかんともしがたい現実に対する『嫉妬』の炎が祭りの最大の『燃料』になっていた」というのである。

こうした解釈が正しいとすれば、ネット上の「祭り」は「正義感」という市民的公徳心の表出として近代的な「世論」的特性を有するのだが、「嫉妬」に基づく私的な制裁ないし処刑（メディア・リンチ）が、文字通りの祭祀・供犠として実行されているという点では前近代的な「世間」的特性をも有する、といえよう。すなわち、「祭り」や「炎上」のようなサイバーカスケード（ネット上の雪崩現象）あるいはネット上の集団ヒステリー（集団的な萌え＝燃え）現象においても、「世論」と「世間」の融合が見て取れるのである。有栖川礼音・井上トシユキ他『インターネット事件簿　祭られた人々』晋遊社、二〇〇六年、伊地知晋一『ブログ炎上』アスキー、二〇〇七年、C・サンスティーン（石川幸憲訳）『インターネットは民主主義の敵か』毎日新聞社、二〇〇三年、荻上チキ『ウェブ炎上』筑摩書房、二〇〇七年、などを参照。

（23）阿部謹也『近代化と「世間」』朝日新聞社、二〇〇六年、九七頁。

（24）阿部謹也『「世間」とは何か』講談社、一九九五年、二五八頁、阿部謹也『「教養」とは何か』岩波書店、二〇〇一年、一七九頁。

（25）正高信男『他人を許せないサル』八〇頁。

(26) 菅原健介『羞恥心はどこに消えた?』光文社、二〇〇六年、一六一頁。
(27) 前掲書、一八三頁。
(28) 前掲書、一七二～一八〇頁。
(29) NHK放送文化研究所編『現代日本人の意識構造〔第七版〕』日本放送出版協会、二〇一〇年、一九一頁。
(30) 前掲書、一九二～一九四頁。
(31) 石井研士『結婚式　幸せを創る儀式』日本放送出版協会、二〇〇五年、三七頁、石井研司『日本人の一年と一生』春秋社、二〇〇五年、一七四頁。
(32) 斉藤美奈子『冠婚葬祭のひみつ』岩波書店、二〇〇六年、七頁。
(33) 石井研士『結婚式　幸せを創る儀式』一三六頁、一六一頁、斉藤美奈子『冠婚葬祭のひみつ』五七頁。なお、石井によれば、一九五〇年代の半ばまで最も多い挙式様式は人前式だったとされる。石井研士『結婚式　幸せを創る儀式』六七頁を参照。
(34) 斉藤美奈子『冠婚葬祭のひみつ』六三頁。
(35) 石井研士『結婚式　幸せを創る儀式』一七五頁。
(36) 五十嵐太郎『結婚式教会の誕生』春秋社、二〇〇七年、二三四頁。
(37) 石井研士『結婚式　幸せを創る儀式』七〇～七七頁、石井研士『日本人の一年と一生』一八〇頁。
(38) リクルート「ゼクシィ　結婚トレンド調査二〇〇七」http://www.recruit.jp/library/bridal/B20071022/docfile.pdf 及びリクルート「ゼクシィ　結婚トレンド調査二〇〇四」http://www.recruit.jp/library/bridal/B20040913/docfile.pdf
(39) 下開千春「現代女性の結婚式に関する意識と実体」http://group.dai-ichi-life.co.jp/dlri/ldi/report/rp0105.pdf
(40) リクルート「ゼクシィ　結婚トレンド調査二〇〇四」http://www.recruit.jp/library/bridal/B20040913/docfile.pdf
(41) 国立社会保障・人口問題研究所「第一三回出生動向基本調査」http://www.wam.go.jp/wamappl/bb16GS70.nsf/0/35bed1f5524411734925719b0029b8b/$FILE/20060628siryou.pdf
(42) 関口裕子・服部早苗・長島淳子・早川紀代・浅野富美枝『家族と結婚の歴史』森話社、二〇〇〇年、五六～五七頁、七三～七四頁。
(43) 石井研士『結婚式　幸せを創る儀式』八四～九四頁、石井研士『日本人の一年と一生』一六六～一六八頁。
(44) 五十嵐太郎『結婚式教会の誕生』二八～二九頁、小野原秀一『オリジナルウエディングの成功術』小学館、二〇〇四年、一～五頁、斉藤美奈子『冠婚葬祭のひみつ』一一〇頁。現在の結婚式において、挙式スタイルとしてはキリスト教式と神前式のほかに人前式と仏前式があり、二〇一三年の実施率としては首都圏においてキリスト教式が六二・一%、人前式が一七・七%、神前式が一七・三%、仏前式が〇・四%というデータがある。また、披露宴会場についても、ホテルや一般の結婚式場だけでなく、ゲストハウスやレストランを利用するケースが増えており、選択肢は広がっている。リクルート「ゼクシィ　結婚トレンド調査　首都圏二〇一三」http://bridal-souken.net/data/trend2013/XY_MT_13_report_06shutoken.pdf を参照。

(45) 碑文谷創『死に方を忘れた日本人』大東出版社、二〇〇三年、二〇頁、碑文谷創『新・お葬式の作法』平凡社、二〇〇六年、四八頁。

(46) 井上治代『墓をめぐる家族論』平凡社、二〇〇〇年、一八一～一八四頁、一九九頁、二〇六頁、二〇八頁。

(47) 小谷みどり『変わるお葬式、消えるお墓』岩波書店、二〇〇六年、一〇五頁。

(48) 碑文谷創『新・お葬式の作法』二〇～二一頁。

(49) 前掲書、一五～一七頁、石井研士『日本人の一年と一生』一九三～一九五頁。

(50) 小谷みどり『変わるお葬式、消えるお墓』一一七頁。なお、近年の葬儀は簡素で小規模な「家族葬」・「密葬」だけでなく、二、三ヵ月後に一般会葬者のために無宗教の「お別れ会」や「偲ぶ会」が開かれることもあり、葬儀が完全にプライベート化したというわけではない。斉藤美奈子『冠婚葬祭のひみつ』一六二頁、碑文谷創『死に方を忘れた日本人』九五頁を参照。

(51) 井上治代『墓をめぐる家族論』六〇頁。

(52) 五来重「日本人の先祖供養観」大法輪編集部編『先祖供養と葬送儀礼』大法輪閣、一九八五年、二六～二七頁。

(53) 有賀喜左衛門『家』至文堂、一九七二年、二五八頁、孝本貢「現代における先祖祭祀の変容」石川利夫・藤井正雄・森岡清美編『生者と死者　祖先祭祀』三省堂、一九八八年、九九頁、花山勝友「現代人と先祖供養」大法輪編集部編『先祖供養と葬送儀礼』大法輪閣、一九八五年、一一頁。

(54) R・J・スミス（前山隆訳）『現代日本の祖先崇拝（下）』御茶の水書房、一九八三年、三五四～三五八頁。

(55) 森岡清美『発展する家族社会学』有斐閣、二〇〇五年、二五五頁。

(56) 井上治代『墓をめぐる家族論』二一一～二一二頁。

(57) 現在の葬儀に関する具体的な反省的＝再帰的批判としては、寺壇制度や高額な戒名料などに関するものがある。

(58)碑文谷『死に方を忘れた日本人』二一二頁。なお、石塔自体も近世の寺壇制度・葬式仏教の普及以降に出現したのであり、その歴史は長く見積もっても四〇〇年ほどである。岩田重則『「お墓」の誕生』岩波書店、二〇〇六年、八一頁、一三九頁を参照。

(59)墓や仏壇以外の故人追憶・遺骨供養として、遺灰や遺骨の一部をプレートや置物やペンダントなどに納めたり、加工したりして身近に置いて故人を偲ぶ手元供養という新しい形式も現われている。小谷みどり『変わるお葬式、消えるお墓』一七七～一七九頁、を参照。

(60)仏事ガイド編集部編『永代供養墓の本』六月書房、二〇〇五年、一八～二一頁。なお、永代供養墓に多く見られる合葬墓や合祀墓においては、祭祀・供養者が「血縁」者から生前に墓を介して集まった会員＝「結縁」者へと変容しており、供養に関わる人間関係の脱伝統化・選択縁化が見られる。井上治代『墓をめぐる家族論』一四一頁、を参照。

(61)碑文谷創監修『自分らしい葬儀』小学館、一九九八年、一五〇～一五五頁、碑文谷創『死に方を忘れた日本人』二三一～二三二頁、井上治代『墓をめぐる家族論』、一九二頁。

(62)碑文谷創監修『自分らしい葬儀』一五八頁、碑文谷創『死に方を忘れた日本人』二四九～二五〇頁。

(63)碑文谷創『死に方を忘れた日本人』二三八～二三九頁、千坂嵃峰・井上治代『樹木葬を知る本』三省堂、二〇〇三年、一六頁。

(64)「ウチ」の課、「ウチ」の部、「ウチ」の会社、「ウチ」の業界など、恣意的に区切られた内的共同体を設定した場合、それを囲繞し、何らかの関わりを有する「ソト」の領域が「世間」ということになり、「世間」の範囲は「ウチ」（内集団）の同定の仕方によって変化する。たとえば、ある会社の部署である一つの「課」を「ウチ」と見なした場合、「ウチ」の課の「ソト」の部署や「ソト」の業界は同じ会社もしくは同じ業界であったとしても、「ミウチ」の恥をさらすことのできない、あるいは「ウチ」に外圧によって共同体的規制をかけてくる「世間」だということになる。しかし、会社や業界を「ウチ」として捉えた場合は、その会社や業界に関わりのある「ソト」の世界が「世間」だということになるのである。

(65)ちなみに、学校裏サイトやプロフ（主に携帯電話で利用される自己プロフィール作成サービスサイト）における「いじめ」の特性を考量すると、それが内集団的なＤＶや家庭内虐待に類似した仲間内の「いじめ」なのか、あるいは「ネット世間」的な外集団による外圧的な「いじめ」なのか、という点が非常に微妙である。ただし、この曖昧さは「ウチ」と「ソト」の境界が溶解していることに由来していると思われる。このことは現代の子どもの人間関係においても個人化・選択縁化が進行して共同体的自明性が消失し、親密性の流動化・不安定化が増大したことと無関係ではないだろう。

(66) 奥野卓司『第三の社会』岩波書店、二〇〇〇年、五七頁、五九頁。
(67) 「テクノロジーに媒介されたコミュニティ」としてのヴァーチャル・コミュニティについて、イギリスの社会学者G・デランティはそれが「コミュニケーション・コミュニティ」であって、ますます対話的に構築されるものになっている、という。その理由はヴァーチャル・コミュニティが「対話的な文脈での情報を共有すること」を目標としているからである。G・デランティ（山之内靖・伊藤茂訳）『コミュニティ』NTT出版、二〇〇六年、二三八～二三九頁、二五八頁、二六一頁、二六六頁を参照。
(68) C・サンスティーン『インターネットは民主主義の敵か』八〇～九三頁。
(69) C・サンスティーン『インターネットは民主主義の敵か』九三～九七頁、Z・バウマン（森田典正訳）『リキッド・モダニティ　液状化する社会』大月書店、二〇〇一年、二五七～二六〇頁。
(70) さらに人間関係の流動化が情縁やメディア縁においてもさらに進展し、共同体の凝集性を強化する機能をもつ儀礼である供犠や「祭り」がメディアにおいて衰滅していくと仮定すれば、情縁共同体としての「メディア化された世間」は解体する方向にあるといえるかもしれない。

# 第七章　「個人化」のゆくえ

## ――U・ベックの「個人化」論――

### 序

近年、日本社会において大きな変容が生じている。それは一言でいえば「(伝統的な) 共同体の解体」ということである。すなわち、家族、地域、学校、会社などにおける共同性や集団的一体性の弛緩が進行しているのである。たとえば、家族においては、精神科医の小此木啓吾のいう「ホテル家族」化や情報人類学者の奥野卓司のいう「ネットワーク家庭」化が生起している。現代の家族はホテルの宿泊者たちのように、同じ食堂で食事をする (時間差がある場合もある) のだが、そこにコミュニケーションはほとんどなく、食事が済むとそれぞれ自分の部屋に戻って引きこもり、プライベートな時間を過ごす。一つの建物内で家族のメンバーはそれぞれ個別の時間と空間を生きているのである。そして、家族間のつながりは携帯電話などの個メディアによって維持され、ゆるやかにネットワーク化された関係になりつつある(1)。

地域や近隣においても、都市化や郊外化によって人間関係の流動化・希薄化が進み、近隣社会の生活共同性が衰微している。たとえば、そのことは町内会や自治会の加入率低下という現象として表出している。首都圏では神奈川県川崎市多摩地区の自治会加入率は一九八二年には八〇%を超えていたが、二〇〇八年には六〇・八%に低下している。[2] 同じく首都圏の東京都町田市では町内会加入率が年々低下し、二〇〇〇年に六三・六%であったが、二〇〇八年には五八・一%になっている。[3] 地方でも和歌山県の旧田辺市では、加入率は一九八二年に九二・五%だったが、二〇〇八年には七八・四%へと約一四%低下している。[4] また、平成一九年度版の国民生活白書によれば、近所づきあいにおいて、「親しくつき合っている」が一九七五年には五二・八%だったが、一九九七年には四二・三%に下落しており、隣近所の人と「よく行き来している」と「ある程度行き来している」と答えた人が二〇〇〇年には五四・六%だったが、二〇〇七年には四一・六%に落ち込んでいる。[5]

会社においても、一九九〇年代以降、経済のグローバル化とともに日本型経営の衰退が始まり、終身雇用・年功序列・企業内組合といった共同体的な組織特性に変化が生じている。日本においてもグローバル・スタンダードとしてのアメリカ型経営、すなわち株主重視経営、成果主義、雇用の流動化と多様化（非正規雇用の増加）が促進されることになったのである。その結果、家父長制的な「家」共同体としての「企業」観、擬制的家族としての会社内の共同体的人間関係は解体しはじめる。会社は「家」としての長期的な共同体的利益を追求するのではなく、株主のための短期的な利益追求を行う機能集団になる。それとともに、自立した諸個人が自己利益を追求するために自由で多様な労働契約を結んで、各人が相互に成果を競い合うといった、いわばアリーナ（競争現場）となりつつある。[6]

現代日本社会において生じている、こうした地縁・血縁・社縁的な各種共同体の解体は、「個人化」の進行として捉え返すことができるだろう。すなわち、個人の逸脱やわがままを抑制する共同体が解体するということは、個人の自由や選択の範囲が拡大するということである。あるいは、共同体の弱化により個人は自己の行為選択において共同体のルールや取り決めにもはや準拠・依存できなくなっているということである。このように「個人化」が進行している現在、それが社会の崩壊や衰退を示唆する現象であるとも考えられるがゆえに、今後のその展開を考察するという課題が重要性を帯びてくる。本章ではその予備作業として、ドイツの社会学者U・ベックの「個人化」論について検討を加えたいと思う。この作業により、これからの日本社会のゆくえを考量するために欠かすことのできない貴重な視座を獲得できると考えている。

## 第一節　「個人化」の歴史＝社会的背景
### ――再帰的近代化――

ベックによれば、「『再帰的近代化（reflexive modernization）』という、よりラディカルな過程の結果として、根本的な変化が社会と政治の本質において生じている」[7]。そしてその「根本的な変化」の中には「個人化」も含まれている。「個人化の過程は理論的には再帰性の所産であると考えられる（Der Individualisierungprozeß wird theoretisch als Produkt der Reflexivität gedacht）」[8]。このようにベックにおいては、「個人化」という現象は「再帰的近代化」あるいは「再帰的近代（reflexive modernity）」という歴史＝社会的状況において生起していると考えられている。

そこで、まずベックの「個人化」概念について検討する前に、その前提となっている「再帰的近代」という時代認識について確認しておきたい[9]。「再帰的近代」は「第二の近代（second modernity）」とも称されるのだが、それは「第一の近代（first modernity）」（あるいは「単純な近代」）と区別されるものである。近代は第一期と第二期に分節され、「再帰的近代」は近代の第二期、新しい近代だというわけである[10]。そして、ベックによれば「再帰的近代化」とは、「反射的（reflexive）」という言葉が示唆しているように、「反省（reflection）」ではなく、「自己対峙（self-confrontation）」を、すなわち「自分と向き合うこと」を意味しているのである。さらにいえば、「再帰的近代化」とは、近代がそれ自身の成功の副作用と向き合う、ということなのである[11]。

ベックは、近代社会について「工業社会（industrial society）」とその次の段階としての「リスク社会（risk society）」という区分も行っており、工業社会時代からリスク社会時代への推移が「再帰的近代化」と称されるのである。この推移は「潜在的副作用の様式に従って、近代の自律したダイナミズムの結果として、望まれないままに、気づかれることなく、いやおうなしに生起している[12]」工業社会では進歩に関する合意が自明のこととされ、生態系の危機が等閑視されていたのだが、リスク社会では「近代化に伴う危険が科学化の対象となることによって、潜伏していたものが顕在化してくる[13]」。

ベックにおいては、おおよそ「第一の近代」＝「単純な近代」＝「工業社会」、そして「第二の近代」＝「再帰的近代」＝「リスク社会」と考えられており、再帰的近代化によって近代自体が再帰化していくわけだが、それは近代社会自身の自律的発展が生み出した（自然破壊などの）副作用としてのリスクに近代社会が反射的に直面せざるをえなくなることを意味している。「工業社会」＝「単純な近代」においては認知・反省されることのなかったリスクに、いやおうもなく正面から向き合わざるをえなくなるのが、「リスク社会」＝「再帰的近代」だというわけである。「自律的で、望まれておらず、気づかれていない、工業社会からリスク社会への移行を『再帰性（reflexivity）』と呼びたい[14]」。「近代の再帰性理論の基本命題は、ごく単純化すれば以下のとおりである。すなわち、近代社会の近代化がよりいっそう進展すればするほど、工業社会の基礎はますます解体され、消尽され、変化をこうむり、危機にさらされるということである。近代の反省理論（reflection theory of modernity）との違いは、このことが反省を伴わず、知識や意識が及ばない形で生じうるという事実にある」とされる[15]。

ベックにおいて「個人化」は「反省的近代化（reflective modernization）」の進展によって「（自己）反省」が高度化して生じたものというよりもむしろ、「無反省（non-reflection）」や「非知（non-knowledge）」を含む「再帰的近代化」によってもたらされたと考えられている[16]。そして具体的には、「個人化」は「伝統的な生活連関からの解放であるとされている[17]。「福祉国家という形で保障を与える近代化の過程が進む」ことによって工業社会の「生活様式がその伝統から解放されていく」。なぜなら「福祉国家によって支援される権利や義務のほとんどは……（中略）……個人のために設定されている」からであり、「労働市場社会でありながら福祉国家的に生存が保証されるということが普遍化していけば、階級社会の社会的基盤が解体される。また、同時に家族という社会的基盤もまた解体されてしまう」からである。「今日解体されつつあるのは、発達した工業社会の生活様式や労働様式」、つまり、「社会の階級や階層、核家族である」というのである[18]。

近代が徹底化されて福祉国家による個人の生活保障が整備されていけば、近代化の副作用として、工業社会の伝統的な生活様式としての階級や家族という集合体的基礎が、意図されることなく、気づかれることなく、いやおうなしに掘り崩されていき、「個人化」が生起する。そして、近代の成功がもたらした、その意図されなかった、認知されなかった、そして必ずしも望まれていなかった帰結に近代自身は向きあっていかざるをえない、というわけである。「無反省」や「非知」を伴う近代の再帰的＝自己対峙的なプロセスの中で、「個人化」が進行しているのである。それゆえ「個人化は、諸個人の自由な意思決定に基づいているのではない。……（中略）……人々は個人化を運命づけられている」ということになる。あるいは「個人化は諸個人の自由な決定によってもたらされるわけではない、一つの社会状況なのである[19]」。「個人化」は「再帰的近代化」、すなわち、工業社会の前提を掘り崩し、もう一つの別の近代に道を切り開く「近代の徹底化」（「近代化の近代化」）がもたらした「強制的なもの（compulsion）」なのである[20]。

## 第二節　ベックの「個人化」概念
### ――協同的な個人主義と制度化された個人主義――

前節で確認したように、ベックにおいては「個人化」とは再帰的近代化において強制されるものであるわけだが、次に「個人化」概念のより具体的な意味合いについて見ていきたい。ベックは再帰的近代化とともにグローバリゼーションと脱伝統化と「個人化」が同時に進行していることを示唆している。すなわち、今日、人々は「第一の近代」の国民的な工業社会から世界リスク社会というトランスナショナル（通国民的）な混乱へと移住させられており、人々はきわめて多様で矛盾に満ちたトランスナショナルで個人的なアイデンティティとリスクとともに自分自身の人生を生きることが期待されている。その意味において「個人化は脱伝統化を意味しており、その逆もまた真である」と述べている。[21] このように「個人化」とはグローバルな状況の中で人々が伝統や共同体による拘束から自由になること、そしてそれゆえ自分自身で自分の人生ないし生活史を作っていくことである。伝統的拘束からの自由、すなわち脱伝統化が「個人化」と連動して生じているのであり、「個人化」した「自分自身の人生は脱伝統的な人生でもある」というわけである。[22]

それゆえ、「個人化」は「人間の人生があらかじめ決められた状態から解き放たれたことを意味している。つまり、まだ確定されていないもの、個々人の決定に左右されるものになったということ、人生の成り行きが個々の課題として各人の行為にゆだねられているのだということである」。あるいは「人生が『自己反省的（selbstreflexiv）』になっていることを、社会的にあらかじめ与えられた人生が、自分で作っていく、そして作っていかなくてはならない人生へと変換されていることを」意味している。[23] それは人々の人生が「選択された人生」、「自分自身で作り出す人生」、「再帰的＝反省的な人生」、「組み立て工作の人生」になることである。[24] つまり、個人化によって人間は諸可能性の中から選択されたもの、すなわち、ホモ・オプティオニス（homo optionis）になるのである。[25]

以上のように、ベックの場合、「再帰的近代（第二の近代）」においてグローバリゼーションおよび脱伝統化と相即的に現象する「個人化」は、はからずも、そして、いやおうなしに人々の人生が選択可能、自己決定可能、自己製作可能なものとなってしまったことを指し示しているといえるのだが、こうしたベックの「個人化（individualization）」概念は、称賛されるイデオロギーとしての「個人主義（individualism）」や発達心理学者が使用する意味での「個体化（individuation）」とは異なる。「個人化」は新自由主義的な「市場的利己主義（market egoism）」と同一視できないのであり、また、J・ハバーマスが記述するような解放を意味しているのでもない。さらに、「個人化」は人間が自律的な個人になる過程を示す「個体化」でもないのである[26]。

ベックはとりわけ「個人化」と新自由主義的な「個人主義」（自由市場的個人）との違いを強調している。新自由主義経済は自給自足的な人間自我（autarkic human self）のイメージに依拠している。それは諸個人が自分ひとりだけで自分の人生全体を制御でき、自分自身の内部から行為能力を引き出し、更新することができることを想定している。自給自足的な個人（self-sufficient individual）というイデオロギー概念は、究極的にはあらゆる意味における相互的義務の消失を意味している[27]。ベックはまた新自由主義的な「個人主義」を「利己的な起業家（self-entrepreneur）」という理念型によって説明している。利己的な起業家は自己の制約なき自律性という幻想において行為している。利己的な起業家は自分がモナド（単子）であると信じており、完全な独立という幻想の中に生きている。そしてグローバル社会のロビンソン・クルーソーのように自分が孤立した実存を生きていると考えている[28]。

ベックによれば、「個人化」はしばしばこうした自給自足的な個人主義として誤解されている。あるいは、「個人化」は自分第一主義社会（me-first society）を生み出しているというステレオタイプ（紋切り型）的思考が存在しているが、それは誤ったイメージである[29]。「個人化」はつねに他者とともにある個人化である。「個人化」は社会的な概念であり、それ以外のなにものでもない。「個人化」は本来的に「共―個人化（co-individualization）」という規範的要求によって定義される[30]。そもそも他者とのネットワークをつうじてでなければ、いかなる自己選択的な生活も組織できないのである。人々は「利己的な起業家」とは別の種類の起業家、すなわち「社会性のある起業家（social entrepreneur）」になることを強いられる。人々は他者の企図と自分の企図とを調和させる継続的な過程に参加することによってはじめて自らの自己選択的な生活を構築することができるからである。ゆえに自己選択的生活を送ることは社会的生活を送ることを意味している[31]。

このようなベックの「個人化」概念は「利他的個人主義（altruistic individualism）」、「協同的利己主義（cooperative egoism）」そして「協同的個人主義（co-operative individualism）」といった用語において端的に示される[32]。これらの用語は以下のような事柄を意味している。すなわち、個人であることは他者への配慮を排除しない。実際に個人化された社会で生きることは、自分の日常生活を管理し、秩序づけるために、社会的に分別がなければならず、他者と関係しなければならず、自分自身を制約しなければならないことを意味している。「個人化」は社会化や共同主観性を前提しているのであり、個人であるためには、自分たちの共同主観性を構成し、発明しなければならない[33]。自分自身の人生を生きる人々は誰でもかなりの程度、社会性ということに敏感でなければならない、ということである[34]。

また、ベックの「個人化」は「制度化された個人主義（institutionalized individualism）」や「制度的個人主義（institutional individualism）」という意味合いも有する。近代的生活において、個人は家族、部族、宗教、出自、階級といった古い紐帯の外で、自分自身の独立した生活を送ることができ、そして送らなければならない。しかし、個人は国家、労働市場、官僚制などが設定した新しいガイドラインや規則の中でそうするのであり、「個人化」は諸制度に依存した個人的状態なのである[35]。「解放された諸個人は、労働市場に依存し、それゆえ教育に依存し、消費に依存し、社会保障上の規制や扶助制度に依存し、交通計画や消費財や、そのときどきで流行っている医学的、心理学的、教育学的な助言や補佐に依存している[36]」。個人化された自分自身の人生は完全に制度に依拠しているのであり、拘束的な伝統に代わって、制度的な指針が自分自身の人生を組織する場面に現われている。国民国家は「個人化」を生み出し、肯定したが、それに適応するための社会化の教義と教育制度を伴っていたのである。教育や福祉国家のような制度的資源が存在する「個人化」とそれらが存在しない「アトム化（原子化）」との間には大きな相違がある[37]。新自由主義的な市場イデオロギーによって促進されるのが「アトム化」であるが、それは社会的保障を提供する集合的システムが撤去されつつある時に生起するものである。これに対して「個人化」は社会的保障の基礎の上に生じているのである[38]。

以上のように、ベックは「個人化」を「協同的あるいは利他的個人主義」そして「制度化された個人主義」といった社会科学的な意味合い（＝社会制度に支えられ、かつ社会性・社交性を有する個人主義）において捉えているのであり、それは新自由主義的な意味（＝自給自足的で孤立した利己的な個人主義ないしアトム化）や一般社会に流布しているステレオタイプ的見方（＝「自分第一主義」）とは区別されるのである。そして、自律性かアノミーかという二者択一的な見地から個人化された社会を理解しようとする常識的見解は問題を単純化し、歪めているとされるのである[39]。

## 第三節　「個人化」と社会統合
### ――「第二の近代」の社会構造としての「個人化」――

前節でも確認したように、ベックの「制度化された個人主義」としての「個人化」の概念は二つのことを意味している。一方において、個人化は既存の社会形態の解体、すなわち、階級、社会的地位、ジェンダー的役割、家族、近隣のようなカテゴリーがますます壊れやすくなることを意味している。他方において、「個人化」は近代社会において新しい要求、統制、拘束が諸個人に課されていることを意味している。つまり、労働市場、福祉国家、諸制度をつうじて人々は規制、条件のネットワークに結びつけられる。年金受給権、保険保障、教育補助金、税率など、これらすべては近代の思考、計画、行為が生み出される地平を構成する制度的準拠点である。それゆえ、「個人化」は空虚な空間においてジャグリングをするような自由気ままな行為の論理を意味してはいない。近代的主体がその選択を展開する空間は非社会的空間ではないのである[40]。

これら二つのことは「制度化された離床した個人主義（institutionalized disembedded individualism）」という言葉で指し示される[41]。「個人化」は「第二の近代」においては徹底化されて「再着床のない離床（disembedding without reembedding）」となるとされるのだが、伝統や共同体から離床した個人化は制度化されているのである。進展した近代においては、人間の相互性や共同性はもはや堅固に確立された伝統にもはや依拠しておらず、「相互的な個人化（reciprocal individualization）」という逆説的な集合性に依拠しているとされるのである[42]。

また、ベックのいう「利他的な個人主義」や「協同的個人主義」としての「個人化」は、社会性・社交性を有する個人主義ということであるが、それは「実験的な形態の個人主義（experimental form of individualism）」でもある。もはや伝統的な規則や規範に依拠できない現代において、諸個人は手探り状態で自己選択的に他者との関係性を実験的に構築していくほかはないからである。この協同的で実験的な形態の個人主義は自分の人生の選択と他者のそれとを調和させる圧力を含んでいる。それゆえ、それは必然的に実験的な文化に向けて開かれており、新しい社会形態を創造するのである[43]。

このように、「個人化」は選択の自由の増大が秩序の解体をもたらすということを意味していない[44]。「個人化」は高度に分化した社会の構造的特質であり、社会統合を脅かすのではなく、むしろ社会の統合を可能にするのである[45]。すなわち、離床した「個人化」は「第二の近代」の社会構造になっているのである[46]。

ただし、この構造は「流動的な構造（fluid structure）」である。今では諸個人はかつてよりもはるかに広い選択肢から自分自身の生活史を構築しなければならない。限定的な所与の人生行路は非常に広範な未知の人生行路に置き換えられた。そして役割セットの所与の構造は、あらゆることが所与ではなく、すべてが交渉・協定されなければならないようなきわめて流動的な状況に置き換えられたのである。こうした流動性は構造を有することができるのであり、それはかつての社会構造とは異なる種類の構造である、とされる[47]。

このほかにも、ベックは「構成的な規範（constitutive norms）」ということについても言及している。自己選択的な生活の時代において、諸個人はもはや統制的規範や所与の選択肢によって統制されない。その代わり、優先権は構成的な規範に与えられなければならない。それは自己選択的な実験を可能にし、個人化がアトム化に傾くのを妨げる、としている[48]。

以上のように、ベックは（労働市場や福祉国家の制度の下での）諸個人の（協同的かつ実験的で）自己選択的な人生の構築が、いまや社会の構築および構造化の重要な部分になっているという。[49]そして「流動的な構造」や「構成的な規範」の存在を指摘しつつ、「個人化」が社会の統合を脅かし、解体に導くのではなく、むしろ動態的な集合性や凝集性をもたらすことを主張しているのである。

## 第四節　「個人化」とゾンビカテゴリー

### ――家族と階級――

「個人化」が進行するとともに伝統的な共同体や集合体が解体するということについてはすでに見たとおりであるが、ベックはこうした崩壊しつつある従来の集合体を指し示すカテゴリーを「ゾンビカテゴリー（zombie categories）」ないし「死に体のカテゴリー（living-dead categories）」と呼んでいる。[50]「個人化のゆえに、死んでいるのだが、それでもなお生きている多くのゾンビカテゴリーとともに我々は生活している」というのである。[51]ゾンビカテゴリーないしゾンビコンセプト（zombie concept）とは、それに対応する特定の現実が消滅しているにもかかわらず、理念は生き残っているような概念である。すなわち、「我々が察知していない生き生きとした新しい現実が存在している」にもかかわらず、われわれの精神につきまとい、それを曇らせて、われわれが新しい事柄を捉えることを不可能にしている死んだ理念である。[52]

ゾンビカテゴリーの例として、ベックは、家族、階級、近隣、国民国家などを挙げている。ここでは特に家族と階級のゾンビカテゴリー化について取り上げてみたい。ベックは「家族はゾンビカテゴリーの好例である」としており、「私は階級をゾンビカテゴリーだと考えている」と述べている。[53]

## （ⅰ）家族

工業化以前の家族においては、老若男女はそれぞれ自分自身の場所とそこでの仕事を持っていた。しかし、同時に人々の活動は相互に緊密に組み合わされており、農地や作業場を維持していくという共通の目標に従属していた。家族のメンバーは同じ経験と圧力（季節のリズム、収穫、悪天候など）にさらされており、共通の努力によって結束していた。それは緊密に編み込まれた共同体であった。そこには個人的な好みや感情や動機の余地はほとんどなかった。このように、工業化以前の家族は「連帯の義務」によって団結を続ける「必然的な共同体（community of need）」として定義されうる。(54)

しかしながら、福祉国家の発展と工業化によって家族に大きな変化が生じた。福祉国家における社会保障措置によって、諸個人は労働市場において役割を果すことができなくても、家族に依存しなくなった。社会保障は家族を超えた最低限の生存を保障した。個人的に設計された人生の論理は増強され、家族の絆はかなり弛緩したのである。また、工業化によって家族は労働や経済の単位としてのその機能を喪失し、労働市場に関わる新しい関係性をスタートさせた。第一段階において、家の外の有給の雇用に関与したのは主に男性だった。女性は男性の収入に依存するようになり、の領域、すなわち、新しく形成されつつあった私的空間に従属していた。女性は当初、家庭や子供男性は職場で働けるように日常的な作業や世話に関して女性を必要とした。工業化以前の家族を特徴づけていた連帯の義務は改変された形で存続していた。(55)その後、一九六〇年代以降、女性の生活史における変化がさらに生じた。教育、職業、法システムなどにおける変容の結果として、女性が家族の外に出るにつれて、女性はもはや扶養者としての男性に依存しなくてもよくなった。自律と自給自足の視点が女性に提供されたのである。女性は自分自身を家族の従者とみなすのではなく、自分自身の権利と企図と選択肢を備えた個人として立ち現れるようになった。こうしたことは女性の生活史においても、個人的設計の論理が主張されるようになり、連帯の義務がさらに解体しつつあることを意味していた。(56)

さらに、今日では離婚と再婚の増加により、いわゆるステップファミリーが増大しているが、そこでは家族の結びつきを決定するのは帰属性（出生と結婚）という伝統的な規則ではない。家族のつながりの維持は、もはや当然の事柄ではなく、自由に選択される行為である。離婚後の状況において、親族関係は選択と個人的な嗜好の法則に従って新たに作り上げられる。それは「選択的親和性（elective affinities）」という形態をとる[57]。たとえば、離婚と再婚によって祖父と祖母が多元化している状況において、彼らは自分の息子や娘の決定に参加するいかなる手段もなしに包摂されたり、排除されたりする。孫の観点からは、祖父の意味は個人の決定や選択によって規定されるべきものである。諸個人は誰が自分の主要な父であり、主要な母であり、誰が自分の祖父であり、祖母であるかを選択しなければならない。われわれは家族の内部で「選択的関係性（optional relationships）」を取り結ぶようになりつつあるのである[58]。

工業化以前の社会において家族は主として「連帯の義務」によって結合した「必然的な共同体」だったが、現代世界においては個人的に設計された人生の論理はますます顕著になっている。家族はますます選択的な関係に、つまり諸個人の連合体（association）になりつつある。家族の絆は壊れやすくなり、合意形成しようとする試みが失敗するならば、大きな崩壊の危険が存在する。人々が選択するようになり、自分自身でつくる関係性（do-it-yourself relationship）の日常的な細部について交渉し、決定するようになるにつれて、「ありふれた混沌（normal chaos）」が増大し、成長しつつある。

こうしたことは伝統的な家族が単純に消失することを意味しているのではない。しかし、伝統的な家族はそれが長い間保持していた独占的地位を失いつつあるのである。新しい生活形態が拡大しており、それは単独で生活することではなく、さまざまな種類の関係性を追求している。たとえば、公式的に結婚しないこと、子どもを持たないこと、単親であること、同性の両親、パートタイムの関係、人生のある時期の間継続する同伴などである。こうした形態すべては家族の未来を、あるいは大まかに「ポスト家族的家族（post-familial family）」と称されるものを指し示している、とされる(59)。

以上のように、ベックによれば、家族は「必然的な共同体」から「選択的親和性」（ないし「選択的な関係性」）になりつつあるのであるが、そのことは家族が解体・消滅するということを意味してはいない(60)。「個人化」は私的な生活を無限開放的な実験的な状況へと変容させ、規範的な家族モデルは百花繚乱的な多様性に向けて開放されたのである(61)。いまや家族は新しい多様な歴史的形態を獲得しつつあるのであり、それらは「ポスト家族的家族」と呼ばれるのである(62)。こうして「個人化」の進展によって従来の家族概念は、現実が変容しているにもかかわらず、理念のみが生き残っているような概念に、すなわち、ゾンビカテゴリーになりつつある、というわけである。

## (ii) 階級

ベックは伝統的家族や国民国家や民族性などとともに、階級も「個人化」によって衰退しつつある社会秩序の一つであるとしている(63)。労働者の連帯や集合体の解体は、最近の時代の中心的な歴史的経験の一つである(64)。先進社会における社会的不平等に関する問題は、もはや階級の問題として受け止められていない(65)。階級社会は「個人化した被雇用者社会（an individualized society of employees）」に移行しつつあり、そこでは不平等の持続あるいは強化と、もはや伝統的ではない個人化したポスト階級社会の諸要素とが同時に生じる、とされる(66)。

この移行期の社会（＝「個人化した被雇用者社会」）においては、第一に、「個人化」の過程は階級的区分からその社会的アイデンティティを奪う。社会集団はその弁別的特徴を失い、それ独自のアイデンティティと構成的な政治勢力になる機会も失う。第二に、不平等は決して消滅しない。不平等は単に社会的リスクの「個人化」という見地から再定義されるようになる。第三に、社会問題に対処しようとする際に、人々は政治的および社会的に連帯することを強いられる。しかし、こうしたことはもはや階級モデルのような単一のパターンに従う必要はない。さまざまな集団や団体の間の一時的な連合が、関わりのある特定の課題や状況に応じて、形成されたり、解体されたりするのである（たとえば、航空機による騒音公害に対する地域居住者の反対運動に参加すること、金属労働者の組合に加入すること、保守政党に投票すること、といった一見すると矛盾した諸運動方針を採用することは可能である）。個人化した社会は新しくて多面的な闘争、イデオロギー、連携のための基礎を準備するのである。第四に、差別と結びついた帰属的特性（人種、皮膚の色、性差、民族性、年齢、同性愛など）の線に沿って、絶え間ない闘争が生じる傾向がある。進展した個人化の状況下ではこうした擬似自然的な社会的不平等が極めて特殊な組織化効果をもたらす。これらは達成原理との両立不可能性だけでなく、不平等の不可避性と永続性に焦点を合わせることによって、政治的な力を得ようと試みる。

このようにベックは、闘争の境界線が拡散するものの、社会的不平等は存続する、ないしは激化しうるポスト階級社会の輪郭を提示しつつ、現代社会がこうした方向に移行しつつあるとみなしているのであるが、さらに、近年の不平等の拡大を背景にした階級復活説を批判している。階級を理解するためには、階級を「個人化」という新しい文脈の中に位置づける必要がある（このことは階級のみならず、あらゆる所与の社会集合体にあてはまる）という。[67]

「個人化」を経済的に豊かな人々だけに生じている事柄だとみなすことは誤りであり、貧困の「個人化」も存在する。豊かな国々における貧困は、一生涯の状況というよりはむしろ、ほとんどの人が通過する平均的な労働期間における一局面になりつつある。ほとんどの人々にとって貧困は一時的な経験に過ぎない。貧困者のバスはあらゆる人々を集合的運命へと連れて行かないのである。その代わりに、絶え間ない乗り降りがあるのである。バスに取り残された数少ない人々は自分たちを個人的に失敗したものとみなす。なぜなら彼らの運命はもはや集合的なものとして経験不可能だからである。このように、貧困は階級的運命ではない。純然たる個人的運命である。[68]逆説的に集合的経験になっているのは「個人化」や増大する不平等の個々ばらばらな生活史への断片化であり、「個人化」によって、貧困な人々の政治的組織化は消失しているのである。[69]そして離床した個人化は支配的な社会的物語の衰微をもたらす。「個人化」は社会的物語を多元化し、それによっていかなる単一の社会的物語も論争の余地のないヘゲモニーを獲得できなくなるのである[70]。

また、階級闘争と階級社会のモデルは国民国家を前提としている。しかし、現代において特徴的なことは、人々の生活が一つ以上の枠組みにおいて組織されているということである。それは新しいトランスナショナリティを生きるグローバルエリートだけでなく、搾取される貧しい移民にもあてはまる。たとえば、アメリカにおけるフィリピン人、インドネシアにおける中国人、ドイツにおけるトルコ人などは、二つの準拠枠を有するトランスナショナルな人生を生きている。この両義的でトランスナショナルな位置は彼らの人生やアイデンティティを刻印づけている。階級のカテゴリーはこのような国境を越えた多面的な不平等の絡み合った関係を捉えるのに十分なほど弁別的ではない。階級概念はラディカルに不平等な生活状況の複雑性を把握することができない。その代わりに、階級概念が行っていることは虚偽の単純性によって、われわれを欺くことである。

階級分析はつねに部分的に階級的連帯性という亡霊を呼び出す試みであり、歴史的主体性としての集合的主体を想定する試みであり、それにまつわる政治的プログラムを構築する試みであった。しかしながら、一つのユートピアとして、そして一つの政治的プログラムとして、階級は個人化した社会とは正反対の社会の構図と繋がっている。労働階級という歴史的主体が未来の進歩のための連帯性を提供するであろうという考えには全くの根拠がなく、不平等の激化という経験に階級理論の再生を基礎づけようとする試みは失敗する運命にある。なぜなら、第一に、階級分析は「個人化」によって集合体がすでに解体した状態において集合体が存在することを前提しているからである。第二に、階級分析は保守主義と同様に、「個人化」し、トランスナショナル化した文化を背景として政治を再考することを回避しているからである[71]。

以上のように、ベックは現代社会が階級社会から（多元化した社会的不平等が存続ないしは激化する）ポスト階級社会へ移行しつつあることを明らかにしつつ、さらに階級復活説を否定することによって、階級のゾンビカテゴリー化を示唆しているのである。

## 第五節　「個人化」の政治的帰結
### ——社会の準政治化と国民政治の脱政治化——

ここまで「個人化」が既存の社会集合体を解体し、それらに関する概念をゾンビカテゴリーへと変質させているだけでなく、「個人化」が自己選択的であるとともに実験的で利他的・協同的でもあるがゆえに新たな形態の社会集合体を構築しうる、というベックの見解を確認してきた。この節ではさらにそうした「個人化」が有する政治的な意味合いを明確化していきたい。ベックは「個人化」の進展によって、社会の開放化（opening）と準政治化（subpoliticization）がもたらされ、さらに国民的政治の脱政治化（depoliticization）がもたらされる、と述べている(72)。まず、個人化による社会の準政治化ということから見ていくことにする。

「個人化」が徹底化された場合、「自己文化（self-culture）」と称されるものが生起する、とベックはいう。「自己文化」とは、当初、脱伝統的な生活世界の概念とともに否定的に語られたものを指し示している。すなわち、強制されているにもかかわらず、喜んで自分自身の不確定な人生を主導することやそれと他の人々の独自の人生とを調和させることである。あるいは、多くの人々が「自分自身の人生」を冒険的に探求すること、として理解される(73)。

こうした「自己文化」の政治的な表れは「自己文化政治（self-culture politics）」ないし「自己政治（self-politics）」と呼ばれるのであるが、それはギデンズが「生き方に関する政治（life politics）」と呼ぶものと収斂する。物理的自然と社会的自然が消失するとともに、多くの新しい局面が決定されるべき事柄になるため、生き方を決定する政治が立ち上がってくるというわけだが、それは政治的なものが私的なものの中心に躍り出てくるような、公共的な問題に関わっている。たとえば、老朽化した石油掘削プラットフォームの海洋投棄計画が表面化し、それに反対する市民たちの製品不買運動を引き起こしたシェル石油や、狂牛病で問題となったイギリス産牛肉などについての議論が示しているように、ガソリンを満タンにする、または夕食を調理する、といった日常生活の純粋に私的な事柄と思われているところに、意思決定に関わる直接的な政治的領域が突然生じうるのである。ここで市民たちは購買という行為が投票という行為であることを発見する。自己文化政治の成功とは、自分にとってさほど意味のない私的な行為と、諸個人が自分自身をグローバルな政治的行為の作為者であるとみなすことができるという結果とが、直接的かつ明確に結びつくことである。こうした自己文化が政治的に自覚的になる限りにおいて、政治的行為の自己組織的形態と代議制的形態との間に競合関係が生じる。このことは政治システムが政治の独占を喪失しつつあることを意味している。(74)

以上のような、「政治的行為の代議制的形態」・「システム政治」・「政治家の政治」・「国家政治」と対比される「政治的行為の自己組織的形態」・「自己政治」・「自己文化政治」・「自己活動的な政治」は、ベックが「準政治（sub-politics）」と呼んでいるものの一部である。準政治とは代議制民主主義の政治システムの外にあって、「社会の形成力」を有するもの、「社会変化を引き起こすことができる」ものを意味している。(75) あるいは「議会の存在を無視して「政治的決定」を行いうるもの、「議会を経由しない権力統制の可能性」を有するものである。(76) それは「政治のカテゴリーにも非政治のカテゴリーにも入れられない、つまり何か第三の形の政治」であり、具体的には「市民運動」、「新しい社会運動」、「司法」、「メディア的公共社会」のほか、「技術＝経済」が例として挙げられている。(77)「準政治」の一種であるエコロジーやフェミニズムなどの「新しい社会運動」や「市民運動」は、まさしく「政治的行為の自己組織的形態」・「自己文化政治」であるがゆえに、「個人化」によって「準政治」（の一部）が生み出されてくるといえよう。

こうして準政治化は個人化した社会の政治的表現である、ということになる。ベックによれば、準政治化は文化的民主主義化としても知られている民主主義の民主主義化から派生している。文化的民主化は、市民的権利、政治的権利そして社会的な権利が内面化されたときに生み出された、意図されざる副作用である。文化的な民主化の段階に至ると、民主主義は家族の中に入り込む。離婚は議会のように解散することに対して投票できるものへと結婚を変化させている。ジェンダーの役割と家族内分業の自然な組み合わせが解体したとき、誰が何を行うかという問題は、協議可能であるだけでなく、正当化の必要のある事柄になっている。これによって家族は公共領域の特徴である諸性質を備えることになった。ジェンダー役割の再定義の例にみられるように、準政治化は公と私の間の境界が曖昧化し、浸透的になっていることから派生している(78)。

このように社会の準政治化は私的領域の民主主義化・市民社会の公共化といったことを含意していると考えられる。「政治はある意味で普遍化してしまったのである(79)」。だとすれば、準政治化は専門化された政治領域と脱政治化された社会を区分する境界を破壊するのであり、政治に対する定義は変化せざるを得ない。「政治の近代化は……政治の枠をはずし、社会を政治化する」のである(80)。これは、従来、政治と区分されていた社会の枠が開放化されるということでもある。

こうした社会の準政治化や開放化が進行すると「国家政治」・「システム政治」・「政治家の政治」は相対的に「無力化」することになる。「政治の枠がとり払われ」、「市民運動」や「新しい社会運動」などが代議制システムの外で「社会形成力」を持ち、「政治的決定」を行うことにより、「新たな社会の輪郭は、もはや議会での話し合いや行政府の決定によって決められるのでは」なくなるからである。つまり、社会の準政治化と開放化は国民政治の脱政治化をもたらすといえるのである。今や社会を形成する潜在的可能性は政治システムから準政治システムに移っているのであり、「政治的なものが非政治的になり、非政治的なものが政治的になる」、あるいは「国家の衰退は、多くの場合、自己組織化の、つまり社会が準政治化することの、まさに裏面である」、というわけである(81)。

もちろん、「国民政治」の脱政治化は社会の準政治化だけに由来するのではない。ベックによれば、議会制の形での政治は集合化された利害を前提している。そして集合化された利害は比較的安定した集合体の社会構造を前提している。しかし、集合的な社会は離床した個人化によって解体しつつある(82)。また、国民的代議制民主主義のための基本条件は二つあり、一つは政党や他の集合的行為主体が市民や集団成員を動員することを可能にする一般的な信頼であり、もう一つは一定数の集合的行為主体とその内的な同質性である。けれども、こうした条件の両方が「個人化」の過程の結果として疑わしいものになりつつある。「個人化」の過程はこれまでは集合的な政治的行為を可能にしてきた政治的コンセンサスのための社会構造的条件を溶解しているのである。

「個人化」によって、成員に対して共通意識を与える所与の集合的状況が解体され、国民国家レベルにおける政治的組織化は困難なものになるのであり、代議制民主主義という「システム政治」が衰微することをベックは指摘しているのであるが、さらに国民的政治の閉じた空間はもはや存在しない、とも述べている(83)。社会と公共領域はトランスナショナルに開かれたものになっているのであり、「個人化」によって個人の人権に基づく政治形態としてのコスモポリタン的民主主義の可能性が開かれてくる。「個人化」によって社会はもはや所与の規範や価値やヒエラルキーによって統合されえないがゆえに、男、女、妻、キリスト教徒、ユダヤ教徒、黒人、イスラム教徒、ドイツ人、中国人といった人々の本質主義的規定はもはや存在しないのである。われわれは男と女、黒人と白人、イスラエルとアラブ、キリスト教徒とイスラム教徒がいかにして人間としての条件の非本質主義的定義を共有することができるか、ということを問わなくてはならなくなっている(84)。このようにベックは、「個人化」による国民国家における集合的政治的行為の困難化、ならびに「個人化」とコスモポリタン的民主主義との連関性を指摘することにおいて、「国民政治」の脱政治化を暗示している。

以上、「個人化」の政治的帰結に関するベックの論点をまとめると、「個人化」が「自己文化政治」を生み出し、それは私的な事柄が政治性を有することを自覚化させ、エコロジーやフェミニズムなどの新しい社会運動や市民運動などが自己組織的に立ち上がることにつながり、そうした市民社会の自己組織化が「システム政治」や「政治家の政治」の外で政治的決定力や社会形成力を持つことにより、社会の準政治化や開放化がもたらされる。また、準政治化が「政治的なもののカテゴリー変容」を引き起こすことにより、「システム政治」としての「国民政治」は相主義的なコスモポリタン的民主主義に結びつくことによっても、「国民政治」は脱政治化される、ということになる。さらに、「個人化」が集合的な政治的行為主体を解体させ、個人の人権を重視する脱本質対的に脱政治化される。(85)

## 第六節　結　語

本章において概観してきたベックの「個人化」論に対しては、いくつかの疑問点が挙げられよう。まず、ベックは「個人化」を再帰的近代化において「強制されたもの」とみなしている。しかし、「個人主義」自体が（個人的）人権や主体性の尊重という近代啓蒙思想に部分的に由来しているがゆえに、「個人化」が近代社会において意図的・主体的に推進された側面もあるという点を無視しているのではないか、と問うことができるだろう。つまり、確かに意図せざる近代化の副作用としていやおうなしに「個人化」が高度化しているという一面の事実は否定できないが、個人の価値や自由を尊重するという、近代の理性的・反省的な思考に基づいて人々が主体的・積極的に「個人化」を進行させているという側面もあると考えられる。ベックは「個人化」が近代化による受動的な「強制」であるという点のみを強調しており、近代人が能動的に「個人化」を促進しているという点を等閑視しているのではないだろうか。

次に、「政治家の政治」や「システム政治」の脱政治化というテーゼについては、事態はまだそこまで進行していないと考えられる。新しい社会運動やＮＰＯ・ＮＧＯなどの市民活動の活性化が準政治として興隆し、代議制民主主義の社会形成力や決定力を相対的に弱めているのは確かであるが、「政治家の政治」や「システム政治」が無力化してしまっているわけではない。依然として「政治家の政治」や「システム政治」の社会形成力は健在であり、むしろ準政治はそれらを補完するものとみなされうる。

さらにもう一つはゾンビカテゴリーについてである。すでに見たようにベックは「家族」、「階級」、「近隣」、「国民国家」などをゾンビカテゴリーの例として挙げているが、これらの集合体はまだ完全にゾンビカテゴリーにはなっていないのではないか、という疑問が生じる。なるほど、現在では家族形態の多様化、階級意識の衰退、近隣の解体、国民国家の権能の低下などが生起しているとはいえ、それらの集合体が現実として消散しており、ただ理念のみが生き残っているといった状況にはいまだ至っていないと考えられるのである。

しかしながら、こうした疑問点をはらんでいるとはいえ、ベックの「個人化」論は現代日本における共同体の解体現象を考察する際に一つの貴重な視座を提供している。すなわち、「個人化」によって既存の共同体の解体は不可避であり、それは不可逆的に進行していくのであるが、それによって社会的なるものが消滅してアノミー状態がもたらされるというのではなく、諸個人の自己選択を基礎とした多様な関係性や集合性が新たに創造される、という見通しである。本章で確認したように、ベックの「個人化」は諸個人が単独化・孤人化して無秩序状態になる「アトム化」ではなく、「協同的あるいは利他的な個人主義」を意味しており、それは選択的親和性に基づく実験的な共同体を構築するのである。家族に関しては多種多様で流動的な形態のアソシエーショナルな「ポスト家族的家族」が生み出されつつあることが指摘されたのだが、これは「国家」や「階級」や「近隣」についてもあてはまるとすれば、いわば「ポスト国民国家的国家」、「ポスト階級的階級」、「ポスト近隣的近隣」が創出されつつあるということになる。そして諸個人が自己選択的に親和的関係性を取り結ぶことによって構成されるこれらのアソシエーショナルな共同体は、既存の規範や伝統という根拠を失った「ポスト伝統的な共同体」あるいは「再帰的な共同体」だということになるだろう。もしこうした見通しが正しいとすれば、現代日本において進行中の「個人化」や「脱伝統化」によって社会が分解して、モナド化した諸個人が利己的かつ野放図にふるまうカオティックな状態が生じるのではなく、個人の自己決定・自己選択を基礎とした実験的かつ流動的で多様な再帰的集合体が新たに立ち上がっていくことが予想される。そして、そうした新しい結社的集合体が政治的もしくは準政治的主体として、「再帰的近代」あるいは「第二の近代」の社会を形成していくと推論されうるのである。

## 注

（1）小此木啓吾『ケータイ・ネット人間の精神分析』朝日新聞社、二〇〇五年、三〇八～三〇九頁、及び奥野卓司『第三の社会』岩波書店、二〇〇〇年、九二頁、一〇六頁。小此木によれば、「いまや家庭は、ホテルにも似た場所になり」、家族は「それぞれ自分の好きな部屋を持ち、その部屋にいろいろ便利な道具があって、自分本位に暮らすことができる」のである。「ちょうどそれは高級ホテルに泊まっているようなものである。お互いに引きこもって、気持ちのやり取りはほとんどない。お互いに無関心で、感情の争いも起こらない。干渉しあうこともない。プライバシーも尊重されている」。あるいは奥野によれば、「携帯電話のような個メディア」の普及によって、「家族のメンバーはそれぞれ家庭外の社会への接触の度合いをより深め、家庭内の人間関係はゆるやかなネットワーク化の方向に」向かっているのである。

（2）「川崎市の多摩区町会連合会：加入率ワースト1返上へポスターやのぼり旗」『川崎・狛江のインターネット新聞 k-press』、二〇〇九年三月一八日更新 http://kpress.weblogs.jp/news/2009/03/1-b9af.htm

（3）『データで見る町内会・自治会／町田市ホームページ』http://www.city.machida.tokyo.jp/kurashi/shimin/cyonaikai/cyonaikai10/index.html

（4）「町内会の加入率が減少、旧市街地では八割未満に」『AGARA紀伊民報』、二〇〇八年九月一八日 http://www.agara.co.jp/modules/dailynews/article.php?storyid=153285

（5）「地域のつながりの変化と現状」『平成一九年度版　国民生活白書』第二章第一節 http://www5.cao.go.jp/seikatsu/whitepaper/h19/01_honpen/html/07sh020103.html

（6）こうした共同体の衰微は人間関係に関する意識調査においても明らかである。一九七三年から二〇〇八年にかけての人間関係に関する日本人の意識の推移に関する調査結果においては、地縁、血縁、社縁の三つの人間関係にほぼ共通して、全面的な付き合いへの志向が減少し、部分的あるいは形式的な付き合いが増加する傾向が示されている。NHK放送文化研究所編『現代日本人の意識構造［第七版］』日本放送出版協会、二〇一〇年、一九三頁、を参照。

（7）U. Beck, E. Beck-Gernsheim, *Individualization*, Sage, 2002, p. xx.

（8）U. Beck, *Rigikogesellshaft*, Suhrkamp, 1986, S. 251ff.（U・ベック（東廉・伊藤美登里訳）『危険社会』法政大学出版局、一九九八年、三一三頁。なお、本章における引用文は必ずしも邦訳書に従っているわけではない。）

（9）ベックによれば、「再帰的近代化」ないし「第二の近代」という概念はポストモダニズムの理念と格闘することによって生み出された。ヨーロッパは近代を発明したがゆえに、近代の欠陥に対して特に責任を負っている。われわれが必要としていることは近代および近代社会の自己批判と再定義である。近代はグローバルなレベルで再構成される必要がある。この作業のためには、ポストモダン思想は不適切である。それは近代を捉える古いやり方がもはや妥当ではない理由を解明しているが、ポストモダン思想はそこから急に立ち止まってしまう。ポストモダン思想は境界線を引く古いやり方が、隠蔽された正当化不可能な仮定に依拠している理由を説明しているのだが、そこで停止しており、社会生活が持続する仕方を全くの謎としてしまっている。そしてポストモダニズムは結果的にわれわれの状況の新奇さと危機的な性質を否定しているように思われる。終焉や解体のように見えるものは、見方を変えれば、つねに始まりであり、再構造化である。

ただし、ポストモダニズムは多くの領域においてわれわれに出発点を提供した、とベックはいう。たとえば、ポストモダン思想の中心に、社会、概念、自然の境界線の特性において根本的な変化が生じているという考え方があるが、これは「第二の近代」の定義にとっても中心的な考え方である。社会内、社会間、社会と自然の間、われわれと他者の間、生と死の間において、境界線の多元化が生じており、この多元化は境界線の本質的な特性を変化させている。あらゆる境界線は選好的、選択的、恣意的なものになる。このことはさらに境界線によって定義される集合体の特性を変化させる。

この点まではポストモダンの理論家と「第二の近代」の理論家は完全に合意しているのだが、ここから両者は分岐するのである。ポストモダニズムが単に境界線の多元化と開拓を称揚するのみであるのに対して、「第二の近代」の理論はこの新しい現実が個人や集合体の意思決定に対して提起する問題や、そうした意思決定の持続的存在が理論に対して提起する問題から出発するのである。人々は意思決定をしなければならないのだが、あらゆる決定は包摂と排除の線を引く。社会生活が営まれているかぎりにおいて、境界線を引くことを可能にする実践的な論理が存在しているはずであり、そうした論理が何であるかということを発見することが社会学の任務である、とベックは論じている。

さらにベックは、近代は消滅しておらず、われわれは近代以後を生きているのではない、と述べてポストモダニティの概念を批判している。新たなことは近代がそれ自身の基礎を近代化しはじめたということであり、それは近代が再帰的になったということを意味している。ベックによれば、「第一の近代」は多くの非近代的な構造に依拠していた。しかしながら近代化がそうした構造を変容させはじめ、それらを近代的にすると、それらは利用可能な基礎であることを止める。これは意図的な過程ではない。社会原理における根源的な変容を生み出しているのは累積的な意図されざる副作用（side effects）の過程である。市場の拡大、法の普遍主義、技術革命は伝統社会の境界を破壊した後、それ自身の基礎を変革し続けてきた。近代化がそれ自身の自明の前提を脱魔術化し、解体する度合いに応じて、「単純な近代化」は「再帰的近代化」になる、とされる。

以上のように「再帰的近代化」ないし「第二の近代」という概念は、ポストモダニティの概念に対するオルタナティヴとして提起されたのであり、ポストモダニティが近代の終焉や解体などを意味しているのに対して、「再帰的近代化」は近代自体の終結や消滅を否定するだけでなく、近代内部における終焉や解体とそれに続く新たな始まりや再構造化を視野に収めるものである。cf. U. Beck, J. Willms, *Conversations with Ulrich Beck*, Polity Press, 2004, pp. 25-29.

(10)「再帰的近代」(=「第二の近代」)と「単純な近代」(=「第一の近代」)との間に存在する相違点について、ベックは「第一の近代」が「国民国家を中心とした」近代であるのに対して、「第二の近代」は「国民国家を中心としない」近代である。また、「第一の近代」が「構造の論理」であったのに対して「第二の近代」は「流動の論理」である、としている。また、ベックは「第一の近代」の基本的前提として、五つのポイントを指摘している。第一の近代の枠組みにおいては、①社会は国民国家の見地から組織されたものとして思考されている。②社会は大きな集団と結びついた所与の集合的アイデンティティに基づいているものとみなされている。③社会は完全雇用社会と考えられている。④社会と自然の明確な区別に依拠している。自然は社会の「外部」とみなされている。⑤技術的合理性というウェーバーの原理を前提している。工業化と合理化のあらゆる副作用が予測可能で制御可能であることを仮定している。

「第二の近代」はこうした「第一の近代」の基本的前提が解体しつつあることを示唆するのである。ただし、「第二の近代」は「第一の近代」の変容過程としてのみ記述しうるのであり、こうした変容の目標と方向性は完全に非決定的である、とされる。「第二の近代」は開放的な概念なのである。そしてベックは「第二の近代」は進化論的な概念ではない、ともいう。「第一の近代」と「第二の近代」は時間・空間的に相互に排他的なものと考えることはできない。それらは同時に存在し、完全に相互浸透的である。それらの区分は進化論的な時代区分として誤解してはならないのである。cf. U. Beck, J. Willms, *Conversations with Ulrich Beck*, pp. 26-27, pp. 30-31.

(11) U. Beck, J. Willms, *Conversations with Ulrich Beck*, p. 33. A・ギデンズはベックと同じく「再帰的近代化」の概念を提出しているが、ギデンズの「再帰的近代化」は実のところ「反省的(reflective)近代化」である、とベックはいう。それは近代の基礎と帰結についての自己反省(self-reflection)という意味においてギデンズの中心的な関心事である。「反省的近代化」はベック自身のアプローチとかなり重複しており、自己反省が近代化の重要な原動力であるということに完全に同意する、とベックは述べる。しかしながら、ベックの観点からすると、いくつかの問題点もあるとされる。

ギデンズのように、自己反省を近代の中心的な特徴にしてしまうと、再帰的近代とノーマルな近代との区分がほとんど不可能になってしまう。これによってギデンズは再帰的近代化を本質的に同じ過程の新しい段階として解釈している。ギデンズは非連続性よりも連続性を強調しているのである。これに対して、自分はむしろ近代化過程の意図されざる帰結に焦点を合わせている、とベックは主張する。ベックは近代化過程の意図されざる帰結が質的に新しい社会変容と結びつく様態に焦点を合わせるのであるが、このことは制御不可能で計算不可能なリスクという概念と関連している。

ベックの処女作である『危険社会』は環境に注目しているが、環境は危険（danger）が否認されることによって強化された領域である。なぜなら専門家は危険を認知できなかったからであり、危険を反省しようとしなかったからである。ベックが「再帰的近代化」について語る場合、この種の無反省（non-reflection）を含むものを意味している。「再帰的近代化」によって意味されていることは近代の自己対峙（self-confrontation）であり、近代自身の成功の副作用（side effects）との対峙なのである。ベックにとって、再帰＝反射（reflex）とは行為（action）、すなわち過去＝後方（backwards）を志向する行為であり、それ自身を変化させはじめる変化の過程であり、漸進的に新しい過程になりはじめる変化の過程である。

（12） U. Beck, A. Giddens, S. Lash, *Reflexive modernization*, Polity Press, 1994, p. 5.（U・ベック、A・ギデンズ、S・ラッシュ（松尾精文・木幡正敏・叶堂隆三訳）『再帰的近代化』而立書房、一九九七年、一七頁。なお、本章の引用文は必ずしも邦訳書に従っているわけではない。）

（13） U. Beck, *Rigikogesellshaft*, S. 252.（U・ベック『危険社会』三一四頁）

（14） U. Beck, A. Giddens, S. Lash, *Reflexive modernization*, p. 5.（U・ベック、A・ギデンズ、S・ラッシュ『再帰的近代化』一七頁）

（15） Ibid., p. 176.（U・ベック、A・ギデンズ、S・ラッシュ『再帰的近代化』三三二頁）

（16） Ibid., p. 175.（U・ベック、A・ギデンズ、S・ラッシュ『再帰的近代化』三三〇頁）、U. Beck, J. Willms, *Conversations with Ulrich Beck*, p. 33.

（17） U. Beck, *Rigikogesellshaft*, S. 213.（U・ベック『危険社会』二六二頁）

（18） U. Beck, *Rigikogesellshaft*, S. 251-252.（U・ベック『危険社会』三一三～三一四頁）U. Beck, E. Beck-Gernsheim, *Individualization*, p. 3.

（19） U. Beck, E. Beck-Gernsheim, *Individualization*, p. 4.

（20） U. Beck, A. Giddens, S. Lash, *Reflexive modernization*, pp. 3-4, p. 14.（U・ベック、A・ギデンズ、S・ラッシュ『再帰的近代化』一三～一四頁、三三頁）

（21）U. Beck, E. Beck-Gernsheim, *Individualization*, p. 26.

（22）Ibid., p. 25.

（23）U. Beck, *Rigikogesellshaft*, S. 216.（U・ベック『危険社会』二六六～二六七頁）

（24）U. Beck, A. Giddens, S. Lash, *Reflexive modernization*, p. 15.（U・ベック、A・ギデンズ、S・ラッシュ『再帰的近代化』三三三頁）、及びU. Beck, *Rigikogesellshaft*, S. 217（U・ベック『危険社会』二六七頁）、及びU. Beck, E. Beck-Gernsheim, *Individualization*, p. 3.

（25）U. Beck, E. Beck-Gernsheim, *Individualization*, p. 5.

（26）U. Beck, E. Beck-Gernsheim, *Individualization*, p. 202. U. Beck, J. Willms, *Conversations with Ulrich Beck*, p. 62.

（27）U. Beck, E. Beck-Gernsheim, *Individualization*, p. xxi. ちなみにA・ギデンズも個人主義を市場経済の拡大によって促進された経済的利己主義や消費主義と同一視することは大きな誤りである、と述べている。そして、個人主義は伝統や慣習の支配力から解放された社会における構造的現象である、とみなしている。cf. A. Giddens (ed.), *The Global Third Way Debate*, Polity Press, 2001, pp. 4-5.

（28）U. Beck, J. Willms, *Conversations with Ulrich Beck*, p. 74.

（29）U. Beck, E. Beck-Gernsheim, *Individualization*, p. xxii.

（30）U. Beck, J. Willms, *Conversations with Ulrich Beck*, p. 67.

（31）Ibid., p. 75.

（32）U. Beck, E. Beck-Gernsheim, *Individualization*, p. xxii, p. 28, p. 212. U. Beck, J. Willms, *Conversations with Ulrich Beck*, p. 77.

（33）U. Beck, E. Beck-Gernsheim, *Individualization*, pp. 211-212.

（34）Ibid., p. xxii.

（35）Ibid. p. xxi, p. 11. ベックの「制度化された個人主義」という用語はT・パーソンズに由来している。功利主義的な個人主義や利己的な個人主義とは区別される制度的な個人主義という点をベックはパーソンズから継承している。しかし、ベックにおいては制度的規範を内面化した個人主義といった意味合いのパーソンズの用法とはいささか異なった意味で使用されている。パーソンズの場合は「制度化された個人主義」は「道具的個人主義」とも呼ばれ、個人は既存社会において設定された道徳的使命遂行のための手段ないし道具とみなされるのである。こうしたパーソンズのいわゆる「文化中毒者」の個人主義とは異なり、ベックの場合は、拘束的な伝統に取って代わった近代の労働市場や社会保障といった制度的指針の枠内で、実験的・脱伝統的・再帰的・自己選択的に自分自身の人生を組織していく個人主義を意味しているといえよう。cf. T. Parsons, *Social Structure and Personality*, The Free Press, 1964, pp. 196-198.（T・パーソンズ（武田良三監訳）『社会構造とパーソナリティ』新泉社、一九八五年、二六二～二六四頁）及び U. Beck, E. Beck-Gernsheim, *Individualization*, p. 23, p. 26.

（36）U. Beck, *Rigikogesellshaft*, S. 210.（U・ベック『危険社会』二五九頁）

（37）U. Beck, E. Beck-Gernsheim, *Individualization*, pp. 23-24.

（38）U. Beck, J. Willms, *Conversations with Ulrich Beck*, p. 81.

（39）U. Beck, E. Beck-Gernsheim, *Individualization*, p. xxi, p. 7. ベックは「個人化」の社会科学的な意味は、新自由主義的な意味と区別されるべきである、と述べている。ベックによれば、マルクス、ウェーバー、デュルケム、ジンメル、パーソンズ、フーコー、エリアス、ルーマン、ハバーマス、ギデンズといった、社会学の主要な理論家たちすべてを結ぶ赤い糸は、個人化が高度に分化した社会の構造的特質であること、そして個人化は社会の統合を脅かすのではなく、実際にはそれを可能にするということである。新自由主義的な意味とは異なる、社会科学的意味での「個人化」とはこうしたことを指し示している。

なお、ベックと同様に「個人化」に言及しているZ・バウマンは「個人化」を自由と不安定性という二律背反、すなわち自律とアノミーという二者択一として捉えており、それはベックの観点からすれば「個人化」に関する単純な「常識的見解」であるということになるだろう。バウマンは、「個人化」は「前例のない実験的ともいえる自由をもたらしている」が、他方で「個人化」は「市民的行動の腐食」ということであり、それによって「公的関心」が低下し、「『公』が『私』によって植民地化」される、としている。「自己主張の権利と、そうした自己主張を実行可能な、あるいは不可能なものにする社会状況を管理する能力との間には大きな隔たりがあるということは、まさに『第二のモダニティ』が抱える主要な矛盾である」というのである。また、自由（＝選択領域）の範囲が広がれば世界は「不確実で問題含みのもの」になるだけでなく、自由に内包されている欲求と能力（＝可能性）の不調和が、不安や落ち着きのなさなどを導くとされるのである。このようにバウマンは「個人化」を新自由主義的な利己的個人主義・市場的利己主義ないし「アトム化」として捉えているのであり、ベックの社会科学的な意味での「個人化」概念とは全く異なっている。cf. Z. Bauman, *The Individualized Society*, Polity Press, 2001, pp. 48-50, p. 58.（Z・バウマン（澤井敦・菅野博史・鈴木智之訳）『個人化社会』青

弓社、二〇〇八年、七〇〜七三頁、八五頁）

（40）Ibid., p. 2.

（41）U. Beck, J. Willms, *Conversations with Ulrich Beck*, p. 67.

（42）U. Beck, E. Beck-Gernsheim, *Individualization*, p. xxi.

（43）U. Beck, J. Willms, *Conversations with Ulrich Beck*, p. 80. U. Beck, E. Beck-Gernsheim, *Individualization*, p. 26.

（44）U. Beck, E. Beck-Gernsheim, *Individualization*, p. 11.

（45）Ibid., p. xxi.

（46）U. Beck, J. Willms, *Conversations with Ulrich Beck*, p. 63, U. Beck, E. Beck-Gernsheim, *Individualization*, p. xxii.

（47）U. Beck, J. Willms, *Conversations with Ulrich Beck*, p. 65.

（48）Ibid., p. 89.

（49）Ibid., p. 68.

（50）U. Beck, E. Beck-Gernsheim, *Individualization*, p. xiv.

（51）Ibid., p. 203.

（52）U. Beck, J. Willms, *Conversations with Ulrich Beck*, pp. 51-52. ベックによれば、ゾンビ概念の批判は再帰的社会学を創造する第一ステップである。社会学のリニューアルは、どの程度われわれの基本概念が歴史的に時代遅れになった前提に基づいているのか、という疑問から始まる、とされる。

（53）U. Beck, E. Beck-Gernsheim, *Individualization*, p. 204, p. 206.

（54）Ibid., p. 88.

（55）Ibid., p. 89.

（56）Ibid., p. 90.

（57）Ibid., p. 96.

（58）Ibid., p. 204.

（59）Ibid., pp. 97-98.

（60）Ibid., p. 85.

（61）U. Beck, J. Willms, *Conversations with Ulrich Beck*, p. 70.

(62) U. Beck, E. Beck-Gernsheim, *Individualization*, p. 86.
(63) Ibid., p. 22.
(64) U. Beck, J. Willms, *Conversations with Ulrich Beck*, p. 107.
(65) U. Beck, E. Beck-Gernsheim, *Individualization*, p. 30.
(66) Ibid., p. 39.
(67) U. Beck, J. Willms, *Conversations with Ulrich Beck*, pp. 99-100.
(68) Ibid., p. 102.
(69) U. Beck, E. Beck-Gernsheim, *Individualization*, p. xxiii, p. 207.
(70) U. Beck, J. Willms, *Conversations with Ulrich Beck*, p. 101.
(71) Ibid., pp. 104-108. ベックは社会的不平等に対する新しい運動は、貧困のグリーンピースのような環境運動をモデルにしたトランスナショナルな反貧困運動であろうと推論している。
(72) U. Beck, E. Beck-Gernsheim, *Individualization*, p. 28.
(73) Ibid., p. 42.
(74) Ibid., pp. 44-46.
(75) U. Beck, *Rigikogesellshaft*, S. 336.（U・ベック『危険社会』四一八頁、四四一頁）
(76) Ibid., S. 316.（U・ベック『危険社会』三九四～三九五頁）
(77) Ibid., S. 304-329.（U・ベック『危険社会』三八一～四〇九頁）
(78) U. Beck, J. Willms, *Conversations with Ulrich Beck*, pp. 97-98.
(79) U. Beck, *Rigikogesellshaft*, S. 369.（U・ベック『危険社会』四五三頁）
(80) Ibid., S. 316.（U・ベック『危険社会』三九四頁）
(81) Ibid., S. 305.（U・ベック『危険社会』三八二頁）、U. Beck, A. Giddens, S. Lash, *Reflexive modernization*, pp. 39-40.（U・ベック、A・ギデンズ、S・ラッシュ『再帰的近代化』七七頁）
(82) U. Beck, J. Willms, *Conversations with Ulrich Beck*, p. 88.
(83) U. Beck, E. Beck-Gernsheim, *Individualization*, pp. 28-29.
(84) U. Beck, J. Willms, *Conversations with Ulrich Beck*, pp. 88-90.

（85）U. Beck, A. Giddens, S. Lash, *Reflexive modernization,* p. 18.（U・ベック、A・ギデンズ、S・ラッシュ『再帰的近代化』三八〜三九頁）

# 第八章　総　括

本書では、第一章で「現代化」の意味するところを明らかにしてきた。それはまず、「現代化」が「近代化」とはいちおう区別されるものであり、とくに一九九〇年代以降の現象を指し示すということである。ただし、民主化、工業化（産業化）、都市化、商品化（資本主義化）、合理化、分化などを含む「近代化」の流れの中に「現代化」を組み入れることができるのであり、そうした流れの中で「現代化」を位置づけておくことは重要である。すなわち、民主化、工業化、都市化、商品化などとの関連において、現代を捉えることは今もって肝要である。

しがしながら、「現代化」は「近代化」をふまえつつ、新たな展開を示し始めている。つまり、グローバリゼーション、脱伝統化、個人化、リスク社会化、ＩＴ化といった現象を表しつつあり、それは旧来の近代化論ではあまり明確には捉えることができていなかった。おおよそ一九九〇年代になって初めて現代的なるものとして、明瞭化されるようになったものである。本書はまさにその点をはっきりさせておきたかったのである。

さて、そのうえで現代を捉えてみると、まず一つ目は「高度近代」（「徹底化された近代」）であり、二つ目が「脱近代」、三つ目は「脱近代化」および「再帰的近代化」である。すでに見たように、グローバリゼーション、脱伝統化、個人化、リスク社会化、ＩＴ化は、近代が高度化されて誕生したものであるが、これらはすべて民主化、工業化、都市化、商品化、合理化、分化が進展して出来上がったものである。第一に「現代（化）」は「高度近代（化）」として捉えることができる。

第二の「脱近代」は、もはや近代はその役目を終えつつあり、新たな歴史的次元に転回しつつあるというのである。つまり、近代の「大きな解放の物語」におけるような普遍主義や進歩主義や目的論的歴史観が通用しなくなり、脱根拠化され、共約不可能な「小さな物語」が無数に浮遊する、ポストモダン状況が誕生しつつあるということである。

第三の「脱近代化」および「再帰的近代化」であるが、まず「脱近代化」についていうと、現在、近代が終焉しているのではなく、非決定的で不明確なものになっており、それゆえ、時代的移行のプロセスを指し示す概念、つまりポストモダニゼーションの概念が重要であるといえる。すなわち脱近代化という現状認識が必要であり、分化と組織化の高度拡張とその反転という弁証法によってその動きを開始しているのである。

次に「再帰的近代化」は近代を「単純な近代化」（＝第一の近代）と「再帰的近代化」（＝第二の近代）に分類する。ギデンズによれば再帰性とは「活動を絶えず再整理し、再定義する手段として、その活動の諸条件に関する情報を利用すること」であったが、それは近代において慣習の見直しは徹底化されて人間生活のあらゆる局面に適用される。再帰的近代化の時代にはさらに増強されることになる。つまり、高度近代の世界は自然の支配と歴史の再帰的な形成を目的とするシステムであり、脱伝統化やリスク社会化と関連させて捉えられる。そして、基礎づけ主義や歴史的目的論や西洋中心主義との決別は「近代が超克されたということ」ではなく、「近代が自分自身を理解するようになったこと」、すなわち近代が再帰的に自己反省するようにまで高度化したことを意味している。このように、近代の脱根拠化が進展しているのではあるが、近代の高度化が近代の自己反省や自己対峙をもたらしており、「知識」および「非知識」の再帰性が強化されているのである。

つづく第二章と第三章では、一九九〇年代以降を日本の「失われた二〇年」としてとらえ、これからの日本の戦略的指針の輪郭を捉えてみた。第二章ではまず、一九九〇年代以降日本で生じたいくつかの時代区分を参照してみた。そこではおおまかには「単純な近代化」から「再帰的近代化」へと移行する際に生じる言説的緊張がみてとれる。すなわち、「明治の終わり」、「冷戦の終わり」、「歴史の終わり」、「第三の開国」（＝「第二の開国」の時代の終わり）、「第三の戦後」（＝「第二の戦後」の終わり）は、すべて新たな基調のもとに時代的移行を想定しなければならない。先進欧米諸国を追走しているだけの状況ではすまなくなってきたのである。

次に、一九九〇年代以後の大きな社会的変容を捉えてみた。市民社会組織の台頭、民主主義の高度化、自己愛と多重人格化というべき内容も交えて語っている。ＮＰＯやＮＧＯの興隆や日常生活世界における人権意識の高まり、そして多重人格化による脱伝統社会化や個人化に相応した自己規定のあり方などにも、現代化の波は押し寄せている。

第三章では「第三の道」および「新漸進改革主義」を新自由主義に対抗する言説として捉えている。まず、「第三の道」は、「社会民主主義のリニューアル」として打ち出された概念である。旧来の社会民主主義と新自由主義を打破し、さらにはグローバリゼーション、知識経済、社会の脱伝統化（個人化・再帰化）という三つの社会変容をふまえて社会民主主義の教義を再構築しようとするものである。

「第三の道」を整理してみると、①政府、市場、市民社会のバランスを取る。②「積極的福祉社会」と「社会的投資国家」を構築する。③「大きな国家」ではなく、「有能な国家」を作る。④犯罪や家族の解体という社会問題に真摯に対応する。⑤包摂的な社会もしくは連帯性のある社会の構築を構築を目指す。⑥グローバリゼーションの有害な作用を抑制しつつ、肯定的な成果を最大化することを目標とする。

そして「新漸進改革主義」はこれらにさらに改良を加えたものである。すなわち、①「埋め込まれた市場」と「市民経済」②「保証する国家」③「制御された不平等」④「社会的相続の批判」⑤「管理された多様性」⑥「グローバルな社会民主主義」⑦「堅実な多国間主義」⑧「予測不可能な事柄の予測」である。おおまかには、新自由主義の「民営化」に対して「公共化」ということが多次元的に論じられている。

新自由主義に対する政府の対応はこれでよいとして、第二セクターの企業や第三セクターの市民はどうすべきなのか。まず、株式会社の社会的企業化が重要になってくるだろう。企業は社会的責任を果たすことが大切なのである。そして市民もまた社会的責任を果たすことが求められる。自己責任ではなく、社会的責任が企業、市民、消費者に要求されているのである。

第四章では、ＩＴ化と現代化との接点について考えてみた。その場合、第一に、情縁（情報縁）をきっかけとして、関心や趣味やメディアなどで他者と繋がることが可能になった。情縁によって社交能力の拡張が生じ、人間関係の枠組みが地縁、血縁、社縁を超えるようになってきたのである。第二に、人間関係全般がメディア依存度を強めており、これまでの地縁、血縁、社縁すらもがメディア縁・情縁をつうじて維持されるようになってきた。従来の人間関係はすべてメディア縁・情縁化しつつある。

次にメディアの意義を「人間と環境世界との中間に存在し、人間の身体や感覚や能力を拡張すると同時に、環境世界の情報を媒介して人間に伝達する人工物一般」、すなわち、「情報の媒体」と「身体（能力）の拡張」だとした上で、ソーシャルメディアが社交能力、社会能力、結社能力などの拡張をもたらすとした。

情縁社会変容の今後の見通しとしては、（1）ネットワーク格差ないし情縁社交力格差の増加、（2）情報の過剰なオープン化の困難化、（3）分衆化による視野狭窄化と集団分極化、（4）つながりの可視化と過剰性、私的領域における民主主義の深化、などが予想される。人間関係全般が情縁化する、あるいは情縁的な特性を共有するようになることにより、個人的、選択的、再帰的、流動的な関係であるとともに、私的領域の民主化もおこってくるのである。

第五章では阿部謹也の「世間学」を取り上げた。阿部によれば、（1）「世間」とは日本人の大人の狭い範囲の人間関係、身内以外の顔見知りの人間関係である。（2）「世間」には「贈与・互酬の関係」（さらに「義理・人情の関係」）、「長幼の序」、「時間の共通意識」の三つの原則がある。（3）「世間」は排他的で差別的である。（4）「世間」には個人がいなく、集団に埋没している。（5）「世間」は欧米的な市民的公共性ではなく、官と公を区別できない日本的な公共性である。（6）「世間」は呪術またはアニミズムが支配している。（7）「世間」は所与のものであり、人為的に改変できないものである。そして、こうした前近代的な「世間」がフォーマルな「社会」の裏側として併存している。

阿倍の「世間学」は、日本の「否定的特殊性」を指摘したが、それらを欧米的な「個人主義」や「近代市民社会」とは異なるものとして論じた日本文化論や日本社会論の学問的蓄積を無視してしまった。そして、「世間」が「ミウチ」と「タニン」とは異なる世界の中間にあること、「世間」が直接的には個人ではなく、内的共同体（「イエ」、「ムラ」、「ウチ」など）を拘束していること、および、日本における「外的共同体」（世間）と内的共同体との動的な関係性を分析できなかったこと、が明らかとなった。

しかしながら、「世間」概念がかつてはヨーロッパにも存在していた点、呪術に満ちた世界が「世間」であるという点、天皇制と「世間」が密接に関連づけられているという点、「世間」と「社会」の二重構造が存在しているという点、「世間」が人為的に変更できないと思われているという点など、従来には見られなかった論点を提示している。阿部が参照すべき多大な視点を提起したことは疑いないところである。

第六章では「世間」の現代的変容について考察してみた。まず、近年の「ＩＴ世間」（ネット世論）は「世間」が情縁共同体へと変化していることを明らかにしている。そして、また「ＩＴ世間」のみならず「マスメディア世間」も同じく「メディア化された世間」として、地縁、血縁、社縁的な共同体から情縁共同体へと変容しつつある。地縁、血縁、社縁すべてにおいて「世間」は解体する傾向にあるのであるが、とりわけ婚と葬の儀式において脱伝統化・個人化がはっきりと現れている。「家」を「ソト」から縛ってきた「世間」の圧力が低下して、婚と葬の儀礼のプライベート化や儀礼参加者の選択縁化が進み、多様化・自由化・個性化が進展している。

このように現代化する「世間」は内的共同体を取り囲む地縁、血縁、社縁的な人間関係（伝統的な「世間」）ではなくなり、メディア縁・情報縁的な存在に変容しつつある。「世間」がネット化・ＩＴ化することによって対話的な「関心の共同体」になる傾向があるとすれば、こうした参加・脱退自由な情報選択縁による再帰的共同体になることの意味合いはさしあたり両義的である。「世間」の「世論」化と、「世論」の「世間」化という二つの意味を含んでいるからである。「世間」の「世論」化おいては、理性的で自由な対話や討議の可能性が拡張する。他方、「世論」の「世間」化という点から見ると、タコツボ化・集団分極化・非理性的な民衆的情緒の暴発をもたらす。しかしながら、高度近代・再帰的近代において市民社会がより反省性＝再帰性を高め、「世論」の実質的合理化が進展し、非理性的な民衆的心情が暴走する頻度が漸減してゆくと想定される。その意味では、「世間」が減衰してゆく可能性を否定できないと考えられる。

第七章ではU・ベックの個人化に関する議論を取り扱っている。「個人化」は社会の崩壊や衰退を示すがゆえに、今後のその展開を考察することが重要になる。ベックにとって「第一の近代」＝「単純な近代」＝「工業社会」、そして「第二の近代」＝「再帰的近代」＝「リスク社会」と考えられており、工業社会からリスク社会への移行を再帰性（あるいは再帰的近代化）と呼ぶ。

「個人化」とはまず諸個人の自由な意思決定に基づいているのではなく、再帰的近代化の中で強制されるもの（compulsion）である。そして「個人化」とは人々の人生が選択可能、自己決定可能、自己製作可能なものになったことを示しているが、人々は他者の企図と自分の企図とを調和させる継続的な過程に参加することによって自己選択的な生活を構築することができる。つまり、ベックの「個人化」概念は「利他的個人主義（altruistic individualism）」、「共同的利己主義（cooperative egoism）」、もしくは「共同的個人主義（co-operative individualism）」という用語に示されるように、個人であるために自分の共同主観性を構成し、発明しなければならない。個人化された社会で生きることは、社会的に分別がなければならず、他者と関係しなければならず、自分自身を制約しなければならないのである。

ベックのいう「利他的個人主義」や「協同的個人主義」は、社会性・社交性を有する個人主義ということであり、この共同的で実験的な形態の個人主義は自分の人生の選択と他者のそれとを調和させる圧力を含んでいる。「個人化」は社会の統合を脅かすのではなく、むしろ社会の統合を可能にするのである。つまり、社会の統合を解体に導くのではなく、動態的な集合性や凝集性をもたらすと考える。

「個人化」の政治的帰結として、社会の開放化（opening）と準政治化（subpoliticization）がもたらされ、さらに国民政治の脱政治化（depoliticization）がもたらされる。「個人化」が「自己文化政治」を生み出し、それはA・ギデンズの「生き方に関する政治」と収斂し、私的な事柄が政治性を有するということを自覚させる。「自己文化政治」は「準政治」の一部であり、「準政治」は代議制民主主義の政治システムの外にあって「社会の形成力」を有するもの、あるいは、「議会の存在を無視」して「政治的決定」を行いうるものである。具体的には、「市民運動」、「新しい社会運動」、「司法」、「メディア的公共社会」、「技術＝経済」などが挙げられている。

こうした社会の準政治化や開放化が進行すると国民政治の脱政治化をもたらす。つまり、準政治化が「政治的なもののカテゴリー変容」を引き起こし、「システム政治」としての国民政治は相対的に脱政治化される。そして、「個人化」が個人の人権を重視する脱本質主義的なコスモポリタン的民主主義と結びつくことによっても、国民政治は脱政治化されるのである。

「個人化」によって既存の共同体の解体は不可避なのであるが、それによって社会的なるものが消滅してアノミー状態がもたらされるのではなく、諸個人の自己選択を基礎とした多様な関係性や集合性が新たに創造されるのである。つまり、個人の自己決定・自己選択を基礎とした実験的かつ流動的で多様な再帰的集合体が新たに立ち上がってくることが予想される。そうした新しい結社的集合体が再帰的近代の社会を形成していくと推論されるのである。

# あとがき

これで三冊目となる拙著であるが、出版が大幅に遅れてしまった。いろいろな理由があるのであるが、なんといっても筆者が二〇一二年三月に脳内出血で発病してしまったことが一番大きいと思うのである。約七ヶ月の入院を経て、教壇に戻って来られたのは一年半後の二〇一三年九月である。いまだに後遺症が残っており、この文章も左手で書いている。また、コンタクトレンズも使うことができずにいる。

さて、ここ一〇年ほどの間に筆者は親しい人々との別れを経験した。一人は藤田弘夫さんである。勤務地が離れていることもあり、闘病中の彼を見舞うこともできず、なんとも心苦しいばかりであった。今はただ彼の心やすかな永眠を祈るのみである。もう一人は母である。なんとか生きている間に本書を母に届けてあげたかったのである。しかし、母が亡くなったのは、筆者が右の手足が不自由な入院中の時であり、本書も第八章などをまだ書き上げていなかったのである。悲痛とはこのことだと思った。

今回も出版に関して晃洋書房の西村喜夫さんのお世話になった。心より感謝するとともに、仕事が大きく遅れてしまったことをお詫び申し上げたい。また、本書は松山大学研究叢書として出版が可能となった。記して感謝申し上げたい。

二〇一四年五月

今枝法之

# 初出一覧

第一章　「『現代化』とは何か」　書き下ろし
第二章　「日本の再帰的近代化――一九九〇年代における切断――」（原題「『失われた一〇年』からの出発（前編）」）『松山大学論集』第一六巻第四号、二〇〇四年
第三章　「『失われた一〇年』からの出発――再帰的近代日本の針路――」（原題「『失われた一〇年』からの出発（後編）」）『松山大学論集』第一七巻第五号、二〇〇五年
第四章　「情縁社会変容――つながりの現代化――」　書き下ろし
第五章　「『世間学』再考」（原題「『世間学』再考（前編）」）『松山大学論集』第二〇巻第三号、二〇〇八年
第六章　「現代化する『世間』――脱伝統化・個人化・情縁化する『世間』――」（原題「『世間学』再考（後編）」）『松山大学論集』第二〇巻第四号、二〇〇八年
第七章　「『個人化』のゆくえ――U・ベックの『個人化』論――」（原題「U・ベックの『個人化』論について」）『松山大学論集』第二一巻第三号、二〇〇九年
第八章　総　括　書き下ろし

《著者紹介》

今枝法之（いまえだ　のりゆき）

愛知県出身
慶應義塾大学大学院社会学研究科博士課程単位取得退学
松山大学人文学部教授

専攻
現代社会論，社会理論

著書
『ギデンスと社会理論』日本経済評論社，1990年
『溶解する近代』世界思想社，2000年

翻訳
A. ギデンズ『社会理論と現代社会学』（共訳）青木書店，1998年
A. ギデンズ『第三の道とその批判』（共訳）晃洋書房，2003年

現代化する社会

2014年7月30日　初版第1刷発行

＊定価はカバーに
表示してあります

著者の了
解により
検印省略

著　者　今　枝　法　之©
発行者　川　東　義　武
印刷者　江　戸　孝　典

発行所　株式会社　晃　洋　書　房
〒615-0026　京都市右京区西院北矢掛町7番地
電話　075（312）0788番㈹
振替口座　01040-6-32280

ISBN978-4-7710-2556-1

印刷　㈱エーシーティー
製本　㈱藤　沢　製　本